Ashtanga Yoga
La Première Série

Du même auteur:

Ashtanga Yoga: The Intermediate Series

Pranayama The Breath of Yoga

Yoga Meditation: Through Mantra, Chakras and Kundalini to Spiritual Freedom

Samadhi The Great Freedom

How To Find Your Life's Divine Purpose – Brain Software For A New Civilization

Chakras, Drugs and Evolution – A Map of Transformative States

Mudras – Seals of Yoga

Bhakti – The Yoga of Love

Ashtanga Yoga
La Première Série

Gregor Maehle

Traduction
Florence Valette

Publié par Kaivalya Publications
Boîte postale 181
Crabbes Creek NSW 2483, Australie
Gregor Maehle 2024 Ce livre est protégé par le droit d'auteur. A l'exception de toute utilisation équitable à des fins d'étude privée, de recherche, de critique ou de révision, conformément à la loi sur le droit d'auteur, aucune partie ne peut être reproduite par quelque procédé que ce soit sans l'autorisation écrite de l'auteur.

Première édition anglaise en 2006 sous le titre Ashtanga Yoga Practice and Philosophy
Édition italienne, française et allemande en 2 volumes
Volume 1 - La Première Série
Volume 2 - Les Yoga Sutra

Traduction: Florence Valette

ISBN: 978-1-7635825-1-4

Tous les efforts ont été faits pour contacter les détenteurs des droits d'auteur des documents cités, mais cela n'a pas été possible dans tous les cas.

Ce livre ne remplace pas les conseils médicaux ni l'enseignement d'un professeur qualifié. Demandez l'avis d'un médecin avant de commencer un exercice, et apprenez le yoga sous supervision personnelle. L'auteur et l'éditeur déclinent toute responsabilité en cas de blessure ou de perte résultant de l'exécution des exercices décrits dans ce livre.

Couverture : Gregor Maehle et Monica Gauci exécutant *Kaundinyasana*, une posture dédiée au sage Kaundinya, auteur du commentaire du *Pashupata Sutra* de Lakulisha.

Au premier et plus grand de tous les maîtres, qui est connu sous divers noms, le Brahman, le Tao, le Seigneur et la Mère et qui, ayant abandonnés tous ces noms, est toujours là, comme l'incompréhensible, lumineuse, vibrante, silencieuse, immense vacuité dans mon cœur.

Invocation

om
Vande gurunam charanaravinde
sandarshita svatma sukhavabodhe
nih shreyase jangalikayamane
samsara halahala mohashantyai
Abahu purushakaram
shankhachakrasi dharinam
sahasra shirasam shvetam
pranamami patanjalim

Om
Je m'incline devant les pieds de lotus du maître suprême
qui révèle le bonheur de la réalisation du Soi ;
qui, comme le médecin de la jungle, élimine l'illusion
causée par le terrible poison de l'existence conditionnée.
Devant Patanjali, (représentant le serpent de l'infini)
aux milliers de têtes blanches et rayonnantes,
qui, sous sa forme humaine, tient une conque (représentant le son),
un disque (représentant la lumière) et une épée (représentant la discrimination),
Je me prosterne.

Note :

Il est important d'apprendre l'Ashtanga Yoga selon la méthode traditionnelle, selon laquelle une nouvelle posture n'est ajoutée que lorsque l'étudiant a acquis la maîtrise de la précédente. Cette méthode permet d'éviter les efforts excessifs, la fatigue et les effets secondaires indésirables. La maîtrise d'une posture ne peut être évaluée que par un professeur qualifié.

On ne saurait trop insister sur l'importance d'apprendre la méthode auprès d'un professeur qualifié. Il n'est pas possible d'apprendre le yoga à partir d'un livre ou d'une vidéo, car ces supports ne peuvent pas fournir de retour d'information lorsque l'étudiant réalise une posture de façon incorrecte. Dans un tel cas, la pratique n'apporterait que peu, ou pas de bénéfices ; en fait, elle pourrait même être préjudiciable.

Sommaire

Préface. xiii
Remerciements xv
Introduction 1

Première Partie 17

Les Fondamentaux :
Souffle, Bandhas, Drishti, Vinyasa 19
Souffle 19
Bandhas 26
Drishti 33
Vinyasa 36
Le Compte Du Vinyasa 40

Deuxième Partie 43

Asana
La Premiere Série 45
Noms Des Asanas 45
L'approche Yogique 46
Action Et Contre-Action / Posture Et Contre-Posture 47
Comment S'étirer 48
Température 51
Samasthiti 54
Fiche Anatomique 56
Fiche Anatomique 59
Surya Namaskara A 61
Fiche Anatomique 63
Vinyasa Deux 65
Le Point De Vue Du Yoga 66
Surya Namaskara B 78

Padangushtasana	89
Pada Hastasana	92
Utthita Trikonasana	96
Parivrta Trikonasana	104
Parshvottanasana	124
Navasana	216
Glossaire	316
Bibliographie	329
Informations Sur L'auteur	344

Préface.

En 3102 avant notre ère, l'empereur Yudhishthira se retira en attendant la mort de Krishna et le début de l'âge des ténèbres (Kali Yuga). En raison de l'accroissement du matérialisme et de la corruption de cette époque, les anciens sages (*rishis*) se retirèrent dans la partie la plus reculée des Himalayas.

Cependant, comme l'a souligné David Frawley, professeur védique, les *rishis* n'ont pas entièrement disparu : ils observent l'humanité à distance. Il dépend de nous qu'ils puissent revenir et, avec eux, une grande partie du savoir, de la sagesse et de l'intelligence de l'humanité. Par nos efforts conjugués, nous devons tenter de faire émerger un nouvel âge d'or (Satya Yuga).

Ce livre est une tentative de faire renaître l'ancien *dharma* et de contribuer à redonner au yoga la gloire qu'il a connue.

Que tous les êtres fassent l'expérience de ce qui est propice.

Gregor Maehle
Perth, Australie
Neuvième jour de la lumineuse quinzaine de la maison lunaire de Phalguni, an 5108 Kali Yuga

Remerciements

J'adresse mes remerciements à toutes les personnes suivantes :

Aux enseignants qui ont influencé mon travail :

Yogasana Visharada Shri Krishna Pattabhi Jois de Mysore, qui m'a enseigné cette méthode, qu'il avait reçue de son professeur Shri Tirumalai Krishnamacharya. Sans le travail de K. Pattabhi Jois, l'Ashtanga Vinyasa Yoga aurait été perdu. Tous les pratiquants modernes de l'Ashtanga Yoga bénéficient directement ou indirectement de son enseignement.

Yoga Shastra Pundita Shri B.N.S. Iyengar de Mysore, élève de T. Krishnamacharya et de K. Pattabhi Jois, qui m'a enseigné la philosophie du yoga.

Shri A.G. Mohan, élève de T. Krishnamacharya, qui a répondu à mes dernières questions concernant le Yoga Sutra.

A mon épouse, Monica Gauci, pour avoir suivi avec moi le chemin du yoga, pour m'avoir encouragé à poursuivre ce projet dans les moments de doute, pour m'avoir fourni des informations précieuses pour la section sur la pratique posturale et pour avoir servi de modèle pour les photographies d'*asana*.

À mon éditeur et concepteur, Allan Watson, qui, grâce à son expertise polyvalente, a apporté une contribution plus que significative à cet ouvrage.

Également à -

Steve Dance - illustrations graphiques et conception de la couverture

Adrian Kat - photographie

Aux éditeurs et auteurs suivants, qui ont autorisé l'utilisation de leurs publications :

Advaita Ashrama, Kolkata
Sri Ramakrisna Math, Chennai
Hohm Press, Prescott, Arizona
Sri A.G. Mohan, Chennai
Motilal Banarsidass, Delhi
Monastère Kapil Math, Madhupur

Enfin, je tiens à remercier tous les membres de 8limbs Ashtanga Yoga à Perth, en Australie, pour le travail qu'ils ont accompli durant plus de deux ans, tandis que je me consacrais à la rédaction de ce texte.

Introduction

Lors d'un voyage d'étude à l'Ashtanga Yoga Research Institute de Mysore en 1996, j'ai demandé au maître d'Ashtanga K. Pattabhi Jois quelle était la pertinence des différentes écritures pour la méthode de l'Ashtanga Vinyasa. En répondant «C'est le yoga de Patanjali», il a indiqué que le texte de première importance de cette école était le *Yoga Sutra* compilé par l'ancien sage Patanjali. Il a précisé qu'il s'agissait d'un texte difficile et que seule une étude approfondie pouvait permettre de le comprendre. Il m'a incité à étudier quotidiennement le *Yoga Sutra* sur une longue période. La combinaison de ces études, avec la pratique quotidienne de l'Ashtanga Vinyasa, m'a finalement amené à réaliser que le *Yoga Sutra* et la méthode *vinyasa* ne sont en fait que les deux faces d'une même pièce.

C'est le thème central de ce livre. Pour que la pratique du yoga soit couronnée de succès, il ne peut y avoir de séparation entre la pratique et la philosophie. En effet, les nouvelles approches de la pratique ont toujours été issues de la philosophie, tandis que la pratique prépare l'intellect à la philosophie. En fait, le *Yoga Sutra* suggère que la recherche philosophique - *svadhyaya*, ou *vichara* comme le nomme Shankara - est elle-même une forme de pratique et constitue un ingrédient essentiel du chemin vers la liberté.

Ce livre a pour but de réunir les deux aspects et de restaurer ce qui était historiquement un seul système, perdu au fil du temps.

La redécouverte du système Ashtanga Vinyasa

La notion selon laquelle le *Yoga Sutra* et le système *vinyasa* sont les deux faces d'une même pièce a été fortement présente dès le début de la lignée moderne de l'Ashtanga Yoga. K.P. Jois a reçu la méthode *vinyasa* de son maître, T. Krishnamacharya ; le propre maître de Krishnamacharya, Ramamohan Brahmachary, l'avait chargé de rechercher ce qui était considéré comme le dernier exemplaire d'un texte élusif, le *Yoga Korunta*, censé avoir été rédigé par l'ancien voyant Vamana.

Selon la biographie de Krishnamacharya[1], le *Yoga Korunta* contenait non seulement le système *vinyasa* mais aussi le *Yoga Sutra* de Patanjali ainsi que son commentaire, le *Yoga Bhashya*, compilé par le Rishi Vyasa. Ils étaient reliés en un seul volume. Nous pouvons donc constater que, dans les temps anciens, ce qui est aujourd'hui considéré comme deux systèmes ne partageant que le même nom - à savoir l'Ashtanga Yoga de Patanjali et l'Ashtanga Vinyasa Yoga du Rishi Vamana - n'en formaient en réalité qu'un seul.

Nous voyons également ici l'idée que la philosophie yogique est enseignée conjointement à la pratique. La pratique des *asanas* (postures) seule présente un danger. Selon K.P. Jois, «des méthodes de yoga incomplètes et coupées de leur finalité intrinsèque peuvent induire le développement dans le cœur des «six ennemis» (désir, colère, avidité, illusion, orgueil et envie). Le système Ashtanga complet, pratiqué avec dévotion, conduit à la liberté à l'intérieur du cœur».[2]

Aujourd'hui, cependant, nous nous trouvons dans une

---

1 Krishnamacharya the Purnacharya, Krishnamacharya Yoga Mandiram, Chennai
2 The Yoga Journal, San Francisco, novembre/décembre 1995

INTRODUCTION

situation où, d'une part, il y a des érudits qui essaient de comprendre le *Yoga Sutra* sans en connaître sa pratique, tandis que, d'autre part, il y a de nombreux pratiquants d'Ashtanga Vinyasa qui sont établis dans la pratique posturale mais ne connaissent pas la philosophie de leur méthode. En abordant les deux aspects conjointement la pratique en est facilitée, sachant où elle mène et connaissant le chemin pour y arriver. Sans une pratique assidue, la philosophie peut se transformer en simple théorie. Une fois établi dans la pratique, nous intérioriserons rapidement la philosophie et accédons à un yoga plus avancé.

La pertinence de l'Ashtanga Yoga aujourd'hui

Je ne prétends pas ici que le Vinyasa Yoga est la seule forme de Yoga de Patanjali. Ce serait absurde. Il est cependant l'une des représentations authentiques encore vivante des sutras de Patanjali.

Ce système est aujourd'hui précieux - et pertinent - parce qu'il a été conçu par l'ancien voyant Vamana, l'auteur du *Yoga Korunta*, spécialement pour les maîtres de maison (*grihasta*). Un maître de maison est une personne qui a un travail et une famille, il vit et s'implique dans la société, par opposition à un moine, un ermite ou un ascète (*sannyasi*). Certaines formes de yoga sont conçues pour les ermites qui n'ont aucune responsabilité sociale et peuvent s'adonner à des techniques de méditation tout au long de la journée.

Être un ermite ou un ascète n'a jamais été une condition préalable pour pratiquer le yoga. Comme l'explique la *Bhagavad Gita*, «celui qui s'acquitte de ses devoirs sociaux mais qui reste libre intérieurement est un yogi».[3] Si tout le monde cessait d'assumer

---

3 Bhagavad Gita III.7

ses responsabilités sociales, poursuit le texte[4], pour des raisons évidentes, ce monde serait ruiné. Nous ne devons pas nous inquiéter si nos responsabilités envers les autres nous empêchent de consacrer du temps à notre pratique, puisqu'accomplir notre devoir est une pratique. En fait ce qui est important, c'est la manière dont nous pratiquons. Comment utilisons-nous le temps précieux que nous pouvons consacrer à la pratique ?

Lorsque T. Krishnamacharya eut terminé sa formation, son maître, R. Brahmachary, lui proposa de se marier, de fonder une famille et d'enseigner le yoga aux citadins. Cette proposition surpris le jeune homme : ayant reçu une formation hautement qualifiée, il aurait pu devenir un grand érudit universitaire ou le père supérieur d'un monastère. Alors qu'en tant que professeur de yoga pour citadins, il aurait un statut social très bas.

Brahmachary conseilla à Krishnamacharya d'étudier le *Yoga Korunta*, car il savait que c'était la méthode la plus adaptée pour le préparer à enseigner à des maîtres de maison. Le Vinyasa Yoga décrit dans ce texte était la forme idéale du Yoga de Patanjali pour les maîtres de maison, puisqu'il ne nécessitait que deux heures de pratique par jour environ.

Les huit membres du yoga et leurs interactions

Selon Patanjali, le yoga comporte huit «membres». L'histoire suivante permet de comprendre comment ils fonctionnent ensemble :

Il était une fois un couple qui vivait heureux dans un pays où le roi était injuste. Le roi jalousant leur bonheur, enferma l'homme dans un donjon. La nuit venue quand sa femme vint le réconforter au donjon, l'homme lui demanda de revenir la nuit

---

4 Bhagavad Gita III.24

INTRODUCTION

suivante avec un fil de soie, un fil solide, un cordon, une corde, un scarabée et du miel. Bien qu'étonnée par cette demande, la femme revint le lendemain soir avec tous ces objets. Son mari lui demanda alors d'attacher le fil de soie au scarabée et d'enduire ses antennes de miel. Elle dut ensuite placer le scarabée sur le mur du donjon, la tête tournée vers le haut. Sentant le miel, le scarabée commença à grimper le long du donjon dans l'espoir d'en trouver d'autres, entraînant dans sa course le fil de soie. Lorsqu'il atteignit le sommet du donjon, l'homme saisit le fil de soie et demanda à sa femme d'attacher le fil solide à l'autre extrémité. Tirant le fil solide vers le haut, il l'attacha également et demanda à sa femme d'attacher le cordon à l'autre extrémité. Une fois qu'il eut le cordon, la suite se passa rapidement. Le cordon étant attachée à la corde, il la tira vers le haut, en fixa une extrémité et s'échappa vers la liberté en descendant grâce à la corde.

L'homme et la femme du couple sont, bien évidemment, des yogis. Le donjon représente l'existence conditionnée. Le fil de soie symbolise la purification du corps par la pratique des *asanas*. Le fil solide représente le *pranayama*, l'allongement du souffle, le cordon symbolise la méditation et la corde le *samadhi*, ou l'état naturel de l'être. Une fois la corde tenue, il est possible de se libérer de l'existence conditionnée.

Les huit membres du yoga de Patanjali se rapportent à la pratique Ashtanga Vinyasa de la manière suivante :

Le premier membre consiste en un ensemble de règles éthiques qui garantissent que le yogi interagit de manière harmonieuse avec la communauté qui l'entoure. Les préceptes éthiques sont les suivants : ne pas nuire à autrui, être sincère, ne pas voler, n'avoir de relations sexuelles qu'avec son partenaire et s'abstenir de toute avidité.

Le deuxième membre est constitué d'observances, qui garantissent que le corps et le mental ne soient pas pollués une fois qu'ils ont été purifiés. La purification dans le yoga n'a rien à voir avec le puritanisme. Elle se réfère plutôt à la «souillabilité» du corps et du mental. Cette «souillabilité» est la propension qu'a le corps, ou le mental, à garder en mémoire un conditionnement ou une empreinte provenant de l'environnement. Les observances sont la propreté physique et mentale, le contentement, la simplicité, l'étude des textes sacrés et l'acceptation de l'existence d'un Être Suprême. On démarre par les deux premiers membres. Ils sont mis en œuvre depuis l'extérieur, et forment ainsi la base à partir de laquelle la pratique est possible. Une fois que nous sommes établis dans le yoga, ils deviennent notre seconde nature et nous les appliquons naturellement.

Le troisième membre est *asana*. De nombreux obstacles à la connaissance de notre véritable nature se manifestent dans le corps, comme la maladie, la paresse et l'ennui. Le corps influence profondément le fonctionnement du mental et de l'intellect. S'il est en mauvais état, cela affecte leur bon fonctionnement. Grâce à la pratique des *asanas* du yoga, le corps devient «fort et léger comme le corps d'un lion», pour citer Shri K. Pattabhi Jois. C'est à cette condition que le corps constituera le véhicule idéal sur la voie du yoga.

Comme l'explique le *Yoga Sutra*[5], chaque pensée, émotion, expérience, laisse une empreinte subconsciente (*samskara*) dans le mental. Ces empreintes déterminent ce que nous serons à l'avenir. Selon la *Brhad Aranyaka Upanishad*, tant que la libération de l'âme n'est pas atteinte, elle se dirige, telle une chenille passant

---

5 Yoga Sutra II.12

d'un brin d'herbe à un autre, vers un nouveau corps dans une prochaine vie, guidée par la force des empreintes accumulées dans cette vie.

Cela signifie que le corps que nous avons aujourd'hui n'est rien d'autre que l'accumulation de nos pensées, émotions et actions passées. En fait, notre corps est l'histoire cristallisée de nos pensées antérieures. Ce doit être profondément compris et médité. Cela signifie que la méthode des *asanas* nous permet de nous libérer des conditionnements passés, stockés dans le corps, pour arriver au moment présent. Il convient de noter qu'une pratique trop volontaire ne fera que superposer une nouvelle couche d'empreintes subconscientes basées sur la souffrance et la douleur. Elle renforcera également l'identification au corps. En yoga, toute identification à ce qui est impermanent est considérée comme de l'ignorance (*avidya*).

Cela peut sembler plutôt abstrait à première vue, mais tous ceux d'entre nous qui ont vu mourir un être cher se souviennent d'avoir eu l'intuition qu'une fois mort, le corps ressemble à une enveloppe vide laissée derrière soi. Puisque le corps est notre véhicule et le réceptacle de notre passé, nous voulons pratiquer les *asanas* jusqu'à ce qu'ils nous servent bien, tout en libérant et en laissant aller le passé qui y est emmagasiné.

Le yoga est la voie du milieu entre deux extrêmes. Un des extrêmes consiste à pratiquer de manière exaltée, en nous efforçant d'atteindre un idéal tout en niant la réalité du moment présent. Le problème est que nous nous considérons tel que nous voulons devenir, et non, tel que nous sommes aujourd'hui. L'autre extrême est défendu par certaines écoles de psychothérapie qui travaillent sur la mise en lumière des traumatismes passés. En agissant de la sorte, il y a un risque d'accroître l'emprise de ces traumatismes sur nous, et notre rapport à nous-mêmes restera inchangé, en nous définissant par rapport aux «choses qui font surface» et aux «processus que nous traversons». *Asana* est une invitation à en finir avec ces extrêmes et à accéder à la vérité du moment présent.

Comment les émotions passées, les pensées et les impressions, se manifestent-elles dans le corps ? Certains élèves de yoga ressentent beaucoup de colère lorsqu'ils débutent les flexions avant. Cela est dû au fait que la colère passée est stockée dans les ischio-jambiers. En lâchant consciemment cette colère, l'émotion disparaît. Sinon, elle refera surface sous une autre forme, peut-être sous la forme d'un acte d'agression, ou d'une maladie chronique. D'autres élèves, éprouvent l'envie de pleurer après une extension arrière intense. La poitrine stocke les douleurs émotionnelles, ces douleurs fonctionnent comme une armure durcissant le cœur. Les extensions arrière peuvent permettre de dissoudre cette armure. En l'abandonnant, nous ressentons un immense soulagement, parfois accompagné de pleurs.

Une grande raideur peut être liée à la rigidité mentale ou à l'incapacité de vivre des situations inconnues. Une flexibilité excessive, en revanche, peut être liée à l'incapacité de se positionner dans la vie et à fixer des limites. Dans ce dernier cas, la pratique des *asanas* doit être axée sur la force, afin de créer un équilibre et d'apprendre à résister aux étirements dans des zones inappropriés. *Asana* nous invite à accepter le passé et à s'en libérer. Cela nous ramène au moment présent, nous permettant de nous débarrasser de pensés limitantes, telle que l'idée que nous nous faisons de nous-même.

Le quatrième membre est le *pranayama*. Le *prana* est la force vitale, également appelée souffle intérieur ; *pranayama* signifie extension du *prana*. Les yogis ont découvert que la pulsation

INTRODUCTION

ou l'oscillation du *prana* se produit simultanément avec les mouvements du mental (*chitta vrtti*). La pratique du *pranayama* est l'étude et l'entraînement de la respiration jusqu'à ce qu'elle soit apaisée et qu'elle n'agite plus le mental.

Dans le système *vinyasa*, le *pranayama* est pratiqué en utilisant la respiration *ujjayi*. Ce qui nous permet d'allonger le souffle, c'est de contracter légèrement la glotte. Nous apprenons à laisser le mouvement suivre la respiration, ce qui, éventuellement, permet au corps de surfer sans effort les vagues du souffle. À ce stade, ce n'est pas nous qui mettons le corps en mouvement, mais plutôt la puissance du *prana*. Nous sommes alors capables de respirer dans toutes les parties du corps, ce qui revient à étendre le *prana* uniformément dans tout le corps. C'est l'*ayama* - l'extension du souffle.

Le cinquième membre est *pratyahara* - le retrait des sens. La *Maitri Upanishad* dit que si l'on se préoccupe des objets des sens, l'esprit est attisé, ce qui conduit à l'illusion et à la souffrance.[6] En revanche, si l'on se prive du carburant des sens, alors, comme un feu qui s'éteint sans combustible, le mental se réabsorbe dans sa source, le cœur. Dans le yoga, le «cœur» est une métaphore qui ne désigne pas les émotions, mais notre centre, qui est la conscience ou le soi.

Dans le Vinyasa yoga, le retrait des sens est pratiqué par le *drishti* - le point focal. Au lieu de regarder autour de soi pendant la pratique des *asanas*, ce qui attise les sens, nous nous intériorisons en tournant notre regard vers des points précis. Le sens de l'ouïe se dirige vers l'écoute du son de la respiration, ce qui nous permet en même temps d'avoir un retour sur la qualité de l'*asana*. En empêchant notre attention de se disperser, nous développons, ce que la philosophie tantrique appelle le centre

---

6 Maitri Upanishad VI.35

(*madhya*). En développant le centre, le mental est finalement suspendu et le *prana*, qui est une manifestation de l'aspect féminin de la création, la Déesse ou Shakti, cesse d'osciller. L'état de conscience divine (*bhairava*) est alors reconnu.[7]

Le sixième membre est *dharana* - la concentration. Si vous avez essayé de méditer sur l'espace vide entre deux pensées, vous savez que le mental a tendance à s'attacher à la pensée suivante. Tandis que tous les objets ont une forme, et que le témoin-sujet - la conscience - est sans forme, le mental aura tendance à l'ignorer. Être capable de continuer d'observer la conscience en présence de distraction, demande une grande capacité de concentration.

La pratique de la concentration est une condition préalable, ainsi qu'une préparation à la méditation proprement dite. L'entraînement à la concentration nous permet de rester concentré sur un objet défini quel qu'il soit. Tout d'abord, nous sélectionnons des objets simples, ce qui nous prépare à aborder l'»objet» ultime, la conscience sans forme, qui est pure présence.

La concentration en Vinyasa yoga, se pratique en portant son attention sur les *bandhas*. Au niveau externe, l'attention se porte sur *Mula* et *Uddiyana Bandha* (verrous pelviens et abdominaux bas), mais à un niveau interne, il s'agit de connecter ou de lier le mouvement, la respiration et l'attention (*bandha* = liaison, connexion). Les ondes cérébrales bêta qui accompagnent normalement la concentration, doivent être remplacée par des ondes cérébrales alpha qui permettent une concentration multiple et conduisent à une conscience simultanée de tout ce

---

[7] Vijnanabhairava, trad. et annot. Jaideva Singh, Motilal Banarsidass, Delhi, 1979, p. 23

INTRODUCTION

qui nous entoure, ce qui revient à être dans le moment présent, c'est ce à quoi correspond la méditation.

Le septième membre est *dhyana* - la méditation. Méditation signifie se poser, sans être perturbé, entre les extrêmes du mental et soudain «être» au lieu de «devenir». La différence entre ce membre et le précédent, est que dans la concentration, il y a un effort conscient pour exclure toutes les pensées qui ne sont pas pertinentes par rapport à l'objet choisi. Alors que dans la méditation, sans aucun effort de volonté, il y a un flux constant d'images provenant de l'objet et d'attention dirigée vers l'objet. Les objets choisis sont typiquement le lotus du cœur, le son intérieur, la respiration, le sens du «je», le processus de perception, l'intellect, la divinité que l'on a choisie pour la méditation (*ishtadevata*) ou l'Être Suprême.

Dans le Vinyasa yoga, la méditation commence lorsque qu'au lieu de «faire» notre pratique, nous sommes «mis en action» ou «bougé «. À ce moment-là, nous réalisons que, puisque nous pouvons observer le corps, nous ne sommes pas le corps, mais une entité témoin plus profonde. La pratique du *vinyasa* est un enchaînement constant de postures, un changement constant de formes, auxquelles nous ne nous attachons jamais. C'est en soi une méditation sur l'impermanence. Lorsque nous réalisons que tout ce que nous avons connu jusqu'à présent - le monde, le corps, le mental et la pratique - est soumis à un changement constant, nous atteignons la méditation sur l'intelligence (*buddhi*).

Dhyana n'est pas le seul moment où la méditation est réalisée, elle l'est à tous les stades de la pratique. En fait, le système Ashtanga Vinyasa est une méditation en mouvement. Tout d'abord, nous méditons sur la position du corps dans l'espace, c'est-à-dire sur l'*asana*. Ensuite, nous méditons sur la force vitale qui anime le corps, c'est le *pranayama*. L'étape suivante consiste à méditer sur les sens, à travers *drishti* et l'écoute de la respiration, ce qui correspond à *pratyahara*. Finalement la méditation sur le lien entre tous les aspects de la pratique est la concentration (*dharana*).

Le huitième membre, le *samadhi*, est de deux sortes : avec objet et sans objet. Lors du *samadhi* avec objet, ou objectif, le mental, tel un joyau limpide, reflète fidèlement pour la première fois ce vers quoi il est dirigé et ne produit plus une simulation de la réalité.[8] En d'autres termes, l'esprit est clarifié au point de ne plus modifier les données sensorielles. Pour en faire l'expérience, nous devons nous «déconditionner» en abandonnant tous les programmes limitants et négatifs du passé. Tel que l'énonce Patanjali : «La mémoire est purifiée, comme si elle était vidée de sa propre forme».[9] Alors, tout ce que l'on peut savoir sur un objet est connu.

Le *samadhi* sans objet est la forme de yoga la plus élevée. Il n'a pas besoin d'un objet pour advenir, il révèle plutôt le sujet témoin ou la conscience, qui est notre véritable nature. Dans ce *samadhi*, le flux des pensées est suspendu, ce qui conduit à la connaissance de ce qui a toujours été là : la conscience ou le soi divin. Cet état final est au-delà de ce qu'il y a à atteindre, au-delà de l'action, ou de la pratique. C'est un état de pure extase que décrit le terme *kaivalya* - un état dans lequel il y a une liberté totale et une indépendance par rapport à toute stimulation extérieure quelle qu'elle soit.

Dans la discipline physique du yoga, le *samadhi* est atteint en suspendant les extrêmes solaire (*pingala*) et lunaire (*ida*) du

---

[8] Yoga Sutra I.41

[9] Yoga Sutra I.43, cité dans The Yoga Sutras of Patanjali, trans. C. Chapple, Sri Satguru Publications, Delhi, 1990, p. 53

mental. Cet état survient lorsque le souffle intérieur (*prana*) pénètre dans le canal central (*sushumna*). Alors la vérité ou la réalité profonde surgi soudainement.

Pourquoi une pratique traditionnelle est-elle toujours d'actualité ?

Un jour, un paysan s'adressa au sage Ramakrishna en ces termes : «Je suis un simple villageois. Donnez-moi, s'il vous plaît, en une phrase la méthode qui me permettra d'atteindre le bonheur. » La réponse de Ramakrishna fut la suivante : «Accepte totalement d'être une machine conduite par Dieu». C'est une notion importante à comprendre. C'est avec la croyance que les individus exercent leur libre arbitre, que l'on produit l'ego, qui, à son tour engendre la souffrance. Dans la *Bhagavad Gita*, le Seigneur Krishna déclare : «Toutes les actions sont accomplies, dans tous les cas, par les *gunas* (qualités) de la *prakrti* (nature). Celui dont le mental est trompé par l'égo pense être celui qui agit».[10] Cela signifie que le cosmos tout entier, y compris notre complexe corps-mental, est une machine inconsciente actionnée par Dieu. Notre Moi, qui est pure conscience, est à jamais inactif. Il se contente d'être le témoin.

Le renoncement à l'idée d'être celui qui agit, est repris dans le *Yoga Sutra* par Patanjali qui utilise le terme *kaivalya*. L'état final du yoga, est la réalisation de la complète indépendance de la conscience. Puisqu'elle est complètement indépendante, elle n'a aucun moyen d'influencer le monde. Comme un miroir qui ne fait que refléter, la conscience ne peut ni rejeter, ni s'attacher, aux

---

10 Srimad Bhagavad Gita, trad. Sw. Vireswarananda, Sri Ramakrishna Math, Madras, p. 79

objets de son choix. Ici Krishna nous demande d'abandonner la conviction d'être celui qui agit,[11] et ajoute : «Seul un fou croit être celui qui agit».

L'abandon de l'illusion du libre arbitre se reflète dans le système *vinyasa* par l'acceptation du système original tel qu'il a été exposé par le *Rishi* Vamana. Il est bien sûr, facile d'inventer sa propre séquence d'*asana*, ce qui peut entraîner succès commercial et célébrité. Mais nous courons alors le risque de tomber dans le piège de l'ego, qui se proclame être celui qui fait et celui qui crée. Nous ne sommes que pure conscience - le voyant, le témoin, le Soi - qui, comme il est dit dans le *Samkhya Karika*,[12] ne joue aucun rôle actif dans ce monde.

Cela ne signifie pas qu'il n'est pas possible d'adapter la pratique temporairement si nous rencontrons des difficultés ou en cas de yogathérapie. Cependant, nous devrons revenir au système d'origine chaque fois que cela est possible. Le système du *Rishi* Vamana conduit à la liberté intérieure en passant par une limitation extérieure et une structure. Si nous pratiquons constamment des séquences que nous avons nous-mêmes conçues, nous créons une limitation intérieure par le biais d'une liberté extérieure.

Les *rishis* d'autrefois n'ont pas conçu les arts et les sciences anciennes par tâtonnements. La méthode qu'ils employaient était le *samyama*, qui combine la concentration (*dharana*), la méditation (*dhyana*) et l'absorption (*samadhi*). Cette méthode

---

[11] Dans la version originale en anglais de ce livre on trouve le terme "*sense of agency*" : Ce therme est fréquemment utilisé dans les textes indiens, et signifie «la condition d'être en action ou d'exercer un pouvoir».

[12] Texte décrivant le Samkhya, l'ancien prototype de toutes les philosophies indiennes.

permet d'acquérir une connaissance approfondie de la réalité des choses. Patanjali lui-même, explique dans le *Yoga Sutra* la façon dont il a acquis cette connaissance. La connaissance du mental, dit-il, s'acquiert grâce au *samyama* sur le cœur.[13]

Il explique également comment il est possible de comprendre le corps. La connaissance médicale, dit-il,[14] s'acquiert en pratiquant *samyama* sur le *chakra* du nombril. C'est ainsi qu'est née la science de l'*Ayurveda*. Il convient de noter que Patanjali a rédigé la *Charaka Samhita*, un texte ayurvédique. Lorsque nous étudions et pratiquons les sciences anciennes aujourd'hui, nous devons le faire avec un sentiment de respect et de dévotion.

Les enseignements des anciens maîtres n'ont jamais été déclarés invalides. Ils ont seulement été complétés.

---

13 *Yoga Sutra* III.34
14 Yoga Sutra III.29

Première Partie

Les Fondamentaux :
SOUFFLE, BANDHAS, DRISHTI, VINYASA

Souffle

L'aspect le plus visible du système Ashtanga Yoga est constitué des différents *asanas* (postures). Mais le plus important est le contenu invisible, qui repose sur trois techniques fondamentales. Ces techniques relient les postures entre elles comme un fil, en faisant ainsi, un *mala* ou une guirlande de yoga.

Dans le système du Vinyasa yoga, le corps est utilisé comme un *mantra*. Les postures représentent les perles, et les trois techniques fondamentales forment le fil qui maintient les perles ensemble pour créer une guirlande faite de postures de yoga. Le système est conçu comme une méditation en mouvement, où les transitions entre chaque posture ont autant d'importance que les postures elles-mêmes.

Pour le débutant, il est essentiel d'apprendre ces trois techniques fondamentales dès le début. Une fois qu'elles sont maîtrisées, la pratique devient pratiquement sans effort. Sans elles, elle peut s'avérer difficile. Les trois techniques sont *Ujjayi pranayama, Mula Bandha* et *Uddiyana Bandha*. Nous allons maintenant nous concentrer sur la première d'entre elles.

Ujjayi pranayama signifie « souffle victorieux » ou allongement victorieux du souffle. Le terme *pranayama* est une combinaison de deux mots, *prana* et *ayama*. *Ayama* signifie extension ou allongement, tandis que *prana* peut avoir plusieurs significations. Il est généralement considéré comme le souffle intérieur ou la force vitale et, en tant que tel, il fait partie de l'anatomie subtile du corps. Les *nadis* (canaux énergétiques) et les *chakras* (centres énergétiques) sont d'autres éléments de l'anatomie subtile. Cependant, *prana* est parfois utilisé pour désigner la respiration extérieure ou anatomique.[15] Dans ce contexte, *pranayama* signifie extension du souffle : l'adoption d'un mode respiratoire calme, paisible et régulier. Lorsque la respiration est calme, le mental l'est également.

Ujjayi pranayama est un processus d'allongement de la respiration qui permet d'étendre la force vitale. Sa pratique nécessite une légère constriction de la glotte - l'ouverture supérieure du larynx – que l'on ferme partiellement avec l'épiglotte. L'épiglotte est un clapet au niveau de la gorge qui est fermé lorsque nous buvons et ouvert lorsque nous respirons. En fermant partiellement l'épiglotte, nous étirons la respiration ce qui crée un léger sifflement, que nous entendons durant toute la pratique. Le son produit semble provenir du centre de la poitrine et non de la gorge. Les cordes vocales ne sont pas sollicitées, sinon cela entraînerait une tension : tout bourdonnement accompagnant un son, comme le vent dans les arbres ou les vagues sur le rivage, doit être éliminé.

Écouter le son de sa propre respiration a plusieurs implications. Avant toute chose, il s'agit d'une technique de *pratyahara*. *Pratyahara*, cinquième membre du yoga, signifie

---

15 Prana a une autre signification dans le contexte du principe des dix courants vitaux au sein de la force vitale, où il se réfère uniquement à l'inspiration

«retrait des sens du monde extérieur» ou, plus simplement, «se tourner vers l'intérieur». Nous y reviendrons en détail plus tard. Pour l'instant, il suffit de dire qu'écouter sa propre respiration tournes les sens vers l'intérieur, en les détournant des sons extérieurs. Il s'agit d'une aide à la méditation.

De plus, le son de la respiration peut nous révéler presque tout ce que nous devons savoir sur notre attitude dans la posture. Parfois, la respiration peut sembler tendue, laborieuse, courte, agressive, plate, superficielle ou rapide. En la ramenant à l'idéal d'un son fluide et agréable, nous commençons à corriger toute attitude négative ou non constructive.

Pour pratiquer *Ujjayi*, asseyez-vous le dos droit dans une position confortable. Commencez à émettre le son *Ujjayi* de façon constante, sans interruption entre les respirations. Veillez à avoir un son de qualité égale pendant toute la durée de la respiration, aussi bien à l'inspiration qu'à l'expiration. Allongez chaque respiration et approfondissez-la. Respirez uniformément dans la cage thoracique. Respirez simultanément sur les côtés, devant, derrière et enfin dans les lobes supérieurs des poumons. La cage thoracique doit avoir un léger mouvement de pulsation, ce qui signifie que les muscles intercostaux internes (les muscles entre les côtes) se détendent à l'inspiration, permettant librement l'expansion de la cage thoracique de pendant la respiration.

Notre culture a tendance à se concentrer principalement sur la respiration abdominale, ce qui entraîne non seulement une posture avachie, mais aussi une rigidité de la cage thoracique. Cette rigidité est due au manque d'exercice des muscles intercostaux, ce qui bloque la circulation du sang et de la force vitale dans le thorax, ouvrant la voie aux maladies coronariennes, ainsi qu'aux faiblesses cardio-pulmonaires. L'apparence avachi de cette zone est dû à un relâchement du muscle grand droit de l'abdomen, communément appelé «les abdominaux». Cet avachissement rend le ventre mou et favorise la respiration abdominale.

En outre, ce relâchement du grand droit de l'abdomen entraine un abaissement du pubis, provoquant une antéversion (vers l'avant) du bassin, ce qui cause une hyperlordose dans le bas du dos, communément appelée dos cambré.[16] Ce qui entraîne une élévation de l'origine des muscles érecteurs du rachis, qui sont les principaux muscles extenseurs du dos. Ainsi raccourcis, les érecteurs du rachis perdent leur efficacité à relever la poitrine, qui s'affaisse, entraînant, non seulement un aspect avachi, mais aussi une cage thoracique rigide et dure. Cela prévient le massage des organes thoraciques pendant la respiration. Le manque de massage et de mouvement du cœur et des poumons amoindrit leur résistance aux maladies. Le schéma compensatoire, qui entraîne une hyperlordose lombaire, une antéversion du bassin et un affaissement de la poitrine, est l'un des pires déséquilibres posturaux. Sa principale cause en est la respiration abdominale ainsi que la faiblesse des abdominaux qui en résulte.

En yoga, nous respirons à la fois avec l'abdomen et le thorax. Les intercostaux sont engagés grâce à une respiration active. L'air est littéralement pompé hors des poumons jusqu'à ce qu'il ne reste plus que le volume résiduel, ce qui correspond à la quantité d'air restant à la fin d'une expiration complète. L'objectif est de respirer plus profondément afin d'augmenter la vitalité. Pour y parvenir, il ne s'agit pas d'inspirer le plus

---

16 L'origine d'un muscle est l'extrémité la plus proche du centre du corps, appelée extrémité proximale ; son insertion est l'extrémité la plus éloignée du centre du corps, appelée extrémité distale.

possible, mais d'expirer complètement afin de créer de l'espace pour la nouvelle inspiration.

Il y a deux raisons essentielles de vouloir augmenter le volume respiratoire. Premièrement, en augmentant notre inspiration, nous augmentons la quantité d'oxygène fournie. Deuxièmement, en augmentant notre expiration, nous expirons plus de toxines.

Ces toxines rentrent dans plusieurs catégories :
- Toxines mentales - par exemple, penser à un conflit avec quelqu'un ou à un conflit collectif, comme le désir d'entrer en guerre avec un autre pays pour quelque raison que ce soit.
- Toxines émotionnelles - peur, colère, haine, jalousie, attachement à la souffrance, etc.
- Les toxines physiques sont des déchets métaboliques qui ne sont pas excrétés.
- Les toxines environnementales - plomb, nicotine, dioxyde de carbone, dioxyde de soufre, drogues, etc.

Toutes ces toxines ont tendance à être retenues et stockées dans le corps dans des zones « stagnantes», «mortes», où l'on ne retrouve qu'une petite quantité d'oxygène, souvent autour des articulations ou dans le tissu adipeux (graisse). L'accumulation de ces toxines – qui revient à une véritable mort énergétique de certaines zones bien avant la mort de l'organisme tout entier - peut éventuellement conduire à des maladies chroniques. En fait, l'accumulation de toxines et l'appauvrissement simultané de l'oxygène dans certains tissus est la cause première de maladie chronique.

En respirant profondément, expirant les toxines accumulées et inspirant l'oxygène, nous faisons les premiers pas pour redonner au corps son état de santé initial. D'autres étapes sont nécessaires, et nous les aborderons ultérieurement. Pour résumer, il s'agit de stocker l'énergie (voir la section suivante sur les *bandhas*) et d'éveiller tout le corps (voir la partie 2, *Asana*).

On ne pratique pas le *pranayama Ujjayi* pour ses bienfaits physiques, mais principalement pour calmer le mental. Pourquoi le mental doit-il être apaisé ? Le *Yoga Sutra* I.2 déclare : «Le yoga est l'apaisement des fluctuations du mental». Le Sutra I.3 dit : «Ce n'est que lorsque le mental est calme que le voyant demeure dans sa véritable nature».

Le mental peut être comparé à un lac. Si des ondes de pensée (*vrtti*) apparaissent, la surface du lac est perturbée et des ondulations apparaissent. En regardant dans l'eau, vous ne voyez qu'une représentation déformée de soi. Cette distorsion est ce que nous voyons constamment, et c'est la raison pour laquelle nous ne connaissons pas notre véritable nature. Cela conduit à la souffrance (*duhkha*) et à l'ignorance (*avidya*).

Lorsque les vagues de pensées se sont apaisées et que la surface du lac du mental devient calme pour la première fois, nous pouvons voir qui nous sommes vraiment. Le mental est complètement clair et, il en résulte, que nous pouvons réaliser l'identité avec l'objet vers lequel il est dirigé.[17] La notion d'apaisement des fluctuations du mental est souvent qualifiée dans la littérature sur le yoga, par l'arrêt ou le contrôle du mental. Cependant, l'expression «contrôle du mental» peut être inopportune et induire en erreur. Elle a été scrupuleusement critiquée par des sages comme Ramana Maharshi, qui a stipulé qu'afin de contrôler le mental, il en fallait un deuxième pour contrôler le premier, puis un troisième pour contrôler le second. Au-delà cette régression à l'infini, le fait que différentes parties

---

17 *Yoga Sutra* I.41

de votre mental cherchent à se contrôler mutuellement peut conduire à la schizophrénie. Dans des cas moins extrêmes, cela peut conduire à devenir un «maniaque du contrôle», ce qui rendra la personne très malheureuse.

Les anciens yogis ont trouvé une solution à ce problème lorsqu'ils ont réalisé que les mouvements de la pensée (*vrtti*) et de la force vitale (*prana*) vont de pair. Selon la *Hatha Yoga Pradipika*, «le mental et la respiration sont unis comme le lait et l'eau, et leurs activités sont identiques. Le mental commence ses activités là où la respiration est présente, et le *prana* commence ses activités là où est présent le mental».[18]

Nous savons maintenant que le mental et la respiration vont de pair. Influencer directement le mental est une tâche difficile, mais en utilisant la respiration, on peut y parvenir plus facilement. L'allongement de la respiration par la pratique d'*Ujjayi pranayama* permet d'adoucir la circulation du *prana*.

Il est important de respirer uniquement par le nez. En respirant par la bouche, nous perdrions chaleur et énergie, et nous nous assècherions. Selon la tradition indienne, en gardant la bouche ouverte, des démons y pénètreraient. Apparemment, les démons seraient très jaloux des mérites accumulés par un yogi. Je laisse ce point de vue à l'appréciation de chacun.

Gardez à l'esprit le lien entre la respiration et le mouvement : chaque mouvement est initié par la respiration. Plutôt que de bouger en suivant le souffle, c'est le souffle qui doit initier le mouvement. En pratiquant de cette façon, nous serons mus par le souffle comme le vent d'automne emporte les feuilles.

---

[18] Hatha Yoga Pradipika IV.24, trans. Pancham Sinh, Sri Satguru Publications, Delhi, 1915, p. 50

Bandhas

Dans la section précédente, nous avons étudié l'importance de la respiration profonde. Qu'est-ce qui rend si efficace la respiration du yoga ?

Pour répondre à cette question nous devons revenir sur la notion de *prana*. Comme nous le savons déjà, le *prana* peut se référer à la respiration anatomique, mais le plus souvent il désigne la force vitale située dans le corps subtil. Il est important de comprendre la différence entre les deux. Cependant, les mouvements de la force vitale dans le corps subtil, ou corps énergétique, sont en partie corrélés avec le mouvement de la respiration dans le corps grossier. Le flot du *prana* peut être influencé en dirigeant la respiration. Il peut même être accumulé et stocké. La plupart d'entre nous ont entendu des récits de yogis ayant réussi à survivre pendant de longues périodes sans oxygène. Bien que le but du yoga ne soit pas d'accomplir de telles prouesses, il est néanmoins possible de le faire en utilisant un ensemble d'exercices appelés *mudra*, *mudra* signifiant «sceau». Il s'agit d'une combinaison de posture, de respiration et de *bandha*, qui permet de sceller le *prana*. C'est ce processus de maîtrise de la force vitale qui différencie les exercices de yoga de la simple gymnastique. La gymnastique et le sport peuvent nous mettre en forme, mais ils n'ont pas l'effet de préservation de l'énergie qu'a le yoga, parce qu'ils n'utilisent pas les *mudras* et les *bandhas*. C'est la combinaison des postures avec le *pranayama* et les *bandhas* qui rend le yoga si efficace.

Le terme *bandha* est lié au mot anglais «*bonding*», connexion. Nous connectons la respiration, le mouvement et la conscience. Le premier *bandha* est appelé *Mula Bandha*, ce qui se traduit par «verrou racine». La racine dont il est question ici, est celle de la colonne vertébrale : le plancher pelvien ou, plus précisément, le centre du plancher pelvien, le périnée. Le périnée est un ensemble de muscles situé entre l'anus et les organes génitaux. En contractant légèrement le muscle pubo-coccygien (PC), qui va de l'os pubien au coccyx, nous créons un sceau énergétique qui retient le *prana* dans le corps et l'empêche ainsi de s'échapper par la base de la colonne vertébrale. Il est dit que *Mula Bandha* fait passer le *prana* dans le canal central, appelé *sushumna*, qui est l'équivalent subtil de la colonne vertébrale.

Il peut être difficile au début de localiser le muscle PC. Il est parfois proposé de resserrer l'anus, ou de contracter le muscle qui permet d'arrêter la miction, mais ces indications ne sont pas tout à fait exactes : *Mula Bandha* n'est aucun de ces muscles, mais il se situe juste entre les deux. Ces suggestions ont toutefois leur intérêt, puisqu'elles permettent de nous guider jusqu'à ce que nous développions plus de sensibilité et soyons en mesure d'isoler le muscle PC avec plus de précision. Pour les femmes, il est essentiel de ne pas confondre *Mula Bandha* avec une contraction du col de l'utérus. Cette contraction a tendance à se produire lors d'une activité intense. Si une femme le faisait quotidiennement, lors d'une pratique de yoga de 2h, elle risquerait de rencontrer des difficultés pour accoucher.

Au début, nous utilisons principalement un verrou musculaire grossier, qui agit essentiellement sur le corps grossier. Avec la pratique, nous le transformons en un verrou énergétique, qui agit davantage sur le corps subtil ou pranique. Une fois maîtrisé, *Mula Bandha* devient exclusivement mental et agit sur le corps causal.

Pour vous familiariser avec *Mula Bandha*, asseyez-vous le dos bien droit dans une position confortable et concentrez-vous sur une légère contraction du périnée, qui est le centre du plancher pelvien. Lors de l'expiration, visualisez le souffle qui part des narines et descend lentement dans la gorge, la poitrine et l'abdomen jusqu'à ce qu'il s'ancre au centre du plancher pelvien, qui se contracte légèrement. À mesure que l'inspiration commence, il y aura une poussée automatique vers le haut. Puisque nous maintenons le souffle connecté au plancher pelvien en contractant le muscle PC, nous créons une aspiration et une élévation énergétique vers le haut à travers tout le centre du corps. C'est ce que l'on appelle *Mula Bandha*. Avec ce mouvement, la première étape est franchie pour arrêter le flux descendant de la force vitale, qui augmente avec l'âge et invite la mort, la maladie et le dépérissement, comme le flétrissement d'une plante, et le convertir en un flux ascendant qui favorise la croissance et l'épanouissement ultérieur.

Mula Bandha est maintenu pendant tout le cycle respiratoire et pendant toute la durée de la pratique. Chaque posture doit se développer à partir de sa racine. Il n'est finalement relâché que lors de la relaxation finale profonde, dans un abandon total.

Le deuxième *bandha* est *Uddiyana Bandha*. Il est parfois confondu avec *Uddiyana*, l'un des *shat karmas* ou six actions, également appelées *kriyas*, du Hatha Yoga. *Uddiyana* est une préparation à *Nauli*, le brassage abdominal. *Nauli* se pratique en aspirant tout le contenu de l'abdomen vers le haut dans la cavité thoracique. Il est pratiqué uniquement pendant la rétention du souffle (*kumbhaka*) et est très différent de la technique pratiquée en Vinyasa Yoga. L'*Uddiyana Bandha* du Vinyasa yoga est un exercice beaucoup plus doux. Il consiste à contracter légèrement le transverse abdominal, muscle qui entoure horizontalement l'abdomen et ramène le contenu abdominal vers la colonne.

Pour réussir *Uddiyana Bandha*, il est important d'isoler la partie supérieure du transverse abdominal de sa partie inférieure, et de n'utiliser que la partie située sous le nombril. Faire l'inverse, entrave la liberté de mouvement du diaphragme. Si le mouvement du diaphragme est limité sur une longue période, cela peut développer des tendances agressives, présomptueuses, égocentriques et machistes dans le psychisme. Ces tendances ne sont pas préconisées dans l'enseignement traditionnel. Shankara et Patanjali nous apportent les explications suivantes. La véritable posture, selon Shankara, est celle qui conduit sans effort à la méditation sur le Brahman et non à la douleur et à la torture du corps. En ce qui concerne Patanjali l'*asana* atteint la perfection quand, par l'affranchissement de l'effort excessif, la méditation sur l'infini (*ananta*) est réalisée.[19]

Certains revendiquent que l'Ashtanga Yoga est un yoga guerrier, et que les guerriers l'utilisaient pour se préparer mentalement au combat. Il s'agit là d'un bien triste malentendu. Ceux qui ont vécu une expérience authentique de cette pratique en sont sortis fatigués et comblés, et certainement pas préparés pour le combat. Ils ont plutôt l'impression d'enlacer leur ennemi dans un sentiment d'abandon total, prêts à lui offrir ce qu'il demande - peut-être même lui prodiguer de véritables conseils sur la façon de profiter de la vie et de ne pas la gaspiller avec des stupidités telles que l'agression et la guerre. Il n'y a pas de yoga guerrier. La guerre et le yoga s'excluent mutuellement car le premier commandement yogique est *ahimsa* - la non-violence.

Pour Richard Freeman *Uddiyana Bandha* est en fait une légère aspiration vers l'intérieur, juste au-dessus du pubis. Plus *Uddiyana Bandha* devient subtil, plus le caractère du pratiquant devient bienheureux, paisible, enfantin et innocent. Je suggère de commencer par raffermir la paroi abdominale en dessous du

---

19 *Yoga Sutra* II.47

nombril, puis, au fur et à mesure que la sensibilité augmente grâce aux années de pratique, de laisser glisser *Uddiyana Bandha* vers le bas. Insistons sur le fait que plus *Uddiyana Bandha* deviendra subtil, plus il aura d'influence sur le corps subtil.

Comme je l'ai mentionné dans la section précédente, notre culture a beaucoup mis l'accent sur la respiration abdominale au cours des quarante dernières années. Elle a sa place dans les arts du spectacle - en particulier la danse et le théâtre - et dans la thérapie. Elle est incontestablement utile pour les chanteurs et les acteurs, ainsi que pour les personnes qui suivent une psychothérapie. La respiration abdominale, permettant une relaxation complète de la paroi abdominale, est recommandée pour se connecter à ses émotions et les faire ressortir. Dans le mouvement New Age en particulier, les émotions sont considérées comme quelque chose de sacré qu'il faut suivre et vivre. La respiration abdominale est un bon moyen pour intensifier ses émotions.

Cependant, dans de nombreuses situations, il n'est pas bénéfique d'exacerber ses émotions. Après tout, les émotions ne sont qu'une forme du mental. Être émotif signifie réagir à une situation présente en fonction d'un conditionnement passé. Par exemple, si je suis rejeté dans une certaine situation qui est nouvelle pour moi, je me sentirai blessé. Si je me trouve à nouveau dans une situation similaire, je réagirai émotivement avant même d'avoir subi une nouvelle blessure. L'émotion de blessure émergera avant de l'avoir ressenti. Une émotion est un sentiment emmagasiné qui survient parce que le sentiment initial a laissé une empreinte subconsciente dans le mental. Patanjali appelle cette empreinte *samskara*. La théorie selon laquelle être émotif revient à être plus authentique, est erronée, car une personne émotive est autant dans le passé qu'une personne qui est constamment «dans sa tête».

Outre le fait qu'elle rende émotionnel, maintenir une respiration abdominale entraîne des répercussions physiques négatives. Elle engendre un affaissement et un effondrement des organes abdominaux, avec des vaisseaux sanguins élargis et fragiles, ainsi qu'une stagnation du sang. Il s'ensuit un manque d'apport en oxygène, une baisse de la vitalité et éventuellement, le développement de maladies chroniques.

Si la paroi abdominale inférieure reste ferme et que la paroi supérieure est détendue, le diaphragme monte et descend librement, ainsi l'ensemble de l'abdomen fonctionne comme la chambre de combustion d'un moteur, le diaphragme jouant le rôle de piston. Il en résulte une forte oscillation de la pression sanguine intra-abdominale, et c'est précisément ce mécanisme qui permet d'obtenir des organes abdominaux sains. Lorsque le diaphragme descend et que la paroi abdominale est maintenue, la pression dans la chambre de combustion augmente. Lorsque le diaphragme remonte, tout le sang est aspiré hors de l'abdomen et la pression sanguine diminue. Cette forte oscillation de la pression sanguine abdominale masse constamment les organes internes et conduit à des tissus forts et sains.[20]

Examinons maintenant les mécanismes subtils de *Uddiyana Bandha*. *Uddiyana* signifie littéralement s'envoler vers le haut. La *Hatha Yoga Pradipika* affirme que, grâce à *Uddiyana Bandha*, le

---

[20] Ce processus est décrit par Andre Van Lysbeth dans son livre Die Grosse Kraft des Atems, le titre en français est : Pranayama, la dynamique du souffle, qu'il a écrit après avoir étudié avec K. Pattabhi Jois dans les années 1960.

grand oiseau du *prana* s'envole sans cesse à travers la *sushumna*.[21] La *Sushumna* est le canal énergétique central. Bien qu'elle soit dans le corps subtil, elle se situe devant la colonne vertébrale et prend naissance au niveau du périnée. Elle se termine dans le crâne - certaines sources disent au point le plus haut du crâne, mais le plus souvent elle est décrite comme se terminant là où le crâne est relié à la colonne vertébrale. La *sushumna* est généralement en sommeil. Elle est accompagnée de deux autres *nadis* (canaux énergétiques), qui s'enroulent autour d'elle comme les serpents du caducée. Il s'agit des canaux lunaires (*ida*) et solaires (*pingala*). Il existe certains parallèles entre les canaux énergétiques solaires et lunaires, d'une part, et les systèmes nerveux sympathique et parasympathique, d'autre part, mais on ne peut pas dire qu'ils soient identiques.

La *Hatha Yoga Pradipika* explique que le *prana* doit être dirigé dans la *sushumna* en fermant *ida* et *pingala*.[22] Le même texte précise qu'en pratiquant *Mula Bandha*, le *prana* pénètre dans la *sushumna*. Plus loin dans un autre aphorisme, une grande vérité est révélée : le temps (que nous percevons comme la fluctuation du jour et de la nuit) est produit par le soleil et la lune.[23] En d'autres termes, c'est l'illusion du temps qui nous empêche de reconnaître la réalité profonde (Brahman), qui est intemporelle, cette illusion est fabriquée par le passage du souffle intérieur (*prana*) dans les canaux énergétiques *pingala* (solaire) et *ida* (lunaire).

L'aphorisme poursuit en révélant la clé de tout le yoga postural, à savoir que la *sushumna* dévore le temps. En d'autres

---

21 Hatha Yoga Pradipika III.56
22 Hatha Yoga Pradipika III.73
23 Hatha Yoga Pradipika IV.17

termes, si l'on fait passer le *prana* dans le canal central, il dévorera le temps, qui est lui-même une création du mental fluctuant et qui nous empêche de demeurer dans la réalité profonde, la conscience intemporelle (Brahman). Le temps est le système d'exploitation du mental humain ; aller au-delà du temps, c'est aller au-delà du mental. Cela est possible lorsque le grand oiseau du *prana* s'envole dans la *sushumna*, et que la *sushumna* dévore le temps. Pour cela, l'utilisation de *Mula* et *Uddiyana Bandha* est prescrite.

Même pour le grand Shankara, *Mula Bandha* doit toujours être pratiqué, car il convient aux *raja yogin*. En d'autres termes, même les *raja yogin* - ceux qui pratiquent la suspension du mental et qui sont parfois méprisants envers les *hatha yogin* et leur préoccupation pour leur corps – devraient aborder la pratique de *Mula Bandha*, car cela permet d'aller au-delà du mental. En se souvenant de la définition que donne Patanjali du yoga, à savoir la suspension du mental,[24] on commence à comprendre l'importance de *Mula* et d'*Uddiyana Bandha*.

Drishti

Abordons maintenant *drishti*, le point d'ancrage du regard, ou le point focal. Comme nous l'avons vu, le retrait des sens (*pratyahara*) est le cinquième membre du yoga. Les *Upanishads* expliquent, que les sens fournissent le carburant au mental sous la forme d'objets sensoriels. Le mental développe alors du désir, qui est la source de la souffrance. Pour le mental, le concept de base, c'est le manque. Ce manque, selon le mental, ne peut être comblé que par un apport constant de stimulations extérieures.

---

[24] *Yoga Sutra* I.2

Le concept du yoga, quant à lui, soutient que nous sommes continuellement dans l'état originel de pure béatitude, qui est la conscience. Cependant, cet état originel est sans forme et, comme le mental a tendance à s'attacher à tout ce qui se présente, nous oublions notre véritable nature. Le retrait des sens implique d'accepter le fait que les stimuli extérieurs ne pourront jamais vraiment nous combler. Une fois cela accepté, nous sommes libres de réaliser que ce que nous recherchions désespérément à l'extérieur, était présent à l'intérieur depuis toujours. Les *Upanishads* expliquent qu'en outre, de même qu'un feu s'éteint lorsqu'on le prive de son combustible, le mental retournera à sa source lorsqu'on le prive du combustible des sens. La méthode - ou plutôt l'ensemble des méthodes - qui permet d'y parvenir est le retrait des sens (*pratyahara*).

Comme nous l'avons expliqué, le retrait du sens auditif s'effectue en écoutant sa propre respiration plutôt que les sons extérieurs. Le retrait du sens visuel, ou tourner le regard vers l'intérieur est pratiqué par *drishti*, l'ancrage du regard sur divers points focaux. Qui sont :

- le nez
- le centre du front (troisième œil)
- le nombril
- la main
- les orteils
- le côté
- le pouce
- vers le haut

Ce faisant, on évite de regarder autour de soi, ce qui permettrait au mental de se disperser. En suivant *drishti*, la pratique devient profondément intériorisée et méditative.

Drishti est également une pratique de concentration (*dharana*), le sixième membres du yoga de Patanjali. Si nous pratiquons de manière distraite, nous pourrions nous surprendre à écouter les oiseaux et à regarder autour de nous dans la pièce. Pour effectuer toutes les actions demandées - *bandha*, *ujjayi*, *drishti* et trouver le bon alignement – le mental doit être pleinement concentré, faute de quoi l'un des éléments manquera à l'appel. De cette façon, la pratique nous fournit un retour d'information constant pour savoir si nous sommes en *dharana*. Avec le temps, *dharana* conduira à la méditation (*dhyana*).

Drishti a également un aspect énergétique important. Selon le *Yoga Yajnavalkya*, qui contient les enseignements de yoga du sage Yajnavalkya, «il faut s'efforcer de retenir tout le *prana* par le mental, dans le nombril, le bout du nez et les gros orteils. Se concentrer sur le bout du nez est le moyen de maîtriser le *prana*. En se concentrant sur le nombril, toutes les maladies disparaissent. Le corps atteint la légèreté en se concentrant sur les gros orteils.[25] Selon A.G. Mohan, élève de T. Krishnamacharya et traducteur du *Yoga Yajnavalkya*, le but du yoga est de concentrer le *prana* dans le corps, alors qu'il est habituellement dispersé. Un *prana* dispersé correspondra à un état mental dispersé.

L'état mental dispersé est appelé *vikshipta* dans les *Yoga Sutra*. Le *prana*, est attiré vers l'intérieur et concentré dans le corps, correspond aux états mentaux centrés sur un point (*ekagra*) et suspendus (*nirodha*), qui mènent au *samadhi* avec objet (*samprajnata*) et sans objet (*asamprajnata*). Dans la méthode Ashtanga Vinyasa, *drishti* est l'une des techniques essentielles pour attirer le *prana* vers l'intérieur. Quiconque s'est exercé devant un miroir, a peut-être remarqué que le fait de se regarder

---

[25] Yoga-Yajnavalkya, trad. A.G. Mohan, Ganesh & Co, Madras, pp. 81-82

dedans, éloigne la conscience du cœur pour la ramener à la surface. C'est exactement ce qui se passe avec le flux du *prana*, qui suit la conscience. Pratiquer devant un miroir peut être utile de temps en temps pour vérifier son alignement si aucun professeur n'est présent, mais il est préférable de développer une conscience proprioceptive - une conscience qui ne dépend pas d'indices visuels. Ce type de conscience attire le *prana* vers l'intérieur, ce qui correspond à ce que les *Upanishads* appellent la dissolution du mental dans le cœur. L'établissement permanent du *prana* au cœur du corps conduit au *samadhi* ou à la libération.

Aussi enthousiastes que soient certaines écritures au sujet de techniques telles que *drishti*, nous devons nous rappeler que nous agissons toujours dans l'existence conditionnée. Le maître Shankara nous le rappelle : En transformant la vision ordinaire en une vision de la connaissance, on devrait voir le monde comme le brahman (la conscience) lui-même. C'est la vision la plus noble, et non celle qui est dirigée vers le bout du nez.[26]

Vinyasa

Le Vinyasa Yoga est un système de yoga spécifiquement conçu pour les maîtres de maison. La différence entre un maître de maison (*grihasta*) et un renonçant (*sannyasi*) est que ce dernier n'a pas d'obligations sociales et peut donc consacrer dix heures, ou plus, par jour à la pratique. En fait, si nous pratiquions quotidiennement les techniques relatives aux huit membres du yoga, nous y passerions facilement plus de dix heures. Par exemple, une journée idéale se déroulerait en consacrant deux heures à la pratique des *asanas*, deux heures au *pranayama*, au *mudra* et *japa*

---

[26] Aparokshanubhuti de Sri Shankaracharya, trand. Sw. Vimuktananda, Advaita Ashrama, Kolkata, 1938, p. 63

(répétition de mantras) pendant une heure chacun, la lecture des Écritures pendant une heure, le chant des Écritures pendant une heure, la réflexion et la contemplation pendant une heure et la méditation pendant une heure.

Un maître de maison - c'est-à-dire une personne qui a une famille et un travail, ou une entreprise à gérer - ne peut jamais consacrer autant de temps à la pratique. L'idée de tourner complètement le dos à la société est en fait relativement récente. Elle a été introduite par Gautama Bouddha et développée par Shankara. Les anciens *rishis* védiques et upanishadiques, bien qu'ils aient passé beaucoup de temps dans la forêt, n'étaient pas des marginaux. Des *rishis* comme Yajnavalkya, Vasishta et Vishvamitra avaient des femmes et des enfants, et occupaient des postes tels que prêtre ou conseiller royal.

Pour qu'une pratique de yoga soit adaptée aux maîtres de maison, il faudrait la condenser en deux heures tout en conservant ses bienfaits, pour se faire, les huit membres du yoga devraient être pratiqués simultanément et non de manière séquentielle. C'est dans cette optique que le *rishi* Vamana a créé le Vinyasa yoga. Le *rishi* a organisé la pratique en séquences, de sorte que les postures potentialisent leurs effets, il les a combinées avec des *mudras*, du *pranayama* et de la méditation, de sorte qu'une pratique de dix heures puisse être efficacement condensé en deux heures.

L'une des caractéristiques exceptionnelles du Vinyasa yoga est que les postures ne sont pas maintenues longtemps. L'un des plus grands pièges du yoga postural est de s'identifier aux postures et de se préoccuper du corps. On se dit : «Je suis assis en *Padmasana*, cela est le yoga ! On ne pourrait pas se tromper davantage. Percevoir la conscience qui est témoin de notre assise en *Padmasana*, c'est cela le yoga.

L'idée centrale du Vinyasa yoga est de mettre l'accent sur la respiration, plutôt que sur la posture, et donc de réaliser que les postures, comme toutes les formes, sont impermanentes. Les formes - *asana*, le corps des formes de vie, les structures, les nations, les planètes, etc. - vont et disparaissent. La quête du yoga est celle du sans forme (la conscience) - de ce qui était là avant que la forme n'apparaisse et de ce qui sera là après que la forme aura disparue. C'est pourquoi il était nécessaire d'organiser la pratique de manière à ne s'attacher à rien d'impermanent. Le Vinyasa Yoga est une méditation sur l'impermanence.

La seule chose permanente dans la pratique est la concentration constante sur la respiration. Selon le *Brahma Sutra*, «*ata eva pranah*» - le souffle est en vérité Brahman.[27] Le souffle est ici identifié comme une métaphore du Brahman (= réalité profonde, réalité ultime, conscience infinie). Cette affirmation s'appuie sur l'autorité de la *Chandogya Upanishad*, où est posée la question : Quelle est cette divinité ?[28] La réponse : «Le souffle ... En vérité, tous les êtres entrent (dans la vie) avec le souffle et quittent (la vie) avec le souffle».[29] Grâce au *vinyasa*, les postures sont reliées entre elles pour former un *mala*. Un *mala* est généralement utilisé pour compter les répétitions de *mantras* pendant une méditation *mantra*, dans le vinyasa yoga, chaque *asana* est une perle sur ce *mala* de postures. De cette manière, la pratique devient une méditation en mouvement.

La pratique produit de la chaleur, ce qui est nécessaire pour brûler les toxines. Il ne s'agit pas seulement de toxines

---

27 Brahma Sutra I.I.23

28 Chandogya Upanishad I:II:5

29 G.C. Adams, Jr, trand. et commentaire, Badarayana's Brahma Sutras, Motilal Banarsidass, Delhi, 1993, p. 60

physiques, mais aussi du poison de l'ignorance et de l'illusion. La pratique du *vinyasa* complet (*full vinyasa*, therme anglais fréquemment utilisé), qui consiste à revenir à la position debout entre les postures, produit un effet de rougeur grâce aux flexions constantes vers l'avant. Elle peut être recommandée en cas de toxicité forte et persistante et pour la récupération après une maladie. La pratique du demi-*vinyasa*, où l'on saute en arrière entre l'exécution des côtés droits et gauches des postures assises, est destinée à créer un équilibre entre la force et la souplesse, ainsi qu'à augmenter la chaleur.

Pratiquer uniquement les *asanas*, peut mener à un excès de souplesse, qui pourrait déstabiliser le corps. L'alignement correct de la structure osseuse, en particulier de la colonne vertébrale, est maintenue en conservant une certaine tension au niveau des muscles profonds. Si ce tonus est insuffisant, cela pourrait entraîner des visites fréquentes chez le chiropracteur ou l'ostéopathe.

Dans la méthode *vinyasa*, cela est évité en sautant en arrière entre les deux côtés d'une posture, ce qui donne la force de soutenir le niveau de flexibilité acquis. Il est important de comprendre ce concept. Il ne faut pas rechercher un niveau de flexibilité qui ne saurait être soutenu par la force.

Le principe sous-jacent ici est celui de l'expansion simultanée dans des directions opposées. Chaque fois que nous nous étirons dans une direction, nous devons en même temps contrebalancer cette expansion en nous étirant dans la direction opposée. De cette manière, nous ne sommes pas entraînés dans les extrêmes du corps et du mental. Patanjali dit : «C'est ainsi que l'on n'est plus troublé par la paire d'opposés».[30] C'est pour cette raison

---

30 Yoga Sutra II.48

qu'il faut accorder une importance égale au *vinyasa* et aux *asanas*. Comme l'a dit le *Rishi* Vamana, «les yogis ne pratiquent pas les *asanas* sans *vinyasa*».

Le compte du Vinyasa

Dans le langage courant d'aujourd'hui, le terme *vinyasa* fait référence aux sauts en arrière et en avant entre les deux côtés des postures (demi-*vinyasa*) et au mouvement qui nous ramène debout entre les postures (*vinyasa* complet).

Dans l'ancien traité *Yoga Korunta*, *vinyasa* fait référence à chaque mouvement compté, accompagné de la respiration et d'un point de concentration. Le décompte du *vinyasa* est le format dans lequel le Rishi Vamana a consigné la pratique de l'Ashtanga dans le *Yoga Korunta*.

Chaque mouvement nécessaire pour entrer et sortir de manière traditionnelle d'une posture est compté. Étant donné que les postures sont très différentes, non seulement les unes des autres, mais aussi dans la manière d'y entrer et d'en sortir, le nombre de mouvements séquentiels nécessaires pour les exécuter diffèrent également beaucoup (le comptage de *vinyasa*). Ainsi, *Padangushtasana* ne compte que trois *vinyasas* (mouvements comptés) alors que *Supta Padangushtasana* en compte vingt-huit. Tous les *vinyasas* sont des mouvements fluides. Le seul qui soit tenu est le *vinyasa* où nous sommes dans l'état de l'*asana*. Être dans l'état de l'asana signifie être établi dans une posture et la tenir. Pour *Padangushtasana*, par exemple, c'est le *vinyasa* trois. Ce *vinyasa* est habituellement tenu pendant cinq respirations, bien qu'à des fins thérapeutiques, il puisse être tenu pendant vingt-cinq respirations ou plus. Le fait qu'un *vinyasa* puisse comporter jusqu'à vingt-cinq respirations nous amène à comprendre que le nombre de *vinyasa* et le nombre de respirations, le compte des respirations, ne sont pas identiques.

Dans la section suivante, je décris les postures en suivant le compte en demi-*vinyasa*. C'est ainsi que je l'ai appris à Mysore et c'est le mode de pratique habituel aujourd'hui.

Pour rendre ce texte plus accessible aux débutants, j'ai compté les *vinyasa* en français. Le décompte original du *vinyasa* est cependant en sanskrit, et il est important de préserver cette précieuse tradition. C'est pourquoi j'utilise le décompte sanskrit lorsque je guide un cours avec le décompte du *vinyasa*.

Deuxième partie

Asana
LA PREMIERE SÉRIE

Noms des asanas

Comme pour l'ensemble de la création, les noms des *asanas* peuvent être divisés en quatre groupes : les formes sans vie, les formes animales, les formes humaines et les formes divines.

Les *asanas* représentant des formes sans vie, tels que *Trikonasana* (posture du triangle) et *Navasana* (posture du bateau), se retrouvent principalement dans la Première Série.

La Série Intermédiaire ou Deuxième Série, est dominée par des postures portant le nom d'animaux, par exemple *Shalabasana* (posture de la sauterelle), *Kapotasana* (posture du pigeon) et *Krounchasana* (posture du héron).

La race humaine est représentée par des *asanas* dédiés aux anciens *rishis*. Citons par exemple, *Marichyasana* (posture du *Rishi* Marichi), *Bharadvajasana* (posture du *Rishi* Bharadvaja) et *Durvasasana* (posture du *Rishi* Durvasa).

Les *asana*s nommées d'après des formes divines - comme *Natarajasana* (posture du Seigneur de la danse), *Hanuman - asana* (posture du Seigneur Hanuman) et *Skandasana* (posture dédiée au Seigneur Kartikeya) - se trouvent, comme ceux dédiés aux *rishis*, principalement dans la Série Avancée A ou la Troisième Série.

L'approche yogique

La pratique de l'Ashtanga Vinyasa Yoga est une méditation en mouvement.

L'objectif est que chaque respiration devienne consciente. La séquence établie, le flux constant, le maintien interne des *bandhas*, le *drishti* et l'écoute du son du *pranayama Ujjayi* sont autant de techniques conçues pour retirer les sens.

Cela facilite la concentration et rend la méditation possible. L'absence du son *Ujjayi*, une respiration superficielle et une agitation, indiquent généralement que le mental a pris le dessus et que la concentration a été perdue.

Dans le *Yoga Sutra*, Patanjali énonce trois aphorismes sur les *asanas*.[31] Leur simplicité est profonde.

La posture est synonyme de fermeté et d'aisance.

Alors la véritable posture est celle où l'effort cesse et où la méditation sur l'infini survient.

Dans l'*asana*, il n'y a pas d'assaut des paires d'opposés.

La posture est synonyme de fermeté et d'aisance.
Cette strophe décrit les qualités de la posture. La fermeté implique l'effort et la force. L'aisance implique la détente et le relâchement. Ces opposés sont complémentaires. L'effort nécessaire à la construction d'un corps fort produit de la fermeté et donne de l'aisance à la posture.

La véritable posture est alors celle où l'effort cesse et où la méditation sur l'infini survient.
Quel que soit les membres du yoga, le but ultime est de faire l'expérience de notre véritable nature. Dans la pratique, et dans

---

31 *Yoga Sutra* II.46, 47 et 48

les descriptions qui suivent sur la façon d'exécuter les postures, la sensibilité, la présence et une concentration accrue sont demandées. Finalement, quand la posture est connue, nous pouvons laisser tomber les détails et «être» dans la posture. L'effort cesse, la posture est exprimée depuis l'intérieur et la méditation sur l'infini survient. L'infini est une qualité de notre vraie nature.

Dans l'asana, il n'y a pas d'assaut des paires d'opposés.
La fermeté et l'aisance sont elles-mêmes une paire d'opposés, et pourtant, lorsqu'elles sont en équilibre, chacune soutient et permet à l'autre de s'exprimer pleinement. En cas d'effort excessif, le corps devient insensible et le mental agité. Avec l'excès d'aisance, le corps devient apathique et le mental engourdi. Les deux aspects de cette dualité doivent être embrassés. Dans son livre *Prise de conscience par le mouvement* (Awareness through Movement, titre anglais) Moshe Feldenkrais fait remarquer que si l'on soulève une barre de fer et qu'une mouche s'y pose, aucune différence n'est perceptible. En revanche, si vous tenez une plume, vous remarquerez qu'une mouche s'y pose ou s'envole. En cas d'effort excessif, il n'y a pas de place pour l'amélioration, car l'effort a déjà été fourni dans son intégralité. La sensibilité réserve l'espace nécessaire à l'observation des différences, à l'adaptation de la posture et à l'apprentissage. Dans l'espace entre les opposés, le mental demeure immobile.

Action et contre-action / posture et contre-posture

Ces oppositions existent également en tant que différences fondamentales entre les actions qui nous permettent d'entrer dans une posture et celles qui nous y maintiennent. En règle générale, les actions que nous réalisons pour entrer dans une posture doivent être inversées lorsque nous maintenons la posture. Par exemple, alors que la flexion avant est effectuée par les fléchisseurs de la hanche, une fois que nous sommes dans la posture, nous utilisons les ischio-jambiers, qui sont des extenseurs de la hanche.[32] L'extension du dos est réalisée par les extenseurs du tronc, mais une fois dans la posture, nous les contrecarrons en engageant les muscles abdominaux. Pour entrer en *Baddha Konasana*, nous utilisons les rotateurs latéraux (externes) de la hanche ; une fois dans la posture, nous utilisons les rotateurs médiaux (internes) de la hanche.

Le fait que chaque action effectuée dans le yoga ne se poursuive pas indéfiniment signifie que nous effectuons automatiquement l'action opposée pour la contrebalancer et atteindre ainsi un état d'équilibre. De même que chaque posture est équilibrée par une contre-posture, chaque action à l'intérieur de la posture est équilibrée par sa contre-action jusqu'à ce qu'une position neutre soit atteinte.

La position neutre est celle dans laquelle l'action initiale a été équilibrée et l'alignement a été réalisé. L'alignement est correct lorsque la posture est ferme et légère, qu'elle est tenue sans effort et que la méditation devient possible. Cet état est atteint lorsque toutes les actions sont équilibrées par des actions opposées.

La posture reste vivante et active car nous jouons continuellement à équilibrer ces opposés.

Comment s'étirer

Il existe trois façons de s'étirer dans une posture : les étirements passifs, les étirements actifs et les étirements dynamiques et

---

[32] La flexion consiste à rapprocher les os ; l'extension est le retour de la flexion. Le mouvement de l'humérus (l'os du bras) constitue une exception : la flexion est définie comme le fait de lever le bras de sa position de repos vers l'avant et au-dessus de la tête. Les fléchisseurs et les extenseurs sont respectivement les muscles qui réalisent ces mouvements.

balistiques. Un exemple d'étirement passif lors d'une posture debout consisterait en une flexion vers l'avant en laissant pendre le tronc depuis les hanches avec les bras ballants ou les coudes reliés. Les étirements passifs sont relativement inefficaces, car ils demandent beaucoup de temps pour obtenir des résultats. Une personne avec une tension musculaire élevée pourrait rester ainsi suspendue dans un étirement passif pendant une demi-heure sans aller très loin.

Ce type d'étirement présente en outre l'inconvénient supplémentaire de ne pas protéger le muscle étiré. Par exemple, si dans la posture décrite précédemment, nous atteignons les orteils et tirons le torse vers le bas à l'aide de nos bras, l'étirement se situerait principalement à l'origine des muscles ischio-jambiers, sur les tubérosités ischiatiques, qui font partie des ischions. Cela peut entraîner une déchirure des fibres musculaires, que l'on appelle «claquage» des ischio-jambiers. Un autre inconvénient des étirements passifs est qu'ils ne développent pas la force nécessaire pour soutenir la flexibilité acquise.

La technique employée en Ashtanga Yoga est l'étirement actif. Dans ce type d'étirement, nous utilisons un réflexe inhérent sans lequel le corps ne pourrait pas bouger. Lorsqu'un muscle se contracte, son antagoniste (le muscle ayant la fonction opposée) se relâche. Pour comprendre ce réflexe, il suffit d'observer l'articulation du coude. Lorsque le biceps (biceps brachial) se contracte, le triceps (triceps brachial) se relâche, ce qui permet de fléchir le coude. Si le triceps se contractait également, le coude ne pourrait pas bouger. De même, lorsque le triceps se contracte, le système nerveux envoie simultanément un signal au biceps pour qu'il se relâche, et le coude s'étend.

Un muscle qui est étiré recevra un signal de relâchement lorsque le muscle opposé sera activé. En plus de la gravité, il sera également étiré par la force du muscle opposé. Dans le même temps, le muscle opposé travaille et gagne en force. Grâce à cette méthode, nous pouvons fléchir une articulation à environ 85 %. Pour accéder aux 15 % restants, nous utiliserons une technique appelée «détente active», dont nous parlerons plus loin.

L'autre forme d'étirement est l'étirement dynamique, principalement utilisé dans les arts martiaux, la gymnastique rythmique et la callisthénie (fitness au poids corporel). Ici, on utilise l'élan pour s'étirer. Cette forme d'étirement n'est pas souvent employée dans le yoga, car elle est considérée comme trop énergique. Il existe quelques exceptions dans le Vinyasa yoga, comme *Supta Konasana* dans la Première Série et *Supta Vajrasana* dans la Série Intermédiaire. L'extension arrière à partir de la position debout, l'extension arrière en équilibre sur les mains et *Viparita Chakrasana* sont d'autres exemples d'étirements dynamiques.

En dehors de ces exceptions, les étirements actifs sont utilisés dans l'ensemble de la pratique de l'Ashtanga Yoga.

Full vinyasa (vinyasa complet) ou demi-vinyasa

Avec le système *full-vinyasa*, ou *vinyasa* complet, on revient à *Samasthiti* (la posture debout de base) entre chaque *asana*. Le format que j'ai appris est le système demi-*vinyasa*. Dans ce système, on revient à *Samashiti* entre les différentes postures debout, mais on passe d'une posture assise à la suivante sans revenir à la position debout. Cette approche semble être la plus courante aujourd'hui.

Il peut être recommandé de pratiquer le *vinyasa* complet pendant un certain temps pour améliorer la force et l'endurance, par exemple après une maladie ou pour accélérer le métabolisme. L'approche du *vinyasa* complet a un effet de nettoyage intensifié et peut stimuler un foie paresseux. Bien que le *full-vinyasa* demande plus de travail, il permet également au pratiquant de « reprendre son souffle », pour ainsi dire, et peut en fait diminuer l'intensité de la pratique. Cela permet finalement de restituer l'énergie dépensée. Cependant, en tant que pratique à long terme, cela peut être difficile à maintenir.

Température

Si vous pratiquez dans un pays chaud, vous vous échaufferez rapidement. C'est particulièrement vrai pour les hommes. Il faut veiller à ne pas surchauffer si l'on s'engage dans une pratique intense dans un environnement chaud. Comme pour tout type de machine, la surchauffe n'est pas une bonne chose et il en est de même pour le corps humain. La transpiration est saine, mais si la sueur coule sur le corps, c'est le signe que ce dernier n'est plus capable de se refroidir de manière adéquate. Transpirer quotidiennement à ce point vide littéralement le corps de sa force vitale. La température idéale pour la pratique est de 20°C, avec une fourchette de plus ou moins 15°, cela implique d'adapter la vitesse de pratique - plus vite lorsqu'il fait froid pour augmenter la chaleur et plus lentement lorsqu'il fait chaud pour se refroidir. Lorsqu'il fait chaud, concentrez-vous sur la qualité rafraîchissante de la respiration.

Chauffer une salle de yoga à plus de 25° permet certes d'améliorer la souplesse, mais diminue la force, l'endurance et la concentration. Si le yoga n'était qu'une question de souplesse, les contorsionnistes seraient les plus grands yogis. Il convient de noter que l'extrême souplesse est souvent le résultat d'un déséquilibre biochimique. La véritable posture consiste en la capacité d'intériorisation.

La pratique de l'Ashtanga Vinyasa tente d'équilibrer la flexibilité avec la force. Le véritable yoga «consiste à se situer à la limite entre des extrêmes opposés».[33] Dans une posture, plutôt que de nous étirer désespérément dans une direction, nous recherchons une expansion simultanément dans toutes les directions. Force et flexibilité est la première paire d'opposés que nous découvrons dans le yoga postural. L'excès de flexibilité est un obstacle car il entraîne une perte de force et vice versa. Nous ne devrions jamais développer un degré de flexibilité qui n'est pas accompagné de la force nécessaire pour le soutenir. D'un autre côté, développer une grande force sans augmenter sa flexibilité restreint l'amplitude des mouvements articulaires.

Une salle de yoga chauffée favorise la flexibilité car elle augmente *vata* et *pitta*. Une salle de yoga froide favorise la force parce qu'elle augmente *kapha*.[34] Une pièce froide augmente également la perception et l'attention aux détails. Nous devons étudier la posture plus en profondeur pour arriver au même résultat, cela apporte des bénéfices. L'apprentissage est plus significatif lorsque la température est basse, et le corps devient plus robuste grâce à l'éveil de l'intelligence physique. Nous pouvons empêcher ce processus en augmentant le thermostat, mais tous ceux qui ont passé quelques hivers avec un chauffage

---

33 Yoga Sutra II.48

34 *Vata*, *pitta* et *kapha* sont les trois humeurs ou qualités du corps. Ces termes sont utilisés dans l'Ayurveda, l'ancien système de médecine indien. Ils ont été traduits par vent, bile et flegme, mais comme les concepts qui les sous-tendent sont complexes, il est préférable d'utiliser les termes sanskrits

modéré apprécient l'amélioration de leur pratique en termes de raffinement.

Si les températures sont élevées, une bonne ventilation est nécessaire. Il est surprenant de constater que, dans la mode occidentale, on garde toutes les fenêtres fermées même lorsque les températures sont étouffantes, au point de voir des flaques de sueur sur le sol, alors que je n'ai jamais vu une salle de yoga en Inde qui avait même des fenêtres fermables. La *Hatha Yoga Pradipika* met en garde à plusieurs reprises contre les dangers d'une chaleur trop importante et d'un chauffage excessif, en restant trop près du feu par exemple, ainsi que contre l'excès d'efforts physiques. Il n'est pas non plus recommandé d'avoir trop froid, par exemple en prenant des bains froids le matin. L'idée ici est la modération : rester à l'écart des extrêmes et demeurer au centre. Cependant, une fois que le yogi est pleinement établi, les extrêmes ne sont plus un sujet de préoccupation.

Samasthiti

POSTURE DE L'EQUILIBRE DEBOUT
Drishti Nez

Samasthiti est la posture de base en position debout. Nous nous tenons debout, la base des gros orteils joints et les talons légèrement écartés de sorte que les pieds soient parallèles. La ligne droite du pied passe par le deuxième orteil et le centre du talon. Si nous rapprochons les talons, les fémurs subiraient une légère rotation vers l'extérieur (ou rotation latérale).

Nous commençons par la pratique de la respiration *Ujjayi* avec un son doux et régulier. La cage thoracique s'étend uniformément dans les quatre directions et les *bandhas* sont engagés consciemment, s'ils n'ont pas été amorcés automatiquement avec la respiration. L'inspiration descend en avant de la colonne vertébrale et s'ancre au plancher pelvien, créant une sensation d'élévation à partir du centre du périnée (*Mula Bandha*). En même temps, la paroi abdominale inférieure, située entre le nombril et le pubis, se rapproche délicatement de la colonne vertébrale. Les mouvements naturels du diaphragme, qui s'élève et s'abaisse, ainsi que ceux qui l'accompagne dans la partie supérieure de l'abdomen, ou dans la région de l'estomac, ne sont pas restreints.

Les orteils s'écartent comme on écarterait les doigts, afin d'éveiller complètement les pieds. Le poids du corps est placé à l'aplomb des chevilles de manière à le répartir équitablement dans les quatre coins des pieds - la base des gros et des petits orteils, ainsi que les bords intérieurs et extérieurs des talons. Le poids du corps est aussi réparti uniformément entre les arches interne et externe du pied, tandis que les arches sont redressées et actives. L'action des orteils influence l'os du pubis, tandis que les talons sont en relation avec le coccyx.

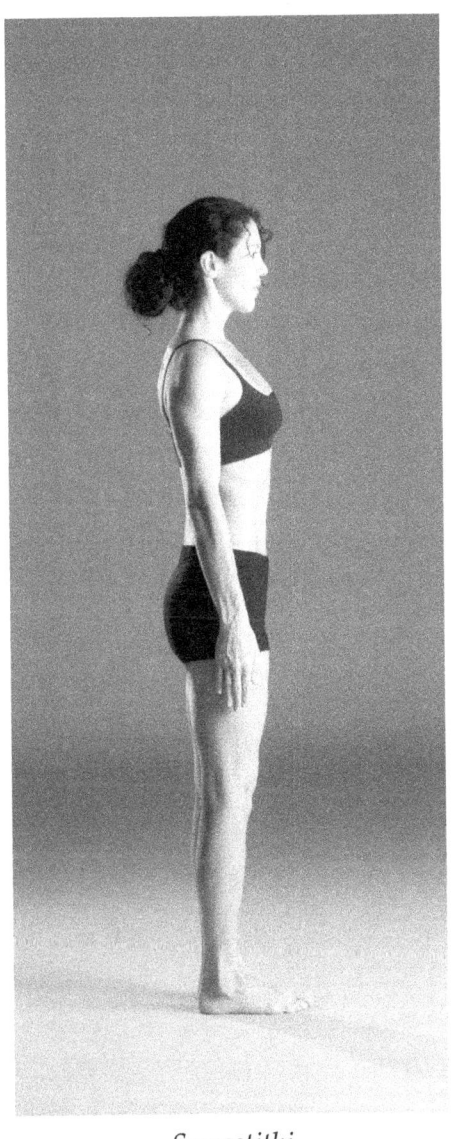
Samastithi

L'avant des cuisses est contracté, les quadriceps tirant les rotules vers le haut. Quadriceps signifie «à quatre têtes «, en référence aux quatre points d'origine de ce grand groupe musculaire. Les quatre têtes se rejoignent dans le tendon commun du quadriceps, qui descend jusqu'au tibia. La rotule (patella), un os flottant, est encastrée dans ce tendon.

De nombreux élèves devront basculer le bassin vers l'arrière (rétroverser), ce qui réduit l'excès de cambrure dans le bas du dos et permet de se tenir plus droit. Ce mouvement est obtenu en engageant les muscles abdominaux, ce qui relève l'os pubien alors que le coccyx descend. La force des jambes crée un vecteur d'énergie dont la résonance se répercute sur toute la longueur du tronc.

L'avant de la cage thoracique, le sternum, se relève. Une façon de faire consiste à rapprocher les omoplates (scapulae) ensemble, ce qui projette la poitrine vers l'avant comme dans le garde-à-vous militaire. Cela entraîne un durcissement et une fermeture de la zone située à l'arrière du cœur. Au lieu de cela, comme le cœur est relevé, la zone du dos derrière les reins s'élargit, les omoplates s'écartent et descendent délicatement vers le bas du dos. Les omoplates s'aplatissent à l'arrière de la poitrine et soutiennent la position élevée et ouverte de la région du cœur. Les côtes flottantes à l'avant de la poitrine se relâchent et reviennent vers le corps. On peut avoir besoin d'»enrouler» les épaules (34. Enrouler signifie rouler en arrière dans un mouvement circulaire qui est dirigé séquentiellement vers l'avant, puis vers le haut, puis vers l'arrière et enfin vers le bas) pour repositionner la tête de l'humérus, de sorte qu'elle repose au centre de l'articulation de l'épaule. Ces actions permettent d'ouvrir la poitrine dans toutes les directions. La cage thoracique et les poumons sont libres de se gonfler, ce qui facilite une respiration complète et fluide.

FICHE ANATOMIQUE

Intégrité interne
Les vertèbres de la colonne vertébrale abritent la moelle spinale (épinière), dont les extrémités nerveuses sortent entre chaque corps vertébral. La force engagée pour maintenir l'aspect externe de la posture soutient la colonne vertébrale,

ASANA

ce qui lui permet d'être fluide et de s'allonger librement. Ainsi le système nerveux reste intact. On cherche à maintenir l'intégrité interne dans chaque posture.

De nombreuses maladies chroniques, douleurs et maux de notre époque ne proviennent pas d'organes malades mais d'une mauvaise posture, qui entraîne une compression de la colonne vertébrale et une altération des nerfs spinaux. Le rétablissement de la colonne vertébrale dans son état d'origine peut soulager ces symptômes.

La colonne vertébrale s'affaiblit par manque d'exercice et finit par perdre son alignement en raison de la faiblesse des muscles profonds du corps. Dans de nombreux cas, la colonne vertébrale se raccourcit. La méthode *vinyasa* est un outil idéal pour revigorer la colonne vertébrale et restaurer son élasticité naturelle. Tout durcissement ou toute incapacité à allonger la colonne vertébrale dans une posture est un signe de surmenage.

Le menton s'abaisse légèrement tandis que les oreilles reculent et s'alignent au-dessus des épaules. Ramener les oreilles dans l'alignement des épaules corrige l'habitude posturale courante où la tête avance avec les oreilles placées en avant des épaules, en vue de profil. Dans certains cas, cette avancée peut dépasser de plus de dix centimètres, ce qui indique généralement que le mental est en avance sur les actes. À l'autre extrême, ceux qui vivent dans le passé se penchent souvent en arrière lorsqu'ils se tiennent debout.

ASHTANGA YOGA LA PREMIÈRE SÉRIE

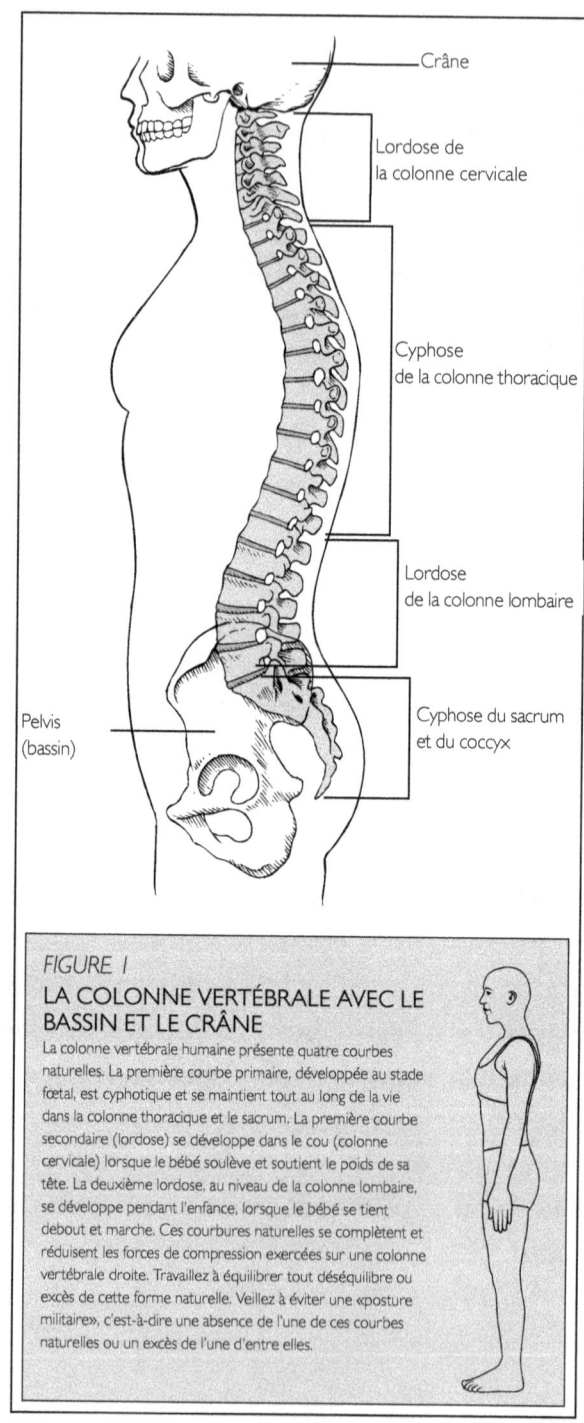

FIGURE 1

LA COLONNE VERTÉBRALE AVEC LE BASSIN ET LE CRÂNE

La colonne vertébrale humaine présente quatre courbes naturelles. La première courbe primaire, développée au stade fœtal, est cyphotique et se maintient tout au long de la vie dans la colonne thoracique et le sacrum. La première courbe secondaire (lordose) se développe dans le cou (colonne cervicale) lorsque le bébé soulève et soutient le poids de sa tête. La deuxième lordose, au niveau de la colonne lombaire, se développe pendant l'enfance, lorsque le bébé se tient debout et marche. Ces courbures naturelles se complètent et réduisent les forces de compression exercées sur une colonne vertébrale droite. Travaillez à équilibrer tout déséquilibre ou excès de cette forme naturelle. Veillez à éviter une «posture militaire», c'est-à-dire une absence de l'une de ces courbes naturelles ou un excès de l'une d'entre elles.

ASANA

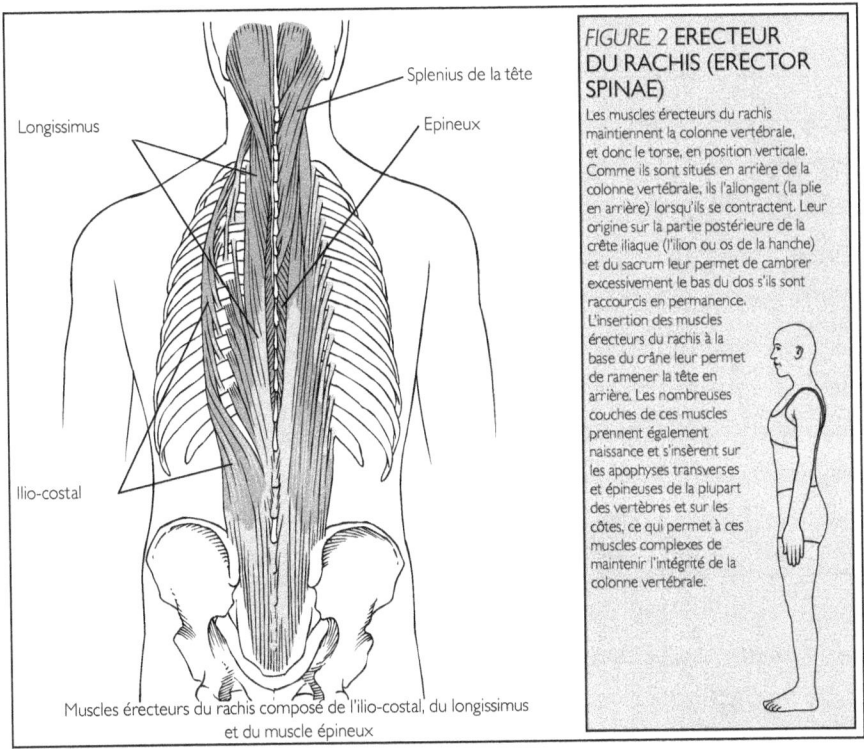

Muscles érecteurs du rachis composé de l'ilio-costal, du longissimus et du muscle épineux

FIGURE 2 ERECTEUR DU RACHIS (ERECTOR SPINAE)

Les muscles érecteurs du rachis maintiennent la colonne vertébrale, et donc le torse, en position verticale. Comme ils sont situés en arrière de la colonne vertébrale, ils l'allongent (la plie en arrière) lorsqu'ils se contractent. Leur origine sur la partie postérieure de la crête iliaque (l'ilion ou os de la hanche) et du sacrum leur permet de cambrer excessivement le bas du dos s'ils sont raccourcis en permanence. L'insertion des muscles érecteurs du rachis à la base du crâne leur permet de ramener la tête en arrière. Les nombreuses couches de ces muscles prennent également naissance et s'insèrent sur les apophyses transverses et épineuses de la plupart des vertèbres et sur les côtes, ce qui permet à ces muscles complexes de maintenir l'intégrité de la colonne vertébrale.

FICHE ANATOMIQUE

Équilibre postural

Une répartition égale du poids du corps dans les pieds est impérative pour une posture équilibrée. Lorsque le poids du corps est placé trop en avant dans les pieds, le bas du dos (colonne lombaire) se creuse excessivement (hyperlordose) alors que le sacrum et le coccyx se relèvent. Cela exerce des forces de compression excessives sur les disques intervertébraux lombaires et contracte la musculature correspondante (érecteur du rachis et carré des lombes).

En même temps, ce positionnement du bassin entraîne un relâchement et un affaiblissement des muscles abdominaux ainsi qu'un évasement des côtes. La zone du dos située derrière les reins se tend et se contracte, tandis que le cou se redresse, perdant sa lordose naturelle, pour tenter de compenser la courbure excessive de la colonne lombaire et de ramener la tête dans l'axe du centre de gravité du corps.

En revanche, si le poids est trop dans l'arrière des pieds, les ischio-jambiers se contractent et tirent le bassin et le coccyx vers le bas à l'arrière du corps, tandis que le pubis se soulève à l'avant du bassin. Comme le corps recherche toujours l'équilibre, cette posture s'accompagne généralement d'une courbure accrue de la poitrine ou de la colonne vertébrale (hypercyphose). La région du cœur s'affaisse et les abdominaux se contractent. Les épaules s'arrondissent et la tête se déplace vers l'avant, car le corps compense pour tenter de maintenir le centre de gravité au-dessus des pieds.

Si un poids trop important est placé sur l'intérieur des pieds, les arches internes s'affaissent, ce qui exerce une pression sur les ménisques internes des genoux. Il en résulte généralement une bascule vers l'avant du bassin, entraînant une courbure lombaire excessive.

Pour terminer, élevez le point le plus haut de l'arrière de la tête vers le plafond sans perdre l'ancrage des pieds. Cette action permet d'allonger et d'éveiller toute la colonne vertébrale. Les yogis indiens ont tendance à diriger humblement leur regard vers le bas en *Samasthiti*. T. Krishnamacharya estime que ne pas regarder vers le bas, revient à perdre la tête.

L'alignement idéal de *Samasthiti* est atteint lorsque toutes les principales articulations du corps - chevilles, genoux, hanches et épaules - sont alignées les unes au-dessus des autres, créant une ligne verticale qui passe également par les oreilles. Cela permet d'établir une posture offrant le moins de résistance à la force de gravité, ce qui permet de se tenir debout sans effort. *Samasthiti* est le modèle de toutes les autres postures. Laissez-vous guider par la légèreté et l'équilibre.

Surya Namaskara A
SALUTATION AU SOLEIL A
Drishti Pouces, nez, nombril

Surya Namaskara signifie salutation au soleil. Elle est traditionnellement pratiquée face à l'est, pour saluer le soleil levant. *Surya*, le soleil, est vénéré dans de nombreuses cultures comme le donneur de vie ; c'est également le cas en Inde. La salutation au soleil est un exercice d'échauffement que l'on fait plusieurs fois pour améliorer la forme cardiovasculaire. *Surya Namaskara* A est généralement répétée cinq fois, mais on peut en faire plus par temps froid, et moins par forte chaleur, jusqu'à ce que le corps se sente éveillé et équilibré. Cette séquence d'*asanas* est également pratiquée pour soulager la dépression. On dit qu'elle apporte santé et vitalité au corps et la lumière solaire à l'esprit.

Vinyasa un
Au début de l'inspiration, tournez les paumes de main vers l'extérieur et tendez les bras vers les côtés puis vers le haut, en embrassant le plus d'espace possible jusqu'à ce que vos paumes se rejoignent au-dessus de votre tête. Le cou doit toujours se

ASHTANGA YOGA LA PREMIÈRE SÉRIE

Surya Namaskara A vinyasa 1 position correcte des épaules (gauche)

Surya Namaskara A vinyasa 1 position incorrecte des épaules (droite).

déplacer dans le prolongement de la colonne vertébrale, ce qui est effectivement le cas. Le regard se lève au même rythme que les bras. Lorsque les paumes se rejoignent, le regard se porte sur les pouces. Le mouvement des bras, le déplacement du regard et le mouvement de la respiration doivent être parfaitement synchronisés. Cela doit être compris en profondeur, car cette synchronisation s'applique à l'ensemble de la pratique.

L'élévation des bras prend sa source au plus profond de l'abdomen. Il s'agit d'accrocher la respiration à l'abdomen et de laisser la puissance de l'inspiration soulever les bras. Tous les mouvements vers le haut et d'élévation sont effectués sur l'inspiration. La respiration initie chaque mouvement, apportant intelligence, grâce et aisance tant au mouvement qu'à la posture.

Lorsque vous levez les bras, évitez de remonter les épaules vers les oreilles en tirant activement les omoplates vers le bas. Non seulement cette position est plus élégante, mais elle permet également d'éviter le blocage des vertèbres cervicales et d'établir un schéma correct pour les équilibres sur les mains et pour les flexions arrière. Lorsque vous regardez vers le haut, évitez de rejeter pas la tête en arrière, le visage parallèle au plafond. Cela pourrait comprimer la nuque, ou contracter excessivement le muscle trapèze à l'arrière du cou.

FICHE ANATOMIQUE

Le grand dorsal (Latissimus dorsi)
L'action du grand dorsal (*latissimus dorsi*), qui consiste à ramener les omoplates vers les hanches, est anatomiquement appelée, la dépression de la ceinture scapulaire. Appartenant à la couche musculaire la plus externe du corps, ce muscle est difficile à fatiguer - en fait, le renforcement et la tonification

du grand dorsal soulagent la charge habituellement imposée au trapèze et aux autres muscles qui soulèvent les omoplates. L'approche idéale est de commencer à entrainer ce muscle très tôt.

D'une manière ou d'une autre, cela n'apporte aucune force ni aucun soutien au cou. Au lieu de cela, levez le menton vers le plafond, allongez le cou et le trapèze en engageant le muscle grand dorsal (*latissimus dorsi*, le muscle qui tire les omoplates vers le bas du dos) et maintenez l'arrière du cou soutenu.

La tête s'incline doucement sur l'atlas, la première vertèbre du cou. Dans la mythologie grecque, Atlas était le dieu qui portait le monde sur ses épaules. Cette vertèbre est également appelée C1, car elle est la première des sept vertèbres cervicales.

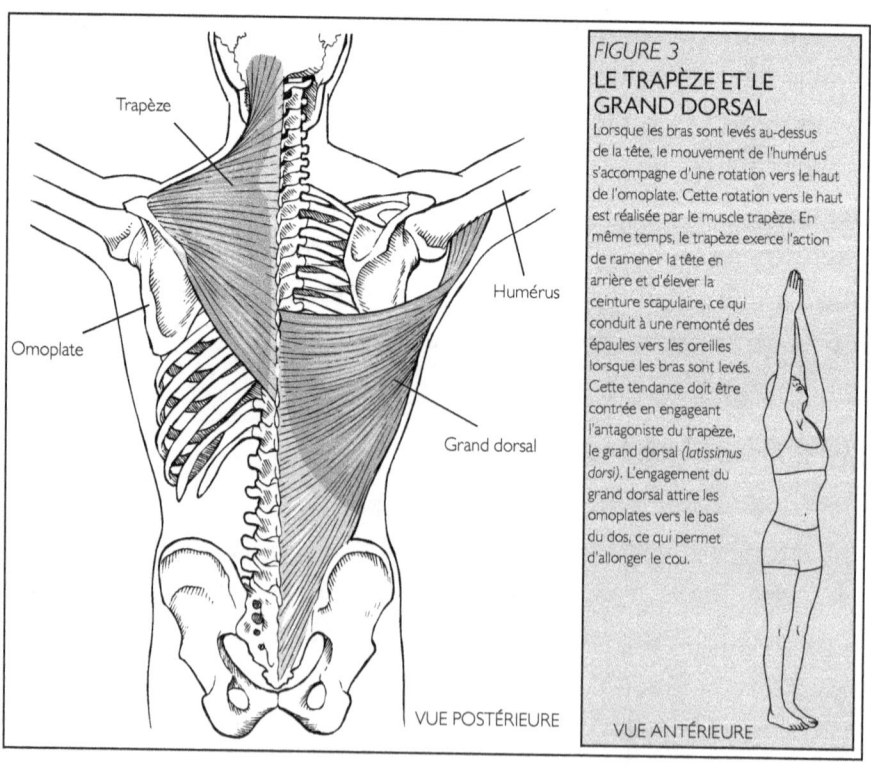

FIGURE 3
LE TRAPÈZE ET LE GRAND DORSAL

Lorsque les bras sont levés au-dessus de la tête, le mouvement de l'humérus s'accompagne d'une rotation vers le haut de l'omoplate. Cette rotation vers le haut est réalisée par le muscle trapèze. En même temps, le trapèze exerce l'action de ramener la tête en arrière et d'élever la ceinture scapulaire, ce qui conduit à une remonté des épaules vers les oreilles lorsque les bras sont levés. Cette tendance doit être contrée en engageant l'antagoniste du trapèze, le grand dorsal (*latissimus dorsi*). L'engagement du grand dorsal attire les omoplates vers le bas du dos, ce qui permet d'allonger le cou.

VUE POSTÉRIEURE   VUE ANTÉRIEURE

ASANA

Surya Namaskara A vinyasa 2   *Surya Namaskara A vinyasa 3*

Vinyasa deux

Au début de l'expiration, le bassin commence à basculer vers l'avant. Guidez la descente avec le cœur. La région du cœur reste élevée et ouverte ; n'affaissez pas la poitrine. Les bras sont abaissés de chaque côté jusqu'à ce que les mains soient posées sur le sol, le bout des doigts alignés avec les orteils. Les débutants et les personnes ayant des ischio-jambiers tendus ou raccourcis doivent veiller à garder le bas du dos droit. Si nécessaire, pliez les genoux lorsque le bassin ne bascule plus vers l'avant et que le bas du dos commence à s'arrondir. L'arrondissement du bas du dos exerce une pression sur les disques de la colonne lombaire, éliminant ainsi l'effet recherché d'étirement des muscles ischio-jambiers. Même avec les genoux pliés, vous devez sentir un étirement des muscles ischio-jambiers.

65

LE POINT DE VUE DU YOGA
Conscience du souffle
Tous les étirements doivent être effectués avec sensibilité et conscience. De cette manière, nous travaillons avec le corps plutôt que contre lui. La respiration est un formidable outil sensoriel qui véhicule l'intelligence naturelle du corps. Elle nous permet de sensibiliser notre conscience et de réguler ainsi l'intensité de l'étirement. En inspirant, nous explorons le nouveau territoire créé et exploré. C'est l'aspect créatif de la posture. En expirant, nous nous relâchons et nous nous détendons dans le nouvel espace gagné. Si vous ne parvenez pas à respirer librement et à étendre la colonne vertébrale lors de l'expiration, c'est que vous en faites trop. Toutes les postures doivent être travaillées avec conscience, sensibilité et intelligence.

Les muscles abdominaux doivent être fermes et engagés, mais pas trop contractés, car cela raccourcirait la colonne vertébrale. À la fin de l'expiration, le sommet de la tête est dirigé vers le sol. Le cou est allongé, la tête agissant comme un poids pour allonger toute la colonne vertébrale. L'action est toujours présente dans les pieds, les jambes restent longues, fortes et soutenues. Les aines sont profondes et douces (voir *Padangushtasana* pour plus de détails). La colonne vertébrale reste passive alors qu'elle se déploie à partir des hanches, et seules les épaules sont maintenues en direction du bas du dos, loin des oreilles.

ASANA

Vinyasa trois

Lors de l'inspiration, soulevez tout le torse, en essayant de cambrer ou au moins d'aplatir le bas du dos, tout en regardant vers le haut entre les sourcils. A moins d'être extrêmement souple, il est recommandé de décoller les mains du sol et de ne laisser que le bout des doigts en contact avec celui-ci. Les jambes travaillent activement et le torse est actif, soutenu par les muscles extenseurs du dos. Gardez le cœur et la poitrine relevée, élargissez les épaules, tirez les omoplates vers le bas du dos et plaquez-les contre le dos. Ce positionnement des épaules les prépare à supporter le poids du corps lors du saut en arrière pour *Chaturanga Dandasana*.

CONSEIL PRATIQUE

Variation : Position pour les débutants
Les débutants peuvent prendre une posture plus longue en *Chaturanga Dandasana* de sorte qu'en pliant les coudes, les épaules restent au-dessus des mains. Les élèves expérimentés peuvent tenter de placer les coudes directement au-dessus des poignets lors qu'ils descendent vers sol en planche. Lors du passage à la position chien tête en haut, nous cherchons à positionner les épaules au-dessus des poignets. Vu de côté, les bras sont perpendiculaires au sol.

Vinyasa quatre (*Chaturanga Dandasana*)

Au début de l'expiration, ancrez fermement vos mains sur le sol. Elles doivent être espacées de la largeur des épaules, les majeurs parallèles l'un à l'autre avec les doigts écartés. Au fur et à mesure de l'expiration, reculez les pieds d'un seul saut afin que le corps forme une ligne droite de la tête aux pieds. Posez les pieds écartés de la largeur des hanches, orteils et chevilles fléchis. En terminant l'expiration, pliez lentement les bras, en abaissant votre corps jusqu'à ce que vous vous trouviez juste au-dessus du sol. Les coudes restent en contact avec les bords du buste. Ne les laissez pas s'écarter sur les côtés : cela raidit les épaules et contracte le muscle petit pectoral (*pectoralis minor*). Lors de la descente, le mouvement doit être régulier, guidé par le cœur. Eloignez le visage du sol pour renforcer et soutenir la nuque. En s'étendant depuis les talons, le coccyx descend, ce qui allonge le bas du dos et positionne correctement le bassin pour la posture qui suit, le chien tête en haut. Cette action est compensée par une extension équivalente de la poitrine vers l'avant. Toute la colonne vertébrale s'allonge et le bas de l'abdomen se soulève du sol pour soutenir la colonne lombaire.

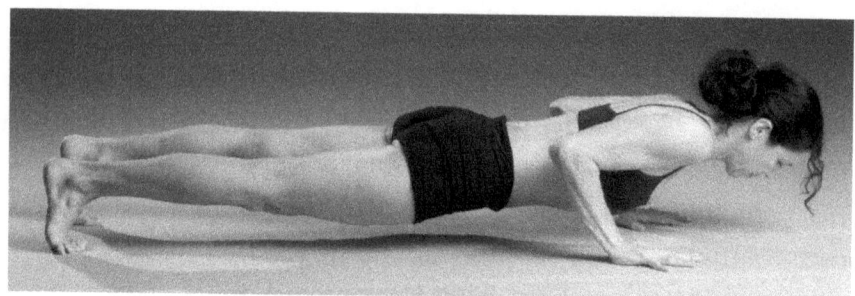

Surya Namaskara A vinyasa 4 Chaturanga Dandasana
Position pour débutants

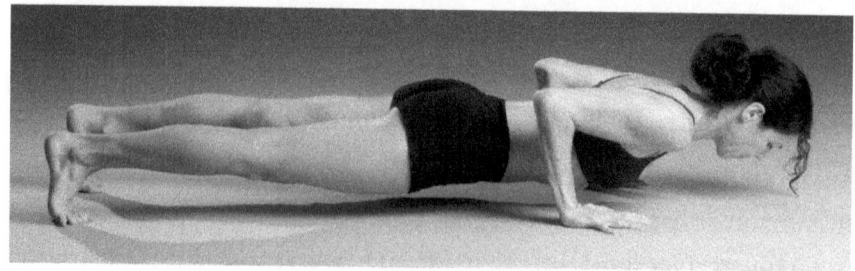

Surya Namaskara A vinyasa 4 Chaturanga Dandasana
Position finale

ASANA

Vinyasa cinq (*Urdhva Mukha Shvanasana* - Chien tête en haut)

Initiez le mouvement par une inspiration, tendez les bras et ouvrez la poitrine vers l'avant, en roulant sur les orteils jusqu'à ce que les pieds pointent vers l'arrière. Appuyez le dessus de vos pieds sur le sol, en les utilisant comme des freins pour résister à l'action d'entraînement des bras vers l'avant. Ces actions combinées mettent le dos en traction et allongent la colonne vertébrale.

Surya Namaskara A vinyasa 5 Chien tête en haut

Au lieu de ramener les épaules en arrière (ce qui pince les omoplates en contractant les muscles rhomboïdes et entraîne une fermeture derrière le cœur), maintenez les omoplates écartées (grâce au muscle dentelé antérieur - *serratus anterior*) et faites-les descendre vers le bas du dos (grâce au grand dorsal - *latissimus dorsi*). Rouler les épaules vers l'arrière, permet à la poitrine de se déplacer vers l'avant et de se gonfler fièrement, comme celle d'un lion. Imaginez les bras comme le support vertical d'une balançoire, l'articulation de l'épaule comme les pivots, et la poitrine comme le siège de la balançoire. Faites glisser le cœur vers l'avant à travers les bras pour gagner de la longueur dans la colonne vertébrale. Les côtes flottantes se déplacent maintenant vers l'avant et se soulèvent vers le haut.

En levant le menton vers le plafond et en gardant la nuque longue, la tête est ramenée en arrière. Les personnes ayant déjà été victimes d'une entorse cervicale doivent éviter ce mouvement et garder le cou droit, en regardant vers le bas, vers le bout du nez, afin d'éviter une contraction excessive de la nuque. Les élèves qui ont besoin d'une plus grande flexion arrière peuvent regarder vers le haut, entre les sourcils. En même temps, veillez à ne pas limiter la flexion arrière seulement au cou.

FICHE ANATOMIQUE
Les jonctions vertébrales
L'endroit où la colonne vertébrale rencontre la tête (le crâne) est l'une des jonctions importantes de la colonne vertébrale. Les autres sont la dernière vertèbre cervicale (C7) et la première vertèbre thoracique (T1) ; la dernière vertèbre thoracique (T12) et la première vertèbre lombaire (L1) ; et l'endroit où la dernière vertèbre lombaire (L5) s'articule avec le sacrum (S1-5). Latéralement, le sacrum s'articule avec le bassin, les articulations sacro-iliaques (SI). Il s'agit de zones où la colonne vertébrale est soumise à des contraintes plus importantes. Ces zones sont dotées d'attaches musculaires qui

travaillent dans des directions opposées afin de nous donner une plus grande marge de manœuvre. Il est donc important de travailler ces zones en étant conscient et respectueux de leurs limites structurelles et de leurs vulnérabilités.

En même temps, le muscle grand droit de l'abdomen (le muscle des six abdominaux) doit être engagé pour ancrer les côtes flottantes et éviter qu'elles ne s'évasent. L'ouverture des côtes flottantes accentue la cambrure du bas du dos. Le muscle grand droit de l'abdomen soulève également l'os pubien et permet au coccyx de s'abaisser. Ce qui permet de garder la colonne vertébrale longue et étirée dans toutes les postures.

Cette posture est souvent confondue avec *Bhujangasana* (Cobra) du Hatha Yoga, et on observe souvent des postures hybrides entre les deux. Le chien tête en haut est nettement différent. Les bras sont tendus et les jambes restent fortes et droites, de façon que les genoux ne touchent pas le sol. La force des jambes soutient la colonne lombaire. En gardant les jambes droites, l'étirement se fait à l'avant de l'articulation de la hanche, allongeant les muscles fléchisseurs de la hanche, ce qui est impératif dans toutes les postures de flexion arrière. Il est important de se tracter vers l'avant avec les bras et d'allonger toute la colonne vertébrale, plutôt que de s'affaisser et de s'écrouler dans le bas du dos. Mal exécutée, cette posture peut facilement entraîner des douleurs lombaires. Correctement exécutée, elle peut soulager les douleurs dorsales causées par de longues heures passées assis à un bureau ou dans le siège d'un véhicule.

Urdhva Mukha Shvanasana est une posture extrêmement importante dans la séquence, car c'est la seule véritable préparation aux extensions arrière dans la Première Série. Elle doit être pratiquée avec attention et pleinement expérimentée à chaque fois qu'elle apparaît dans la série afin d'éveiller la colonne vertébrale pour les extensions arrière. Prenez votre temps avec de longues inspirations conscientes, plutôt qu'une respiration courte en entrant et en sortant rapidement de cette posture.

Vinyasa six (*Adho Mukha Shvanasana* – Chien tête en bas)
Au début de l'expiration, fléchissez les pieds et roulez sur la plante des pieds. Relâchez les talons vers le sol. Levez les fessiers vers le ciel, comme une montagne, en engageant les fléchisseurs de la hanche et en tendant les jambes. En même temps, repoussez le sol avec les mains pour ramener le poids vers les pieds. Les épaules sont larges, les aisselles tournées vers le bas. Si les épaules sont en direction des oreilles, les aisselles seront tournées vers le côté ; de cette façon, le muscle trapèze est surcontracté et la posture écrase le cou et les épaules. La position correcte des épaules doit être assimilé ici, car elle développe la force du haut du corps, qui sera nécessaire plus tard dans les extensions arrière et les équilibres sur les bras. Si les aisselles sont tournées vers le côté, il faut faire une rotation externe de l'humérus jusqu'à l'obtention du résultat souhaité.

CONSEIL PRATIQUE
Variations dans les postures des Chiens
Les postures du Chien tête en haut et du Chien tête en bas ont également leurs positions propres, qui diffèrent d'une

personne à l'autre et peuvent même changer au cours de la pratique. Une personne dont le dos est raide en extension, aura besoin d'un écartement plus long dans la posture du Chien tête en haut. Si l'écartement est trop court, les muscles du bas du dos ou du cou peuvent se contracter. Un débutant obtiendra plus d'ouverture et sera plus en sécurité en choisissant une position plus longue. Au fur et à mesure que la colonne vertébrale s'assouplit en extension arrière, il est possible de raccourcir la position en Chien tête en haut.

Initiées par les pieds, les jambes travaillent intensément dans le Chien tête en bas. Tentez d'ancrer les talons sur le sol en utilisant le poids de votre corps. L'action puissante des jambes et des fléchisseurs de la hanche permet de basculer le bassin vers l'avant, en dirigeant les ischions vers le haut de manière qu'ils pointent vers le plafond. Les personnes souples dans les flexions avant doivent éviter l'affaissement du bas du dos en supportant la jonction T12/L1. La jonction T1/C7 est également soutenue, ce qui empêche l'intérieur des épaules et de la tête de s'affaisser vers le sol. Au lieu de cela, le haut de l'arrière de la tête s'avance vers les mains. Dirigez le menton abaissé en direction de la poitrine, de façon à éviter tout durcissement de l'avant de la gorge. Utilisez vos bras comme si vous vouliez soulever vos mains du sol. Le poids des mains est projeté vers l'avant de façon que seulement 40 % du poids soit placé sur les talons des mains, tandis que la racine des doigts en supporte 60 %. Assurez-vous que les bases de l'auriculaire et de l'annulaire supportent une charge égale à celle du pouce et de l'index.

Surya Namaskara A vinyasa 6 (Chien tête en bas)

Les bras et les jambes sont fortement engagés permettant à la colonne vertébrale de s'allonger complètement. Les fléchisseurs et les extenseurs du tronc sont étirés, renforcés et éveillés, ils maintiennent la colonne vertébrale longue.

Les personnes très raide en flexion avant ou qui ont des tendons d'Achille courts, auront besoin d'un espacement court dans le chien tête en bas. Si les talons sont à plus de trois ou quatre centimètres du sol, l'angle des jambes par rapport au sol ne permet pas d'engager les jambes de manière à étirer suffisamment les mollets et les tendons d'Achille. Dans ce cas, il faut avancer les pieds et raccourcir l'espacement. D'autre part, si le pas est trop court, l'effet de renforcement et d'allongement de la colonne vertébrale et des épaules est réduit. Pour maximiser cet effet, l'idéal serait de choisir un écartement long. Pour les débutants, cependant, un écartement long exercera une pression excessive sur les épaules et les poignets. Une fois que les talons atteignent le sol, il convient donc d'allonger la position en chien tête en bas. Un professeur compétent peut évaluer la longueur appropriée de la posture.

Le chien tête en bas est tenu pendant cinq respirations et, bien que le regard soit idéalement dirigé vers le nombril, la plupart des débutants risquent d'affaisser les épaules et de sacrifier l'allongement de la colonne vertébrale dont ils ont tant besoin. Il est donc recommandé aux débutants d'orienter leur regard vers les pieds ou les genoux. Il peut falloir des années pour développer la souplesse et la force de soutien nécessaires à l'établissement du *drishti* final, qui est dirigé vers le nombril. Si un débutant commence par ce point de concentration du regard, cela le conduira généralement à compromettre l'intégrité interne de cette magnifique posture. De même, la tentative d'enfoncer la tête vers le sol entraîne une fermeture et un durcissement derrière le cœur, un évasement des côtes flottantes lorsque les muscles abdominaux sont relâchés, et un effondrement autour de la jonction C7/T1. Le chien tête en bas est une sorte d'équilibre sur les mains avec le soutien des jambes, et nécessite donc un équilibre entre l'extension et la flexion du tronc. Le fait d'aller dans l'un ou l'autre de ces extrêmes ne permet pas d'atteindre l'équilibre.

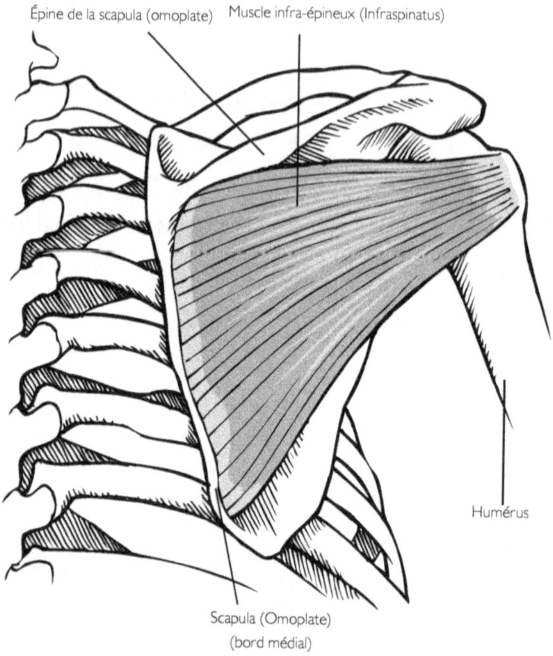

FIGURE 4 LE MUSCLE INFRA-EPINEUX

Le muscle infra-épineux (Infraspinatus) anciennement appelé sous-épineux, fait tourner l'humérus vers l'extérieur. Infra signifie en dessous, spinatus signifie ici épine, en référence à la crête de l'omoplate (Épine de la scapula). Si vous touchez votre omoplate, vous sentirez une crête transversale tout le long. Sous cette crête se trouve le muscle infra-épineux. Ce muscle est généralement faible et sous-développé. Cependant, tout le monde n'a pas besoin de tourner l'humérus vers l'extérieur : certaines personnes ont une rotation naturelle vers l'extérieur. Ce mouvement doit être effectué jusqu'à ce qu'une position centrale ou «neutre» soit atteinte, ce qui peut être évalué par un enseignant qualifié. Le surmenage de l'infra-épineux entraîne des tensions et des douleurs inutiles au niveau de l'épaule.

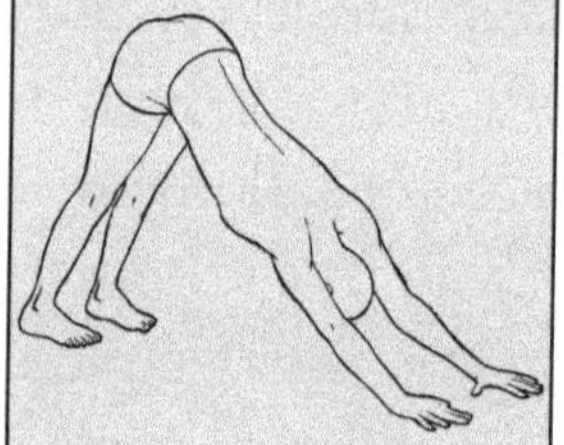

Vinyasa sept

À la fin de l'expiration, les jambes se plient légèrement et, à l'inspiration, les pieds sautent entre les mains. Lorsque les pieds se posent, ils se touchent et le torse se soulève tandis que le regard se porte vers le troisième œil (*Brumadhya Drishti*). Il s'agit d'une répétition du troisième *vinyasa*.

Surya Namaskara A vinyasa 7

ASANA

Vinyasa huit

L'expiration nous fait fléchir vers l'avant, le bout des doigts venant finalement s'aligner avec les orteils. Il s'agit d'une répétition du deuxième *vinyasa*.

Surya Namaskara A vinyasa 8   *Surya Namaskara A vinyasa 9*

Vinyasa neuf

L'inspiration soulève le cœur de sorte que le dos reste droit tandis que le torse se soulève, les bras s'étirant vers le haut et sur le côté.
    L'expiration suivante nous ramène à *Samasthiti*.

77

Surya Namaskara B
SALUTATION AU SOLEIL B
Drishti Pouces, nez, nombril

Vinyasa un
En inspirant à partir de *Samasthiti*, pliez réellement les genoux de façon que l'articulation soit profondément fléchie, sans que les talons ne se soulèvent du sol. En même temps, levez les bras au-dessus de la tête, ramenez-les vers les oreilles et joignez les paumes. Le regard se porte vers le haut, au-delà des paumes repliées. C'est *Utkatasana*.

Utkatasana est un bon exemple du principe d'expansion simultanée dans des directions opposées. L'idéal serait de s'accroupir jusqu'à ce que les cuisses soient parallèles au sol, puis de pencher le tronc et les bras vers l'avant pour que le corps retrouve son centre de gravité. Cet extrême permet de renforcer les muscles des jambes et des fessiers de façon optimale. L'autre extrême consiste à garder le dos complètement droit, sans fléchir suffisamment les jambes. Dans ce cas, nous compromettons le travail puissant des jambes et des fessiers, qui n'est possible que dans un squat profond. L'idéal est un équilibre entre ces deux actions, en travaillant simultanément dans les deux sens.

Lorsque vous vous accroupissez, rapprochez-vous lentement de votre souplesse maximale afin de donner aux ligaments le temps de s'allonger et de se renforcer. En pliant les genoux, ne basculez pas le bassin vers l'avant ou vers l'arrière, mais laissez le bassin conserver sa position neutre et le bas du dos sa courbe naturelle. Les genoux restent joints. Ramenez les bras vers les articulations des épaules pour maintenir les omoplates vers le bas et le cou libre de toute tension excessive. Si vous avez tendance à souffrir des symptômes du coup du lapin, regardez droit devant vous.

ASANA

Surya Namaskara B vinyasa 1 Utkatasana
Surya Namaskara B vinyasa 2
Surya Namaskara B vinyasa 3
Surya Namaskara B vinyasa 4 Chaturanga Dandasana

Il est conseillé aux débutants de lever les bras devant eux en les étirant de l'arrière vers l'avant. Cette action permet d'éviter l'hyperextension du bas du dos. L'option plus difficile consistant à lever les bras sur le côté peut être adoptée lorsque la conscience et la force ont été suffisamment développées.

Vinyasa deux

Sur l'expiration, ramenez les paumes, repliées en position de prière, au contact de la poitrine (centre du cœur) et, en pliant le torse vers l'avant tout en redressant les jambes, posez les mains sur le sol, de part et d'autre des pieds.

Vinyasa trois
En inspirant, soulevez la poitrine.

Vinyasa quatre
Expirez - sautez en arrière avec les pieds et descendez.

Vinyasa cinq
Inspirez dans le chien tête en haut.

Vinyasa six
Expirez, reculez et remontez en Chien tête en bas. Ces quatre derniers *vinyasas* sont les mêmes que dans *Surya Namaskara* A.

Surya Namaskara B vinyasa 5
Chien tête en haut

Surya Namaskara B vinyasa 6
Chien tête en bas

Vinyasa sept (*Virabhadrasana* A)

Au début de l'inspiration, tournez votre pied gauche sur la boule du gros orteil et placez le talon sur une ligne imaginaire au centre du tapis. Le pied gauche se positionne à un angle de 45°.

Avancez le pied droit, en suivant une ligne droite qui traverse le deuxième orteil et le talon du pied droit ainsi que le talon du pied gauche. Le placement du pied droit est crucial. Même s'il n'est que légèrement tourné vers l'extérieur, le tibia effectue une rotation externe, ce qui perturberait l'équilibre subtil de la posture. Le genou avant est fléchi, et reste placé à l'aplomb de la cheville. Si le genou dépassait vers l'avant la cheville, le fémur pourrait se déplacer vers l'avant sur le tibia. Bien que ce mouvement soit empêché par le ligament croisé postérieur, il exerce une tension excessive sur celui-ci et doit être évité. Également, placer le genou vers l'intérieur ou l'extérieur par rapport à sa position au-dessus de la cheville, alors qu'il supporte le poids du corps, exerce une contrainte inutile sur les ligaments collatéraux internes (médians) et externes (latéraux) de l'articulation du genou.

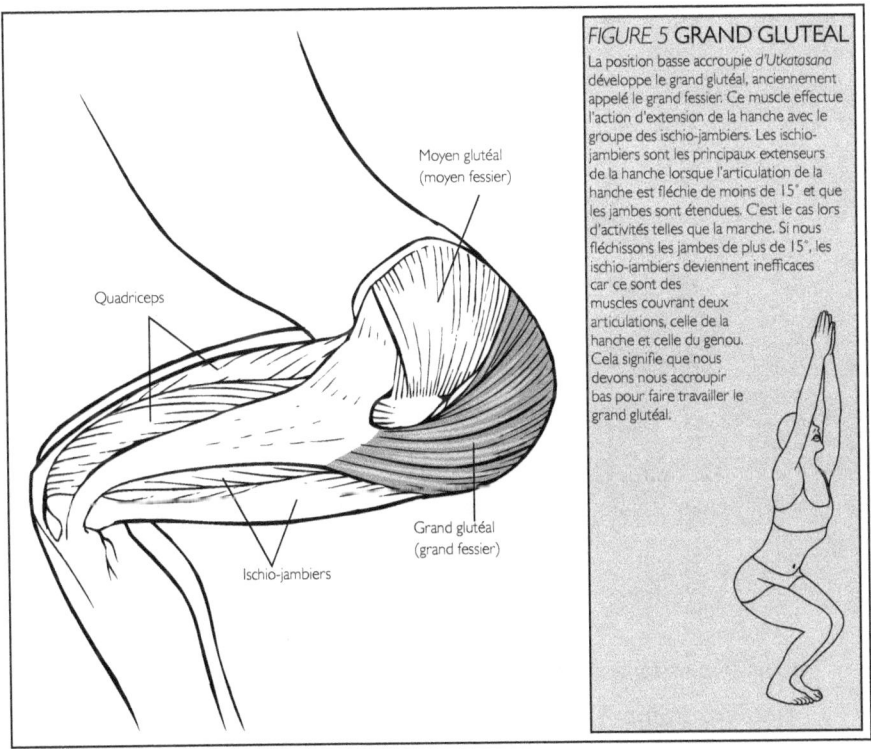

FIGURE 5 **GRAND GLUTÉAL**
La position basse accroupie d'*Utkatasana* développe le grand glutéal, anciennement appelé le grand fessier. Ce muscle effectue l'action d'extension de la hanche avec le groupe des ischio-jambiers. Les ischio-jambiers sont les principaux extenseurs de la hanche lorsque l'articulation de la hanche est fléchie de moins de 15° et que les jambes sont étendues. C'est le cas lors d'activités telles que la marche. Si nous fléchissons les jambes de plus de 15°, les ischio-jambiers deviennent inefficaces car ce sont des muscles couvrant deux articulations, celle de la hanche et celle du genou. Cela signifie que nous devons nous accroupir bas pour faire travailler le grand glutéal.

Placez vos hanches complètement de face. Cela permet d'étirer le groupe de muscles fléchisseurs de la hanche, qui se trouvent à l'avant de l'articulation de la hanche. Amenez le torse à la verticale de manière que les épaules soient au-dessus des hanches. Veillez à engager les muscles abdominaux pour rentrer les côtes flottantes, afin que l'arrière du buste, en dessous des omoplates, reste large. Les ischions sont lourds et descendent vers le sol.

La force de la jambe arrière (tendue) est importante pour soutenir l'assouplissement nécessaire pour fléchir plus profondément la hanche avant. Ceci est fait grâce à l'activation complète du pied arrière en écartant la base des orteils et en gardant l'arche externe du pied ancrée. S'étirer à partir du talon du pied arrière, permettra de positionner, automatiquement et parfaitement, le pied dans un angle complémentaire à la direction du genou de cette jambe. Cela améliore également le mouvement de spirale vers l'intérieur (médial) requis par la jambe arrière dans cette posture. La jambe pliée s'enroule dans un mouvement de

Surya Namaskara B vinyasa 7
Virabhadrasana A côté droit

spirale vers l'extérieur (latéralement) pour compenser, jusqu'à ce qu'une position neutre soit atteinte, c'est-à-dire lorsque les hanches sont alignées de face. Bien qu'il y ait une tendance naturelle à placer le poids dans la jambe avant, maintenez l'action de transfert du poids dans le pied arrière en appuyant sur le talon de ce pied. Cela créera un équilibre entre les flux d'action dans les jambes. Le support puissant des jambes crée un vecteur d'énergie, qui soutient la base de la colonne vertébrale et active les *bandhas*, permettant au centre du corps de se déployer.

En arrivant dans la posture finale, les bras s'élèvent simultanément au-dessus de la tête. Regardez vers le haut, au-delà des mains jointes.

FICHE ANATOMIQUE

Importance de la position correcte du pied

Toutes les positions des pieds indiquées dans les postures debout reflètent la direction du genou dans sa position finale dans la posture. Dans *Virabhadrasana* A, nous essayons de placer les hanches perpendiculaires par rapport au pied avant. Le genou de la jambe arrière sera finalement orienté à environ 45° vers l'avant. Si le pied arrière était, par exemple, placé à 90°, le genou devrait servir d'intermédiaire entre le fémur qui s'enroule vers l'intérieur et le tibia qui est tourné vers l'extérieur. En d'autres termes, l'articulation du genou effectuerait la rotation nécessaire pour s'adapter à la position du pied. Un angle de 45° est donc nécessaire sur le pied arrière pour amener la hanche dans la position requise. Le fait de placer le pied dans la même direction que le genou protège l'articulation du genou d'une force de rotation excessive.

ASHTANGA YOGA LA PREMIÈRE SÉRIE

Vinyasa huit

Sur l'expiration, soulevez le talon gauche du sol, abaissez les bras sur le côté, abaissez les ischions davantage et placez ensuite vos mains de part et d'autre du pied avant. Lorsque les mains touchent le sol, reculez le pied droit vers le pied gauche, les pieds écartés de la largeur des hanches, et descendez en *Chaturanga Dandasana*.

Surya Namaskara B vinyasa 8 Chaturanga Dandasana

Vinyasa neuf

Inspirez en Chien tête en haut.

Surya Namaskara B vinyasa 9 Chien tête en haut

ASANA

Vinyasa dix

Expirez en chien tête en bas.

Surya Namaskara B vinyasa 10 Chien tête en bas

Vinyasa onze (*Virabhadrasana* A)

Surya Namaskara B vinyasa11 Virabhadrasana A côté gauche

Tournez le talon droit vers le centre, avancez le pied gauche et répétez *Virabhadrasana* du côté gauche. Le mouvement complexe qui consiste à avancer, à soulever le torse et à lever les bras doit être réalisé en une seule inspiration, sans précipitation. C'est un remarquable outil pour apprendre l'extension de la respiration.

Si vous manquez de souffle en montant, ne retenez pas votre respiration. Les débutants devront peut-être commencer par mettre le pied en position à la fin de l'expiration dans le chien tête en bas.

Sinon, vous pouvez prendre une courte inspiration supplémentaire. Vous serez bientôt capable d'effectuer le mouvement en une seule respiration. En Ashtanga Yoga, le mouvement n'est jamais effectué lors d'un *khumbaka* (rétention du souffle).

Vinyasa douze

Sur l'expiration, soulevez le talon droit tout en plaçant les mains vers le bas, reculez le pied gauche et descendez. Une fois de plus, il s'agit d'un mouvement qui exige de prolonger la respiration.

Surya Namaskara B vinyasa 12 Chaturanga Dandasana

Vinyasa treize

Inspirez en Chien tête en haut.

Surya Namaskara B vinyasa 13 Chien tête en haut

Vinyasa quatorze

Expirez dans la posture du Chien tête en bas. Cette dernière est maintenue pendant cinq respirations, alors que les deux autres ne sont que transitoires.

Surya Namaskara B vinyasa 14 Chien tête en bas

Surya Namaskara B vinyasa 15

Vinyasa quinze

Sur l'inspiration, sautez vers l'avant, en atterrissant les pieds joints, levez la poitrine et regardez vers le haut (identique au *vinyasa* 3).

Vinyasa seize

En expirant, fléchissez vers l'avant, tendez les jambes et placez le bout des doigts dans l'alignement des orteils (identique au *vinyasa* 2).

Vinyasa dix-sept

Surya Namaskara B vinyasa 16

Surya Namaskara B vinyasa 17

Inspirez, pliez les genoux, levez les bras au-dessus de la tête et regardez vers le haut en *Utkatasana* (identique à *Utkatasana* et au *vivyasa* 1).

Samasthiti

En expirant, tendez les jambes, baissez les bras avec un regard doux.

Faites *Surya Namaskara* B jusqu'à ce que vous commenciez à transpirer. Cinq séries devraient suffire dans des conditions moyennes, trois sous les tropiques et jusqu'à dix dans les régions plus froides.

Les postures debout nous enseignent les bases de l'alignement en développant la force ainsi que la grâce.

Padangushtasana
LA POSTURE DU GROS ORTEIL
Drishti Nez

Vinyasa un
Depuis *Samasthiti*, sautez en inspirant et, en expirant, atterrissez avec les pieds parallèles, écartés de la largeur du bassin, en plaçant les mains sur les hanches. La «largeur du bassin» signifie que les articulations des chevilles sont placées sous les articulations des hanches.

> ### FICHE ANATOMIQUE (ENCADRÉ GRIS)
>
> *Bombement discal*
> Un bombement discal peut se produire lorsque l'on soulève un poids du sol tandis que la colonne vertébrale est arrondie. La pression exercée sur les disques intervertébraux les déforme en forme conique et les prédispose au bombement. Les disques intervertébraux agissent comme des amortisseurs de choc pour les vertèbres. Ils sont constitués d'un anneau fibreux entourant un noyau rempli de fluide. Lorsque ce coussin remplis de liquide est poussé au-delà des limites des vertèbres, on parle de bombement discal. Souvent, le disque appuie sur la moelle épinière et provoque des douleurs considérables. Les muscles adjacents se contractent pour immobiliser et donc protéger la colonne vertébrale, ce qui entraîne une incapacité totale à se pencher en avant. Un bombement discal se résorbe généralement de lui-même en quelques semaines. Une hernie discale diffère de celui-ci par le fait que le noyau du disque est poussé au-delà de la limite des vertèbres. L'allopathie[35] considère que cette affection ne se guéri pas d'elle-même.

---
35 Système de médecine basé sur la science occidentale

Il est donc important d'éviter d'arrondir le bas du dos lors d'une flexion avant, car dans cette position, c'est lui qui supporte le poids du corps. Pliez plutôt les genoux tout en conservant un certain étirement des muscles ischio-jambiers.

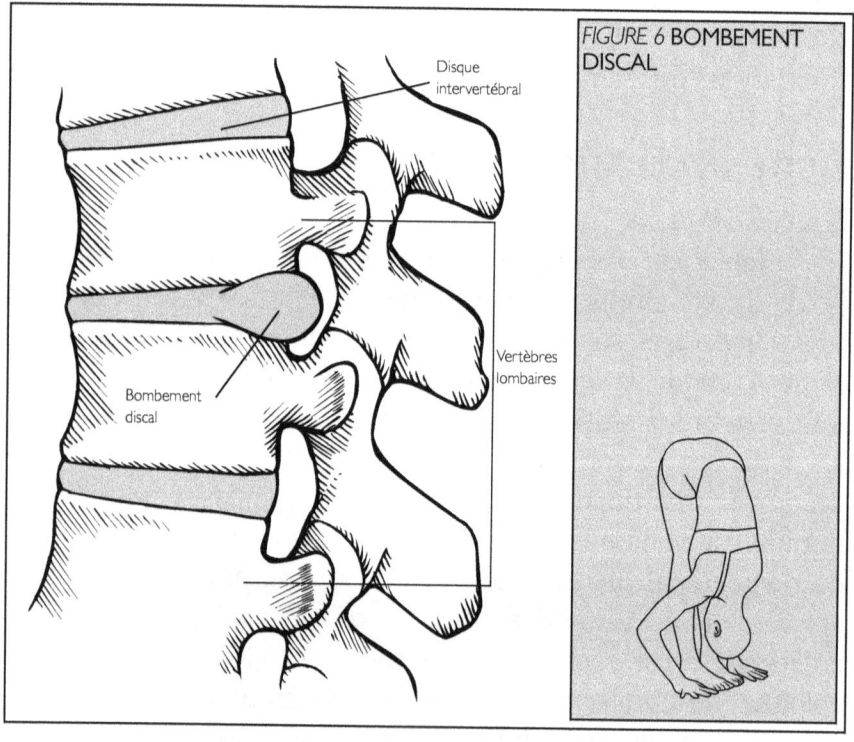

FIGURE 6 BOMBEMENT DISCAL

En inspirant, allongez puissamment les jambes, et élevez le torse depuis les hanches. En expirant, penchez-vous vers l'avant à partir de l'articulation des hanches, en gardant le dos droit et le cœur soulevé. Attrapez les gros orteils, en les crochetant avec l'index et le majeur, paumes tournées vers l'intérieur, et en refermant les doigts avec le pouce. Les élèves qui ne peuvent pas encore atteindre leurs orteils peuvent plier les jambes. Il n'est pas recommandé de fléchir le bas du dos pour atteindre les orteils, car cela exerce une pression sur les disques lombaires qui peut générer leur bombement.

Lors de l'inspiration suivante, en tenant toujours les orteils, soulevez la tête et la poitrine et dirigez le regard vers le haut, entre les sourcils.

Vinyasa deux

Sur l'expiration, fléchissez profondément vers l'avant en élevant les rotules. L'action de remonter les rotules est effectuée par le muscle quadriceps, qui est l'antagoniste des ischio-jambiers. De cette manière, l'étirement est actif, ce qui envoie le signal aux ischio-jambiers de s'allonger. Approfondissez et assouplissez vos aines pour allonger les muscles fléchisseurs de la hanche, et respirez dans les ischio-jambiers pour les relâcher.

Les coudes s'écartent sur le côté, les omoplates remontent vers les hanches et le sommet de la tête descend vers le sol. Laissez le poids de la tête allonger la colonne vertébrale et le cou. Lorsque vous soutenez la posture par l'action des jambes, la colonne vertébrale se relâche et devient passive. Le *drishti* se place vers le bout du nez. Dans ce *vinyasa*, nous sommes établis dans la posture *Padangushtasana*. Restez dans la posture pendant cinq respirations.

Vinyasa trois

En inspirant, soulevez votre poitrine et regardez vers le bout du nez. En expirant, placez les mains sous les pieds, marchez sur le bout des doigts, puis sur toute la paume, les orteils touchant les poignets.

Padangushtasana

Pada Hastasana
LA POSTURE DES PIEDS SUR LES MAINS
Drishti Nez

Vinyasa un

En inspirant, soulevez la tête et la poitrine et regardez vers le haut. Essayez de creuser le bas du dos et de garder les jambes fortes.

LE POINT DE VUE DU YOGA

Équilibre actif

L'équilibre actif du corps dans toutes les postures signifie qu'il est nécessaire d'isoler les muscles qui doivent être contractés de ceux qui doivent être relâchés et allongés. On voit trop souvent des élèves contracter tout leur corps. L'équilibrage actif renforce les muscles profonds du corps ainsi que les muscles superficiels. Cela permet de créer une posture légère, car la structure du squelette est portée plus efficacement. *Pada Hastasana* est une posture idéale pour expérimenter ces principes.

ASANA

Vinyasa deux

En expirant, penchez-vous vers l'avant. Vous êtes maintenant dans la posture *Pada Hastasana*. Maintenez cette position pendant cinq respirations. Comme dans la posture précédente, gardez le bas du dos droit et seulement si cela est possible, vous pouvez ensuite travailler à tendre les jambes. Le regard est dirigé vers le nez. Cette posture est une version plus intense de la précédente. Vous pouvez rendre l'étirement encore plus intense en déplaçant le poids vers l'avant, vers les orteils.

Les muscles abdominaux - le terme se réfère principalement au droit de l'abdomen (*rectus abdominis*) - sont engagés ici pour protéger le bas du dos. *Uddiyana Bandha* (la partie inférieure du transverse abdominal) empêche la respiration de distendre le bas-ventre, ce qui déstabiliserait le bas du dos. Une utilisation excessive des muscles abdominaux raccourcirait la colonne vertébrale et éloignerait la tête du sol, car les muscles abdominaux sont avant tout des fléchisseurs du tronc. Seule une combinaison judicieuse du travail des jambes avec la flexion et l'extension du tronc permet d'obtenir le résultat souhaité, à savoir l'allongement de la colonne vertébrale. Cet allongement se fait surtout sentir au niveau de la taille. Un travail subtil et intelligent augmentera l'espace entre les côtes flottantes et les crêtes iliaques, les bords supérieurs de l'os du bassin. Les deux groupes de muscles du tronc travaillent de manière isométrique (sous tension mais sans raccourcissement) et seront donc tous deux renforcés. Il s'agit d'un équilibre actif.

ASHTANGA YOGA LA PREMIÈRE SÉRIE

Pada Hastasana

Vinyasa trois

En inspirant, soulevez la tête et la poitrine en tendant les bras. En expirant, placez les mains sur les hanches et revenez à *Samasthiti*.

Revenir à *Samasthiti* sur une seule respiration est évidemment un mouvement complexe. Les débutants peuvent le décomposer pour conserver l'intégrité du mouvement.

Compte de la respiration pour les débutants : Expirez, placez les mains sur les hanches, abaissez le coccyx, étirez-vous grâce aux jambes. Inspirez et revenez à la position debout, en guidant avec le cœur. Expirez et sautez en *Samasthiti*.

ASANA

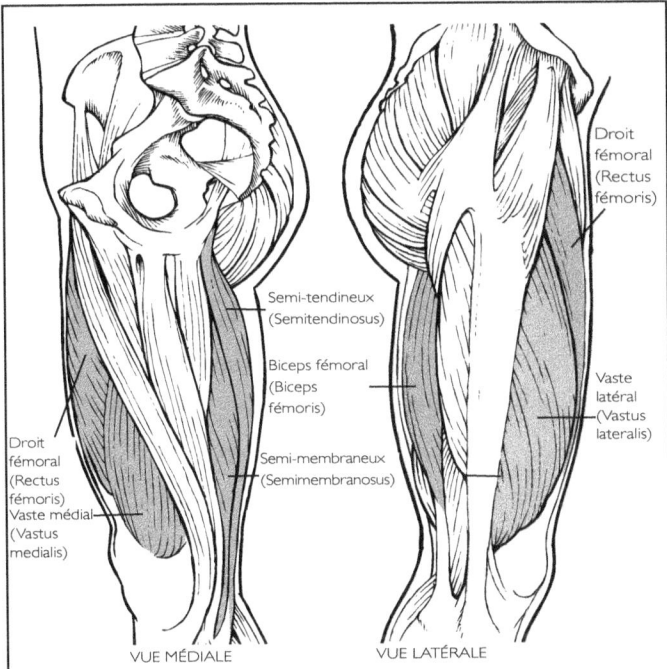

VUE MÉDIALE   VUE LATÉRALE

FIGURE 7 ISCHIO-JAMBIERS ET QUADRICEPS

Se pencher en avant doit impliquer une flexion des articulations de la hanche et non de la colonne vertébrale. La flexion des articulations de la hanche est limitée par le groupe de muscles ischio-jambiers, qui assure l'extension de la hanche et la flexion du genou. Le groupe des muscles ischio-jambiers se compose de trois muscles individuels. Le biceps fémoral effectue une rotation externe du fémur lors de l'extension de la hanche, tandis que le semi-tendineux et le semi-membraneux effectuent une rotation interne du fémur lors de l'extension de la hanche. Nous retrouverons ces muscles plus tard dans leur fonction secondaire de rotateurs du fémur.

Si nous restons passivement penchés dans Padangushtasana, des douleurs peuvent apparaître au niveau des tubérosités ischiatiques (les ischions), qui sont à l'origine des ischio-jambiers. Pour éviter cela, nous devons engager les antagonistes des ischio-jambiers, soit les quadriceps.

Les quadriceps sont engagés en remontant la rotule (patella). Les quadriceps sont constitués de quatre muscles distincts qui s'insèrent conjointement, via le tendon patellaire, au niveau du tibia.

Les quatre chefs du quadriceps sont le droit fémoral, le vaste latéral, le vaste intermédiaire et le vaste médial. Le droit fémoral est le seul muscle à deux articulations du groupe. Il prend naissance à l'avant de l'os de la hanche et peut donc non seulement étendre la jambe au niveau du genou, mais aussi fléchir l'articulation de la hanche. Les trois vastes prennent naissance respectivement sur les faces latérale, antérieure et médiale du fémur et n'effectuent que l'extension de l'articulation du genou.

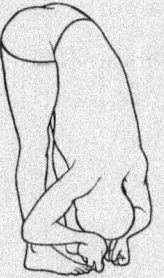

Utthita Trikonasana
POSTURE DU TRIANGLE EN EXTENSION
Drishti Main

Vinyasa un

En inspirant, tournez-vous vers la droite, en gardant vos pieds parallèles sautez en les espaçant d'un mètre environ. Les bras tendus sur les côtés au niveau des épaules. Il n'y a pas d'espacement standard des pieds, mais un espacement idéal pour chaque niveau de souplesse. Cet aspect est si important qu'il doit être évalué par l'enseignant sur une base individuelle. Si l'écart des pieds est trop long, l'intégrité interne de la posture sera perdue et son exécution n'apportera que peu de bénéfices. S'il est trop court, on n'obtiendra pas le soutien, la force et l'allongement de la colonne vertébrale. Au fur et à mesure que la souplesse augmente avec le temps et la pratique, l'écart entre les pieds peut être allongé.

Vinyasa deux

En expirant, tournez votre pied droit de 90°. Pour plus de précision, visualisez une ligne passant par le centre de votre tapis dans le sens de la longueur. Placez le deuxième orteil du pied droit précisément le long de cette ligne et vérifiez que le centre du talon est placé sur la même ligne. Un écart de 2° seulement peut être important. Souvent, pour gagner en stabilité, les débutants tournent trop le pied vers l'extérieur. Cela entraîne une rotation latérale (vers l'extérieur) du tibia, qui s'accompagne parfois d'une rotation compensatoire du fémur vers l'intérieur. Le genou est alors soumis à des contraintes. Les danseurs usent généralement leurs genoux prématurément en tournant ainsi les pieds vers l'extérieur.

Tournez votre pied gauche d'environ 5°, le talon étant placé sur la ligne médiane du tapis. La position de 5° garantit que le pied, le tibia et le fémur pointent tous dans la même direction, ce qui constitue à nouveau la position optimale pour le genou. Rester à 0°, ou tourner le pied vers l'extérieur, mettrait l'articulation du genou à rude épreuve. D'autre part, si vous tournez le pied gauche trop vers l'intérieur, disons 30°, vous n'obtiendrez pas une ouverture suffisante des aines.

Les pieds étant correctement positionnés, laissez la hanche droite s'abaisser (inclinaison latérale) autant que possible, pour que le bassin soit à la verticale du sol. Si le bassin reste en position horizontale, la colonne vertébrale doit fléchir latéralement (sur le côté), ce qui n'est pas souhaitable dans cette posture. La hanche gauche pivote vers le haut et vers la gauche pour permettre à la hanche droite de s'abaisser.

Tendez le bras droit sur le côté, puis vers le bas, en imaginant que vous êtes entre deux vitres, ce qui empêchent le torse de se pencher vers l'avant. L'épaule gauche reste sur le même plan au-dessus de la jambe droite. La main droite finit par saisir le gros orteil droit. Si vous ne pouvez pas atteindre l'orteil sans compromettre la posture (flexion latérale de la colonne vertébrale), placez votre main sur le pied ou le tibia. Ne vous penchez pas sur cette jambe, mais gardez les deux côtés du buste et du cou allongés et soutenus par rapport au sol. Si vous vous sentez à l'aise, tournez la tête pour regarder le pouce de la main gauche, qui se trouve au-dessus de l'épaule gauche. Gardez le cou en ligne droite avec le reste de la colonne vertébrale sans faire de flexion dorsale inutile.

Sinon, regardez sur le côté. Restez en posture cinq respirations.

ASHTANGA YOGA LA PREMIÈRE SÉRIE

Utthita Trikonasana

FICHE ANATOMIQUE
L'articulation du genou

Le genou est une articulation charnière modifiée. Une articulation charnière ne peut bouger que dans un seul plan, mais le genou permet une certaine rotation. L'action de redresser la jambe est principalement effectuée par le quadriceps fémoral (à l'avant de la cuisse), tandis que les principaux fléchisseurs du genou, les ischio-jambiers, attirent le talon vers la fesse. Mais si nous nous asseyons sur une chaise en maintenant les cuisses fermement, nous remarquons que nous pouvons faire pivoter les pieds vers la gauche ou la droite et que les tibias suivent le mouvement.

L'articulation du genou est complexe, car le fémur et le tibia ne s'articulent pas bien l'un avec l'autre. L'extrémité inférieure du fémur est constituée de deux protubérances arrondies appelées condyles, semblables à deux roues, qui roulent - et glissent - sur l'extrémité supérieure du tibia. Pour amortir et sécuriser ce mouvement se trouve entre les os, deux cartilages en forme de demi-lune, les ménisques médial et latéral. Leur fonction est similaire à celle des rails d'un train, le train étant le fémur et les roues étant les condyles. La différence est que les ménisques suivent en fait le mouvement du fémur pour permettre le roulement et le glissement.

Si la jambe se tend rapidement sous la pression, les ménisques peuvent ne pas pouvoir se retirer assez vite et être écrasés. Si l'on tente de faire pivoter l'articulation du genou tout en redressant la jambe contre une résistance, on peut provoquer de graves lésions, comme c'est souvent le cas dans certains sports. L'articulation du genou ne doit jamais être en rotation lorsqu'elle est soumise à une pression ou qu'elle porte un poids.

Les ménisques déchirés guérissent très lentement et les médecins recommandent généralement une intervention chirurgicale, mais dans de nombreux cas, les lésions du ménisque peuvent être guéries par le yoga en six à dix-huit mois. Le cartilage a peu de vaisseaux sanguins et donc peu d'apport en nutriments, ce qui est nécessaire au processus de guérison. Le yoga accélère la guérison car les postures et les transitions, lorsqu'elles sont exécutées avec précision, stimulent l'échange de nutriments. Pour guérir un genou endommagé, il faudra beaucoup de persévérance et de patience, et surtout une grande précision. Quiconque a travaillé sur une blessure au ménisque sait qu'un changement de 2° seulement dans la position des pieds dans les postures debout peut faire la différence entre le confort et la guérison, ainsi qu'entre la douleur et l'aggravation.

Toutefois, la plupart des problèmes de genou ne commencent pas par des problèmes de ménisque, mais par une tension des ligaments croisés. Le ligament croisé postérieur empêche le fémur de se luxer vers l'avant sur le tibia, tandis que le ligament croisé antérieur empêche la luxation vers l'arrière. Ils sont nommés d'après leurs points d'insertion sur le tibia, respectivement à l'arrière et à l'avant. Lorsque les ligaments croisés sont mis à mal, le genou devient lâche ou instable. Le placement imprécis du fémur sur le tibia, entraîne l'usure des ménisques.

L'élongation des ligaments croisés se produit par l'hyperextension de la jambe, c'est-à-dire son extension au-delà de 180°. Les ligaments croisés antérieurs et postérieurs et le muscle poplité limitent l'hyperextension, mais celle-ci se produit si une contrainte suffisante est appliquée. Une hyperextension de la jambe récurrente finit par affaiblir et fatiguer les ligaments croisés.

L'hyperextension du genou est souvent observée en *Trikonasana*, les élèves ayant une faible tension musculaire y sont particulièrement prédisposés. Le fait d'éloigner le genou du sol et d'engager les ischio-jambiers de manière isométrique permet de contrer cette tendance. L'engagement des ischio-jambiers peut être réalisé en essayant d'attirer ou de faire glisser le pied avant sur le sol en direction du pied arrière. Le pied ne bougera évidemment pas puisqu'il porte un poids, mais les muscles utilisés pour effectuer l'action - les ischio-jambiers - s'engageront. Cette action importante doit être réalisée dans toutes les postures où la jambe avant est tendue.

Si la douleur à l'arrière du genou persiste, le genou doit être légèrement plié.

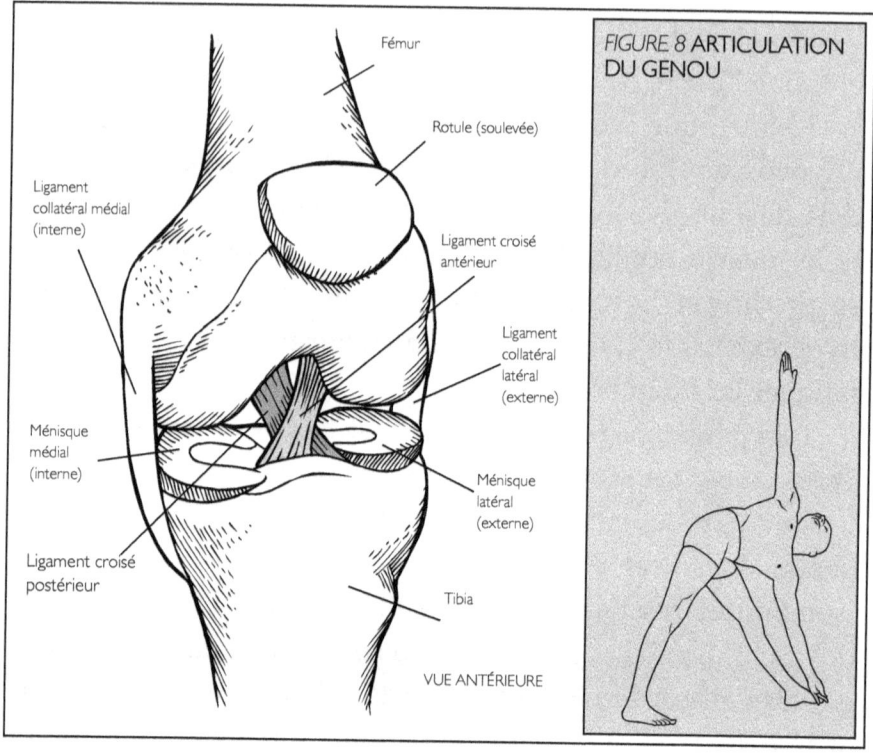

FIGURE 8 ARTICULATION DU GENOU

En entrant dans la posture *Utthita Trikonasana*, nous effectuons une rotation externe du fémur droit pour tourner le pied vers l'extérieur. Une fois dans la posture, nous tournons le fémur vers l'intérieur jusqu'à ce que nous atteignions la position neutre. La cuisse gauche, qui a subi une rotation médiale (vers l'intérieur) pour entrer dans la posture, est tournée latéralement une fois dans la posture jusqu'à ce que la jambe soit à nouveau en position neutre, avec les quatre coins du pied ancrés de façon égale au sol. Vérifiez en particulier que l'extérieur du pied gauche et la base du gros orteil droit sont bien ancrés. Il doit y avoir un équilibre subtil entre l'ancrage de l'arche interne et externe du pied avant. Cela entraînera un équilibre subtil entre la rotation vers l'intérieur et vers l'extérieur de la cuisse de la jambe avant, ce qui est nécessaire pour que les ischio-jambiers s'allongent de manière régulière. De nombreux débutants ont tendance à rouler la cuisse vers l'extérieur pour esquiver l'étirement des ischio-jambiers internes - une tendance également fréquente dans *Padangushtasana* et *Pashimottanasana*, qui doit être contrée si elle existe. Gardez la hanche gauche soulevée vers l'arrière par rapport à la droite, tandis que l'aine droite se déplace vers l'avant.

La partie inférieure du buste s'étire vers l'avant de manière que la taille droite bénéficie du même étirement que la taille gauche. Restez dans la posture *Trikonasana* pendant cinq respirations.

Vinyasa trois
En inspirant, redressez le buste jusqu'à la position intermédiaire.

Vinyasa quatre
En expirant, répétez *Trikonasana* sur le côté gauche et maintenez la position pendant cinq respirations.

Vinyasa cinq
L'inspiration nous ramène en position intermédiaire. Comme nous ne revenons pas à *Samasthiti* entre *Utthita* et *Parivrta Trikonasana*, le premier *vinyasa* de *Parivrta Trikonasana* n'est pas compté et nous commençons par le *vinyasa* deux.

Parivrta Trikonasana
POSTURE DU TRIANGLE EN TORSION
Drishti Main

Vinyasa deux

Idéalement, nous entrons dans la posture sur une seule expiration. Les débutants devront décomposer les mouvements étonnamment complexes permettant d'entrer dans la posture en ses différentes étapes.

À partir de la position intermédiaire, diminuez d'abord l'écart entre les pieds de dix à vingt centimètres, à moins que vous n'ayez des ischio-jambiers très longs. Raccourcir le pas permet de déduire la largeur de l'articulation des hanches qui sont parallèles au tapis en *Utthita Trikonasana*, et qui se retrouvent perpendiculaires en *Parivrta Trikonasana*. Autrement, la position du sacrum serait compromise - il doit être parallèle au sol – ainsi que la position de la colonne vertébrale qui serait compromise à son tour. Les élèves pourraient penser s'étirer davantage, sensation plus exaltante, mais en fait ils interfèrent sur la circulation du *prana* dans la *sushumna* (le canal central énergétique du corps subtil) et celle du liquide céphalo-rachidien dans le corps grossier, qui peuvent ou non être corrélés.

La circulation ininterrompue dans ces canaux est l'un des objectifs de la pratique du yoga. Si les principes scientifiques sous-jacents de la pratique ne sont pas compris, le yoga peut s'avérer peu utile.

Après avoir raccourci le pas, tournez le pied droit de 90° vers l'extérieur et le pied gauche d'environ 45° vers l'intérieur. Si le pied gauche est tourné à plus de 90°, l'équilibre est facilement perdu, tandis que si le pied gauche n'est pas suffisamment tourné, il est trop difficile de mettre les hanches perpendiculaires- ou si elles le sont, une tension excessive est exercée sur le genou gauche, puisque le tibia tourne vers l'extérieur et le fémur vers l'intérieur, en suivant le mouvement du bassin. Maintenant, fixez la hanche droite en arrière en prenant appui sur la base du gros orteil droit, et tirez la hanche gauche vers l'avant en prenant appui sur l'extérieur du pied gauche, jusqu'à ce que les hanches soient perpendiculaires.

FICHE ANATOMIQUE

Mouvements de la colonne vertébrale

La colonne lombaire est structurellement inadaptée à la torsion en raison de l'orientation de ses facettes articulaires (L1-L5). Bien que les mouvements de torsion soient limités dans la colonne lombaire, celle-ci dispose d'une grande amplitude de mouvement en flexion et en extension (respectivement vers l'avant et vers l'arrière). En comparaison, l'orientation des facettes articulaires de la colonne thoracique (T1-T11) permet une rotation importante mais une extension limitée. L'extension est également limitée en raison de l'attachement direct des côtes aux corps vertébraux et à leurs apophyses transverses (douze paires de côtes sont attachées aux douze vertèbres thoraciques).

Tendez la main gauche loin vers l'avant, au-delà du pied droit. En expirant, abaissez la main et placez-la à côté du bord externe du pied droit, le petit doigt contre le petit orteil. Les doigts écartés et pointant dans la même direction que les orteils. Sans fléchir le buste, maintenez l'élévation du cœur tout en continuant d'allonger le torse. Ramenez vos omoplates vers le bas du dos et avancez le cœur en le laissant flotter devant vous. Si cela n'est pas possible avec la main posée au sol, placez-la sur votre pied ou votre tibia. La main gauche repousse le sol. Le bout des doigts de la main droite s'élève vers le plafond, où le regard y est concentré. Les débutants peuvent regarder vers le pied si le fait de regarder vers le haut leur fait perdre l'équilibre.

Parivrta Trikonasana

Il est important de maintenir les deux articulations de la hanche à une distance égale du sol. Pour ce faire, évitez de vous appuyer sur le pied avant (droit). Au lieu de cela, maintenez la hanche droite en arrière en ancrant la racine des orteils du pied droit et en engageant les abducteurs de la hanche sur le côté droit. Ces actions empêchent la hanche gauche de s'affaisser.

Positionnez la tête au-dessus du pied avant et continuez d'allonger la colonne vertébrale et le cou dans cette direction. Les deux mains et les deux épaules sont positionnées sur la même ligne verticale, grâce à une rotation de 90° de la colonne thoracique.

Restez dans la posture pendant cinq respirations. Pour soutenir le torse et la colonne vertébrale maintenez une action forte dans les jambes. Étirez-vous à partir du gros orteil et créez en même temps une aspiration de la cuisse vers la hanche. Résistez à la tendance de laisser aller le poids vers l'avant dans cette posture, en gardant le poids dans le talon du pied arrière. Équilibrez la flexion de la hanche sur la jambe avant, en tirant le pied avant vers vous dans le sol. Idéalement, alors que les pieds s'ancrent au sol il y a une ligne continue d'énergie ascendante qui remonte le long des jambes, à travers les hanches, le long de la colonne vertébrale et jusqu'au sommet de la tête. De cette manière, la posture est ancrée et, simultanément, l'énergie est attirée vers le haut.

Vinyasa trois
En inspirant, revenez à la position intermédiaire.

Vinyasa quatre
Répétez *Parivrta Trikonasana* pendant cinq respirations sur la gauche.

Vinyasa cinq
En inspirant, revenez à la position intermédiaire. L'expiration suivante vous ramène en *Samasthiti*.

Utthita Parshvakonasana
POSTURE DE L'ANGLE LATÉRAL EN EXTENSION
Drishti Main

Utthita Parshvakonasana

ASANA

Vinyasa un

En inspirant, tournez vers la droite, en sautant avec un long écart entre les pieds (le plus long de toutes les postures debout).

Vinyasa deux

En expirant, ouvrez le pied droit à 90° et tournez le pied gauche vers l'intérieur de 5° seulement. Pliez la jambe droite et positionnez le genou exactement au-dessus de la cheville, ainsi le tibia est perpendiculaire au sol (voir *Virabhadrasana* dans *Surya Namaskara* B). Le fait que le fémur soit parallèle au sol n'est pas un facteur déterminant de la posture : ce sera possible lorsque la force nécessaire pour soutenir une telle flexibilité sera développée. Placez la main droite sur le sol, le long du bord externe du pied, les doigts pointant dans la même direction que les orteils. En maintenant la base du gros orteil au sol, le genou droit presse contre l'épaule droite. Cette action engage les abducteurs de l'articulation de la hanche droite. En même temps, amenez le bras gauche au-dessus de la tête pour former une ligne diagonale du pied gauche jusqu'à la main gauche. Ici les débutants peuvent avoir besoin d'augmenter l'écart entre les pieds pour obtenir cette ligne.

Dans cette posture, il est important de ne pas s'effondrer dans les hanches, mais de les maintenir soutenues. On doit ressentir une sensation de poussée vers le haut par rapport au sol dans les hanches et les jambes. Ancrez l'arche externe du pied gauche et utilisez-la comme point d'appui pour établir une rotation externe (latérale) de la cuisse gauche, ce qui soulèvera la hanche gauche par rapport à la hanche droite. L'articulation de la hanche droite tente de se placer sous celle de la gauche pour étirer le groupe des muscles adducteurs de la cuisse droite (voir figure 17) en prévision des postures du demi-lotus et du lotus à venir[36]. La cuisse droite tourne vers l'intérieur jusqu'à ce que la rotation externe (latérale) qui nous a amenés dans la posture soit neutralisée. Maintenez une tension entre le genou plié et la hanche opposée pour ouvrir les aines. La paume de la main est tournée vers le sol et l'aisselle gauche est tournée vers le côté (et non vers le plafond). Ce mouvement est réalisé en engageant le muscle infra-épineux (*infraspinatus*), qui effectue une rotation latérale de l'humérus. Ce mouvement ne doit pas être effectué par les personnes dont le bras est naturellement dans cette position, ce qui peut être évalué par un enseignant qualifié. La rotation vers l'extérieur sans discernement peut entraîner une inflammation de la coiffe des rotateurs et un spasme chronique du muscle infra-épineux.

Maintenez les épaules basses, loin des oreilles, en abaissant la ceinture scapulaire à l'aide du muscle grand dorsal (*latissimus dorsi*). L'épaule est maintenue dégagée du cou par l'abduction des omoplates à l'aide du muscle dentelé antérieur (*serratus anterior*) (voir figure 9). Restez dans la posture d'*Utthita Parshvakonasana* pendant cinq respirations.

CONTEXTE MYTHOLOGIQUE

Un monde parfait
Le Seigneur Subramaniam, deuxième fils du Seigneur Shiva, également connu sous le nom de Skanda, le féroce seigneur de la guerre, rendit un jour visite au Seigneur Shiva et se plaignit que le monde actuel, créé par le Seigneur Brahma, était

---

36 Le préfixe latin *ad-* signifie vers et *ab-* signifie loin. Les adducteurs sont des muscles qui attirent les os vers la ligne médiane du corps

imparfait - empli de corruption, de crimes et d'injustices. Shiva lui suggéra de créer un monde meilleur. Alors Subramaniam vainquit et incarcéra Brahma, puis il détruisit son monde. Ensuite il créa son propre monde meilleur.

Après un certain temps, le Seigneur Shiva rendit visite à Subramaniam et observa son monde parfait. Rien n'y bougeait, rien n'y vivait, rien n'y changeait, car tout était arrêté, figé dans l'état statique de la perfection. Il n'y avait même pas d'êtres sensibles, car leur nature fondamentale est la recherche de la perfection. Si cette perfection est atteinte, alors la vie prend fin. Les êtres libérés ne renaissent pas. Le Bouddha, après avoir atteint le Mahaparinirvana, n'est jamais revenu. C'est pourquoi les bodhisattvas évitent la perfection : ils peuvent ainsi continuer à servir les autres. Selon la pensée indienne, l'état de perfection n'existe qu'en tant que conscience, appelée purusha ou atman, qui est le siège de la conscience. Ce qui change, c'est le monde transitoire de la manifestation, qui comprend le corps, le mental, l'égo ou sens du « je », et tous les objets constitués d'éléments grossiers et de particules élémentaires subtiles.

Shiva fit remarquer à Subramaniam que ce monde n'en est pas un, mais seulement une image figée de la perfection. Le but d'un monde manifesté est de fournir aux êtres la bonne combinaison entre plaisir et douleur, qui les conduira finalement à la connaissance de soi. Pour ce faire, le monde doit être en constante évolution, et donc imparfait. Voyant la faille de son monde, Subramaniam libéra Brahma pour qu'il réinstalle son ancien monde imparfait.

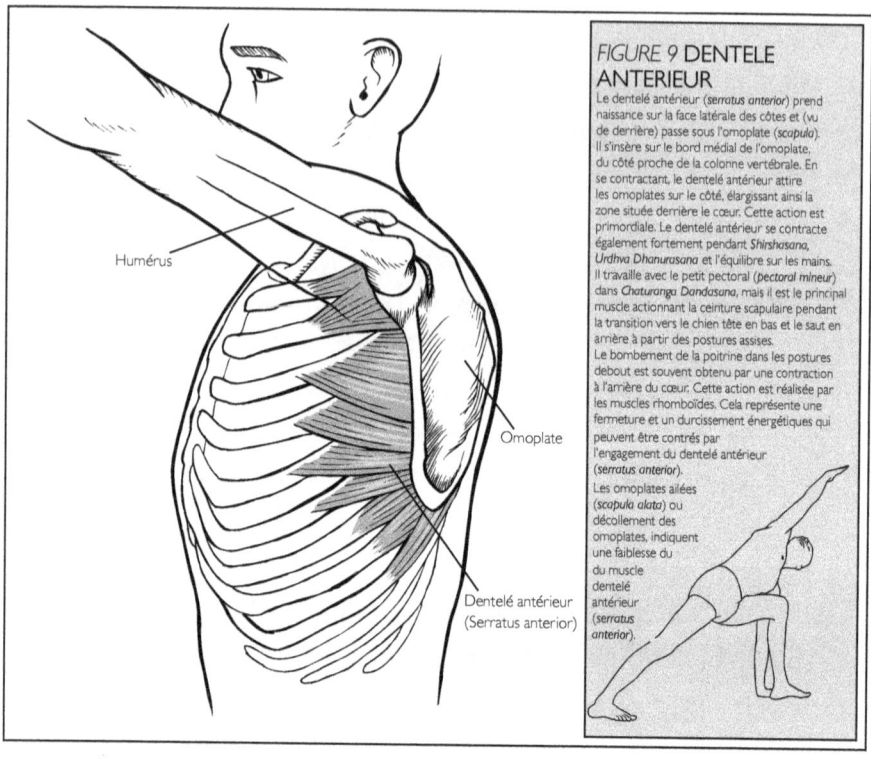

FIGURE 9 DENTELE ANTERIEUR
Le dentelé antérieur (serratus anterior) prend naissance sur la face latérale des côtes et (vu de derrière) passe sous l'omoplate (scapula). Il s'insère sur le bord médial de l'omoplate, du côté proche de la colonne vertébrale. En se contractant, le dentelé antérieur attire les omoplates sur le côté, élargissant ainsi la zone située derrière le cœur. Cette action est primordiale. Le dentelé antérieur se contracte également fortement pendant Shirshasana, Urdhva Dhanurasana et l'équilibre sur les mains. Il travaille avec le petit pectoral (pectoral mineur) dans Chaturanga Dandasana, mais il est le principal muscle actionnant la ceinture scapulaire pendant la transition vers le chien tête en bas et le saut en arrière à partir des postures assises.
Le bombement de la poitrine dans les postures debout est souvent obtenu par une contraction à l'arrière du cœur. Cette action est réalisée par les muscles rhomboïdes. Cela représente une fermeture et un durcissement énergétiques qui peuvent être contrés par l'engagement du dentelé antérieur (serratus anterior).
Les omoplates ailées (scapula alata) ou décollement des omoplates, indiquent une faiblesse du du muscle dentelé antérieur (serratus anterior).

La tête se tourne face au bras levé, en regardant le long du bras pour fixer la paume de la main sans contorsion du cou. Si toutes les instructions ont été suivies avec précision jusqu'à présent, le visage aura une expression de bonheur serein. Si nous avons une expression tendue, d'effort ou d'ambition, il y a de fortes chances que nous nous soyons perdus dans un aspect extrême de la posture et qu'il soit temps de revenir en arrière.

Si nous avons atteint l'équilibre subtil entre tous les muscles impliqués, il en résultera liberté, légèreté et silence intérieur. C'est cela le yoga.

Parshvakonasana est excellent pour apprendre à équilibrer et à intégrer les opposés, comme beaucoup d'autres postures. La complexité des postures debout exige en particulier une prise de conscience simultanée dans toutes les directions. Comme le dit Shankara, «la vraie posture est celle qui conduit à la méditation spontanée sur Brahman». Ce n'est qu'une fois que l'effort qui nous a conduits à la posture correcte (et non à la posture parfaite, car tout ce qui est parfait est statique et donc mort) a été reconnu comme vide par nature que ce moment de silence et de légèreté, qui est la véritable posture, peut être expérimenté.

Vinyasa trois
L'inspiration nous ramène en position intermédiaire.

Vinyasa quatre
En expirant, nous répétons la posture sur le côté gauche.

Vinyasa cinq
En inspirant, nous revenons au milieu.

Parivrta Parshvakonasana
POSTURE DE L'ANGLE LATÉRAL EN TORSION
Drishti Main

Parivrta Parshvakonasana n'est pas vraiment une posture pour les débutants, mais elle peut être ajoutée après avoir acquis une certaine maîtrise de *Marichyasana* C. Comme nous ne revenons pas à *Samasthiti* entre *Utthita* et *Parivrta Parshvakonasana*, le premier *vinyasa* de *Parivrta Parshvakonasana* n'est pas compté.

ASHTANGA YOGA LA PREMIÈRE SÉRIE

Parivrta Parshvakonasana

Vinyasa deux

En expirant, raccourcissez légèrement le pas et tournez le pied arrière à 45°, comme dans toutes les postures debout où les hanches sont de face. Le pied droit est tourné à 90°. En gardant la jambe arrière tendue, placez à nouveau le genou droit à l'aplomb de la cheville. En redressant les hanches de face, ancrez l'épaule gauche à l'extérieur du genou droit (plus les poumons sont vides, plus cela est facile). Pour vous aider, pressez la cuisse droite vers le centre avec votre main droite. Appuyez la main gauche sur le sol à l'extérieur du pied, en écartant les doigts.

Placez ensuite le bras droit au-dessus de la tête pour former une ligne diagonale allant du pied gauche à la main droite. La paume est tournée vers le bas, le visage vers le bras droit et le regard vers la paume. Écartez la base des orteils du pied arrière pour inciter la jambe à être droite et forte. Une puissante abduction du genou droit, contrée par le bras gauche, incitera la colonne vertébrale à s'enrouler en spirale.

Ne simulez pas la torsion de la colonne vertébrale en laissant votre hanche droite s'affaisser vers le sol, mais travaillez à placer les hanches à l'horizontale et de face. Dégagez l'omoplate du cou et abaissez-la loin de l'oreille.

Gardez le bas de l'abdomen ferme et respirez profondément dans la poitrine pour allonger la colonne vertébrale. Créez de l'espace entre l'épaule gauche et la hanche droite. Éloignez simultanément les ischions et le sommet de la tête. Maintenez *Parivrta Parshvakonasana* pendant cinq respirations.

LE POINT DE VUE DU YOGA

Action intelligente
N'importe quel mouvement dans une posture peut être réalisé de manière excessive et, à tout moment, il faut être capable d'initier son contre-mouvement, c'est-à-dire de rétracter l'action. C'est cela une action intelligente.

La plupart des muscles réalisent plus d'une action. Par exemple, le grand dorsal (*latissimus dorsi*) étend principalement l'humérus (37). L'extension est définie comme un retour de la flexion, et la flexion de l'humérus consiste à lever le bras vers l'avant.) Il effectue également une rotation médiale de l'humérus. La première de ces deux actions entraîne indirectement la flexion du bras au niveau du coude. Cette action est contrecarrée par le deltoïde, qui fléchit l'humérus (lève le bras au-dessus de la tête). La rotation médiale de l'humérus met en jeu l'infra-épineux. Une action est engagée contre son opposé pour atteindre la posture équilibrée souhaitée.

Pour les débutants qui ne peuvent pas entrer dans la posture en une seule respiration, celle-ci peut être abordée par étapes :
- Tournez-vous pour faire face à la jambe droite et placez le genou gauche sur le sol. En gardant la jambe pliée, ancrez l'épaule gauche à l'extérieur du genou droit et appuyez la main gauche sur le sol.
- En gardant le genou au-dessus de la cheville et l'épaule ancrée à l'extérieur du genou, soulevez le genou arrière du sol et tendez la jambe.
- En maintenant toutes les positions précédentes, faites descendre le talon gauche en plaçant le pied à un angle de 45°.
- Levez le bras droit et regardez la paume. Restez dans l'une ou l'autre de ces étapes aussi longtemps que nécessaire jusqu'à ce que l'étape soit atteinte. De cette façon, vous ne sacrifiez pas votre intégrité dans la posture. Une fois que vous pouvez effectuer la posture complète, essayez d'y entrer en une seule respiration.

Vinyasa trois
En inspirant, revenez à la position intermédiaire.

Vinyasa quatre
En expirant, répétez la posture sur le côté gauche.

Vinyasa cinq
En inspirant, vous remontez et, en expirant, vous revenez à la position de départ.
Samasthiti.

Prasarita Padottanasana A
ÉTIREMENT INTENSE PIEDS ÉCARTÉS A
Drishti Nez

Vinyasa un

En inspirant et en tournant vers la droite, sautez pour atterrir les pieds écartés d'une largeur moyenne. La largeur exacte du pas est déterminée par le rapport entre la longueur de la colonne vertébrale et la longueur des jambes de chaque pratiquant.

Les bords extérieurs des pieds doivent être parallèles pour suivre la direction des genoux, car les cuisses ont tendance à tourner vers l'avant dans une flexions avant. Vérifiez à nouveau que les pieds ne sont pas tournés vers l'extérieur à la fin de chacune des quatre versions de cette posture. Les mains sont fermement placées sur les hanches. À mesure que les hanches descendent vers le sol, étirez toute la colonne vertébrale, y compris le sacrum, à partir des hanches. Le cœur s'élève et guide la flexion avant du tronc.

Vinyasa deux

En expirant, fléchissez à partir des aines et posez les mains sur le sol. Écartez les doigts et faites en sorte que le bout des doigts soit aligné avec les orteils. Placez les mains à la largeur des épaules.

En inspirant, soulevez la poitrine, tendez les bras, le bas du dos concave. Les jambes fortement engagées afin de soutenir l'allongement passif de la colonne vertébrale. Regardez vers le nez.

Vinyasa trois

En expirant, fléchissez vers l'avant. Contrez l'enroulement médial des cuisses en les ramenant sur le côté. Placez le torse entre les cuisses, puis «fermez la porte» avec les cuisses en revenant à la rotation médiale jusqu'à ce que les genoux soient tournés vers l'avant. Les élèves souples peuvent poser le sommet de leur tête (le point le plus haut) sur le sol. Les élèves dont le torse est long par rapport à la longueur de leurs jambes devront peut-être rapprocher les pieds pour maintenir l'allongement du cou, tandis que les élèves dont le torse est relativement court devront peut-être élargir leur position pour obtenir le même effet.

Si le sommet de la tête est posé sur le sol, les glandes cérébrales (hypophyse, épiphyse) se purgent.

Pour renforcer cet effet purificateur, quatre versions de la posture sont proposées. Il s'agit d'une posture subtile. Initialement, les élèves pensent qu'en contractant le plus possible les abdominaux et les fléchisseurs des hanches, ils approfondissent la posture, mais le grand droit de l'abdomen, le principal muscle abdominal, et le psoas, le principal fléchisseur de la hanche, raccourcissent le torse et donc éloignent la tête du sol.

Voir *Padangustasana* et *Pada Hastasana* pour les subtilités de la flexion avant. Nous nous aidons des mains pour placer le torse entre les jambes, tandis que les omoplates s'élèvent vers le plafond. Maintenez l'asana pendant cinq respirations.

Prasarita Padottanasana A

Contre-indications : En cas de douleur à l'extérieur de la cheville, ancrez l'intérieur du pied. En cas de douleur à l'intérieur de la cheville, ancrez l'extérieur du pied. Les spasmes des abducteurs de la hanche dans ces postures (douleur à l'extérieur de la hanche au-dessus du grand trochanter) témoignent d'un faible développement de ces muscles. Dans ce cas, raccourcissez le pas.

Vinyasa quatre
En inspirant, levez la tête et tendez les bras.
En expirant, ramenez les mains sur les hanches.

Vinyasa cinq
Inspirez, redressez-vous et expirez.

Prasaríta Padottanasana B

ÉTIREMENT INTENSE PIEDS ÉCARTÉS B
Drishti Nez

Vinyasa un

En inspirant, levez les bras jusqu'à la hauteur des épaules et ouvrez la poitrine ainsi que les épaules.

Vinyasa deux

En expirant, replacez les mains sur les hanches. En inspirant, élevez le cœur et étirez-vous depuis la taille.

Prasarita Padottanasana B

Vinyasa trois

En expirant, fléchissez vers l'avant au niveau des articulations des hanches, en gardant les mains sur les hanches, les doigts appuyant légèrement sur l'abdomen pour maintenir *Uddiyana Bandha* actif. Gardez les aines profondes et le psoas long pour maintenir l'allongement du torse acquis dans le *vinyasa* deux. Maintenez cette posture pendant cinq respirations.

Vinyasa quatre

Inspirez, redressez le buste et expirez.

Prasarita Padottanasana C
ÉTIREMENT INTENSE PIEDS ÉCARTÉS C
Drishti Nez

Vinyasa un

En inspirant, tendez les bras sur le côté.

Vinyasa deux

En expirant, ramenez les bras derrière le dos et entrecroisez les doigts. Il est important de rouler les bras vers l'arrière dans l'articulation de l'épaule et de travailler à tendre les bras. Si les bras restent en avant dans l'articulation, il est à la fois inconfortable et impossible d'ouvrir l'articulation de l'épaule. Inspirez et élevez le cœur.

Prasarita Padottanasana C

Vinyasa trois

En expirant, fléchissez vers l'avant en laissant tomber la tête.

Il existe deux positions des mains pour cette posture. La première est celle où les paumes se font face et les pouces pointent vers le bas lorsque l'on se tient debout.

C'est la même position des mains que pour *Halasana* et *Karnapidasana*. Presser les talons des mains l'un contre l'autre pour intensifier l'étirement est contre-indiqué chez les élèves qui ont les coudes en hyperextension. Si cette condition est présente, l'enseignant ne doit pas appliquer de poids sur les mains de l'élève pour l'amener plus profondément dans la posture, car cela risque d'exagérer l'hyperextension. Une fois la première position des mains maîtrisée, vous pouvez passer à la seconde, qui est plus difficile. Ici, nous effectuons une rotation médiale des humérus (os du bras). Dans la flexion avant, les paumes sont tournées vers l'extérieur et les pouces pointent vers le sol. Hormis la position des bras, les instructions pour *Prasarita Padottanasana* C sont les mêmes que pour B, avec le poids supplémentaire des bras qui ouvre les articulations des épaules et augmente la force de gravité dans l'étirement des ischio-jambiers. Maintenez cette posture pendant cinq respirations.

Vinyasa quatre
En inspirant, redressez-vous. En expirant, placez les mains sur les hanches.

Prasarita Padottanasana D
ÉTIREMENT INTENSE PIEDS ÉCARTÉS D
Drishti Nez

Vinyasa un

En inspirant, soulevez l'avant de la poitrine en gardant les mains sur les hanches.

Vinyasa deux

En expirant, fléchissez vers l'avant et crochetez les gros orteils comme dans *Padangushtasana*.

En inspirant, relevez le cœur, regardez doucement vers le haut et tendez les bras.

Vinyasa trois

En expirant, fléchissez vers l'avant, en plaçant le torse entre les cuisses et, si possible, le sommet de la tête sur le sol. Déplacez le poids vers l'avant en direction des orteils pour intensifier l'étirement. Continuez à écarter les orteils.

Les poignets et les coudes s'écartent sur le côté. Les omoplates et les ischions s'élèvent vers le plafond. Le sommet de la tête et le cœur descendent vers le sol. Maintenez la position pendant cinq respirations.

Prasarita Padottanasana D

Vinyasa quatre

En inspirant, soulevez le torse pour tendre les bras et regarder vers le haut.
En expirant, replacez les mains sur les hanches.

Vinyasa cinq

En inspirant, redressez-vous.
En expirant, revenez à *Samasthiti*.

Parshvottanasana
ÉTIREMENT INTENSE DES CÔTÉS
Drishti Nez

Vinyasa un

En inspirant, tournez vers la droite et sautez en écartant peu les pieds. Il s'agit d'une position de hanche de face comme dans *Parivrta Trikonasana*. Le compte du *vinyasa* nous invite à nous tourner vers le pied droit et à placer en même temps les mains en prière dans le dos, sur une seule inspiration.

Pour plus de précision, les débutants peuvent décomposer ces mouvements. Pour ce faire, tournez vers la droite sur l'expiration, pour faire face à l'arrière du tapis. Le pied gauche doit être tourné à 45°. Placez les paumes l'une contre l'autre derrière le dos et montez-les le plus haut possible entre les omoplates. Sur l'inspiration suivante, écartez les orteils et soulevez la poitrine vers le haut en enroulant le dos sur les mains jointes.

Vinyasa deux

En expirant, fléchissez vers l'avant sur la jambe tendue. Le subtil alignement du pied avant est ici probablement plus important que dans toute autre posture debout. Il doit y avoir une ligne droite entre le deuxième orteil et le centre du tibia et du fémur, les deux os étant en rotation neutre. La tendance commune est de trop tourner le pied avant vers l'extérieur, ce qui fait pivoter le tibia et le fémur l'un par rapport à l'autre. Fixez la hanche droite en arrière en ancrant le gros orteil droit. Toute la cuisse de la jambe avant est aspirée vers la hanche en engageant les quadriceps et les ischio-jambiers. Sans soulever le talon du sol, pointez les orteils. Cette action engage également les ischio-jambiers, ce qui permet de les protéger lors de cet étirement intense.

Parshvottanasana

Il y a une forte tendance à s'appuyer sur le pied avant, ce qui cause l'affaissement de la hanche gauche vers le sol. Cette action évite l'étirement des ischio-jambiers droits. Contrez cette tendance en replaçant le poids sur le pied gauche en enracinant le talon arrière. Gardez les hanches à de face et parallèle au sol. La jambe arrière est tendue et active, avec l'accent mis sur l'ancrage de l'arche externe du pied. Une légère rotation de la cuisse vers l'intérieur soutient les hanches de face. Tous les mouvements de rotation doivent être évalués individuellement par un professeur connaissant l'anatomie, car ils peuvent facilement être exagérés.

Les coudes et les épaules ont tendance à tomber vers l'avant et sont relevés par l'action des muscles rhomboïdes, situés entre les omoplates. Les paumes, en particulier la racine des doigts, se pressent l'une contre l'autre. Le buste entier est toujours comme en *Samasthiti*, la colonne vertébrale, le cou et l'arrière de la tête étant alignés comme s'il on était debout. Ne laissez pas l'avant de la tête s'effondrer sur le tibia, ni le menton s'écarter pour rejoindre le tibia. Encouragez plutôt le sommet de la tête et le cœur à s'avancer vers le gros orteil avant, tandis que les omoplates et les ischions tirent en sens inverse, mettant ainsi toute la colonne vertébrale en traction. Maintenez la position pendant cinq respirations.

Vinyasa trois
En inspirant, remontez et tournez à gauche.

Vinyasa quatre
En expirant, reproduisez la posture de gauche.

Vinyasa cinq
En inspirant, remontez et profitez de l'étirement des bras pendant que les épaules se relâchent. L'expiration nous ramène à *Samasthiti*.

Utthita Hasta Padangushtasana
POSTURE DEBOUT DE LA MAIN AU GROS ORTEIL
Drishti Les orteils, sur le côté

Vinyasa un
Depuis *Samasthiti*, en inspirant, déplacez tout votre poids sur le pied gauche et ramenez le genou droit vers la poitrine avec les deux mains. Cette position intermédiaire vous permet de vous préparer à

la posture. Elle allonge les ischio-jambiers au-dessus de l'articulation de la hanche - vérifiez ici que la hanche droite ne se soit pas soulevée avec la jambe et approfondissez l'aine en relâchant le psoas.

FICHE ANATOMIQUE
Renforcement des pieds
Les débutants ont souvent des crampes aux pieds, surtout s'ils ont des voûtes plantaires affaissées. Cela ne doit pas être décourageant. Les crampes indiquent une faiblesse du pied, mais celle-ci sera rapidement corrigée par cette posture si elle est exécutée correctement. C'est important, car l'affaissement de la voûte plantaire sollicite le ménisque interne et finit par affaiblir l'articulation du genou. Pour y remédier, nous devons soulever les arches interne et transversale afin de les éloigner du sol. Les noms anatomiques de ces actions sont respectivement la flexion plantaire (pointer le pied) et l'inversion du pied (tourner la plante du pied vers le haut). Nous reviendrons sans cesse sur cette action, car c'est elle qui protège le genou lors de l'entrée dans les postures du demi-lotus et du lotus complet. Les muscles qui effectuent ces deux actions sont le muscle tibial postérieur (*tibialis posterior*), le muscle long fléchisseur des orteils (*flexor digitorum longus*) et le muscle long fléchisseur de l'hallux (*flexor hallucis longus*). Tous trois prennent naissance sur le tibia et le péroné et s'insèrent sur la face inférieure du pied.

Établissez le soutien de la jambe d'appui en ancrant la base du gros orteil. La subtile spirale médiane obtenue dans la jambe, indique l'éveil des muscles abducteurs. Lorsque l'on se tient sur une jambe, ces muscles sont essentiels pour soutenir la hanche et la jambe levée.

La main droite descend le long de l'extérieur du genou et «lie» le gros orteil droit, c'est-à-dire le crocheter avec deux doigts. Placez la main gauche sur la hanche gauche. Tendez maintenant la jambe droite, mais seulement tant que le dos peut rester droit. Sacrifier l'alignement de la colonne vertébrale va à l'encontre des principes du yoga. Une fois la jambe tendue, soulevez-la et allongez-la jusqu'à l'entrejambe (ligne imaginaire correspondant à la couture intérieure d'un pantalon). Si l'épaule droite a été tirée vers l'avant par le poids de la jambe, ramenez-la vers l'arrière jusqu'à ce que les épaules soient à nouveau droites.

Utthita Hasta Padangushtasana vinyasa un

ASANA

*Utthita Hasta
Padangushtasana
vinyasa deux*

*Utthita Hasta
Padangushtasana
vinyasa quatre*

*Utthita Hasta
Padangushtasana
vinyasa sept*

LE POINT DE VUE DU YOGA
Structure extérieure et liberté intérieure
Le *Yoga Sutra* II.47 dit que la posture est correctement exécutée lorsque l'effort pour l'exécuter développe une qualité de vacuité.

Qu'est-ce que cela signifie ? Au départ, un effort est nécessaire. Sinon, le corps grossier, qui est tamasique par nature,[37] ne deviendra jamais vibrant et vivant dans tous les aspects de la posture. Une fois que le cadre extérieur de la posture est atteint, nous devons méditer sur la nature intérieure de l'effort. Lorsque nous arrivons à être témoin de cela, nous reconnaissons la nature profonde de tous les phénomènes : *shunya* - la vacuité.

Il y a l'effort à la surface et le silence dans le cœur ; la forme à la surface, l'absence de forme au cœur ; la structure à l'extérieur, la liberté à l'intérieur. Il n'est pas nécessaire de dire, que cette méthode ne fonctionne que si l'on y met, en premier, l'effort nécessaire. Les deux aspects de cette dualité doivent être embrassés, les deux doivent être expérimentés. Comme le dit Patanjali, «*abhyasa vairagyabhyam tannirodhah*»[38] - les flots de pensées cessent en appliquant à la fois la pratique et le lâcher-prise.

Vérifiez que les deux hanches sont à la même distance du sol. La hanche de la jambe droite remonte souvent pour éviter l'étirement des ischio-jambiers. Vérifiez que la jambe d'appui est toujours tendue. Grandissez-vous et allongez la colonne

---

37 *Tamas* = inertie, dormance, masse
38 *Yoga Sutra* I.12

vertébrale vers le haut tandis que les ischions descendent vers le sol. La colonne vertébrale a tendance à se comprimer en raison du poids supplémentaire de la jambe levée.

Vérifiez que les deux hanches sont à la même distance du sol. La hanche de la jambe droite remonte souvent pour éviter l'étirement des ischio-jambiers. Vérifiez que la jambe d'appui est toujours tendue. Grandissez-vous et allongez la colonne vertébrale vers le haut tandis que les ischions descendent vers le sol. La colonne vertébrale a tendance à se comprimer en raison du poids supplémentaire de la jambe levée.

Vinyasa deux

Lorsque vous avez réussi à respecter toutes les instructions ci-dessus, vous pouvez vous pencher vers l'avant sur l'expiration. Placez le torse bien droit le long de la jambe avant, sans modifier sa position.

Au début, cette position peut sembler inconfortable, mais c'est un outil puissant pour accéder à *Uddiyana Bandha*. Elle n'est toutefois efficace que si l'alignement a été étudié de près et que la souplesse nécessaire a été acquise. Maintenez ce *vinyasa* pendant cinq respirations.

Vinyasa trois

En inspirant, revenez à la verticale en levant le torse.

Vinyasa quatre

En expirant, amenez la jambe sur le côté droit tout en déplaçant le regard vers la gauche. Il est important d'effectuer ce mouvement sans lever la hanche droite. Les débutants peuvent y parvenir en effectuant d'abord une rotation latérale de la cuisse, ce qui favorise l'abaissement de la hanche mais soulève le talon droit vers le centre.

Une fois la jambe tendue sur le côté, la cuisse peut être tournée médialement pour faire redescendre le talon. Le pied est amené sur le côté aussi loin que possible et l'articulation de la hanche droite est ouverte. L'objectif est d'amener les deux articulations de la hanche et le pied droit dans un même plan, ce qui permet d'étirer au maximum le groupe de muscles adducteurs droits (voir figure 17). Il s'agit d'un échauffement parfait pour préparer la posture suivante, *Ardha Baddha Padmottanasana*. L'étirement des adducteurs est une mesure de précaution pour les genoux, nécessaire pour toutes les postures du lotus et du demi-lotus. Maintenez ce *vinyasa* pendant cinq respirations.

Vinyasa cinq

En inspirant, ramenez la jambe au centre.

Vinyasa six

En expirant, se pencher à nouveau vers l'avant sur la jambe droite.

Vinyasa sept

Inspirez et redressez-vous. Lâchez le pied et tenez la jambe éloignée du sol. Il s'agit d'un exercice important pour renforcer le muscle psoas (voir figure 12). Cette action est initiée par le psoas et complétée par le muscle droit fémoral (*rectus femoris*, fléchisseur de la hanche). En raison de son origine (épine iliaque antéroinférieure), il a tendance à incliner le bassin vers l'avant (antéversion). Un psoas tendu ou faible aura également tendance à exagérer la lordose du bas du dos. Ces deux tendances

ASANA

doivent être compensées par le grand droit de l'abdomen (voir figure 16), qui remonte le pubis vers l'avant et incline le bassin vers l'arrière (rétroverse).

Sans l'engagement des muscles abdominaux, il n'est pas possible de lever la jambe très haut. *Utthita Hasta Padangushtasana* est un exercice optimal pour les muscles fléchisseurs de la hanche et les muscles abdominaux.

En expirant, abaissez la jambe droite.

Vinyasas huit à quatorze

Répétez l'opération pour la jambe gauche.

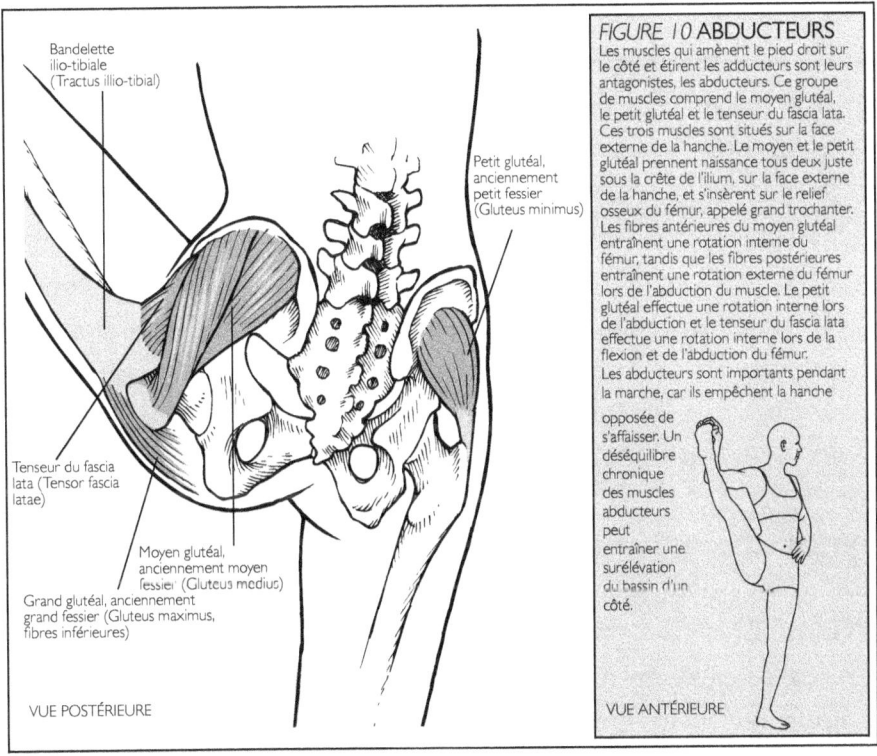

FIGURE 10 **ABDUCTEURS**
Les muscles qui amènent le pied droit sur le côté et étirent les adducteurs sont leurs antagonistes, les abducteurs. Ce groupe de muscles comprend le moyen glutéal, le petit glutéal et le tenseur du fascia lata. Ces trois muscles sont situés sur la face externe de la hanche. Le moyen et le petit glutéal prennent naissance tous deux juste sous la crête de l'ilium, sur la face externe de la hanche, et s'insèrent sur le relief osseux du fémur, appelé grand trochanter. Les fibres antérieures du moyen glutéal entraînent une rotation interne du fémur, tandis que les fibres postérieures entraînent une rotation externe du fémur lors de l'abduction du muscle. Le petit glutéal effectue une rotation interne lors de l'abduction et le tenseur du fascia lata effectue une rotation interne lors de la flexion et de l'abduction du fémur. Les abducteurs sont importants pendant la marche, car ils empêchent la hanche opposée de s'affaisser. Un déséquilibre chronique des muscles abducteurs peut entraîner une surélévation du bassin d'un côté.

Ardha Baddha Padmottanasana
DEMI-LOTUS LIÉ EN FLÉXION
Drishti Nez

Vinyasa un

Comme il s'agit d'une posture étonnamment complexe, nous la décomposons en plusieurs phases. Les débutants devraient étudier ces phases de près.

PHASE 1

En inspirant, levez le genou droit jusqu'à la hauteur de la poitrine et amenez le talon vers l'ischion droit. Pour réaliser la posture en toute sécurité, nous devons être en mesure de toucher l'ischion avec le talon. Cela signifie que nous avons complètement fermé l'articulation du genou, en ayant joint l'un sur l'autre le fémur et le tibia. Ce n'est qu'à partir de là que les deux os peuvent se déplacer comme une unité dans la posture, ce qui évite toute tension sur l'articulation du genou. Si l'articulation du genou n'est pas complètement fermée, n'essayez pas d'aller au bout de la posture, mais concentrez-vous plutôt sur sa préparation. Si vous ne pouvez pas complètement plier l'articulation du genou, vous avez besoin d'allonger les quadriceps. Des quadriceps longs représentent également un grand avantage dans les extensions vers l'arrière.

PHASE 2

Prenez le pied droit et, en le tenant fermement à deux mains, pointez-le et inversez-le. Maintenant dirigez le genou vers l'extérieur, loin sur le côté. Amenez doucement le pied vers l'aine droite, avec le genou toujours sur le côté. Ainsi la hanche apprend à effectuer une rotation latérale. Le principal prérequis pour les postures du lotus et du demi-lotus est la capacité de rotation du fémur dans l'articulation de la hanche, des résistances peuvent être rencontrées ici. Il est important de comprendre que les postures du demi-lotus et du lotus appartiennent à un groupe, qui implique une rotation de la hanche et non du genou. Si nous n'ouvrons pas les articulations des hanches (qui sont des articulations à rotule qui bougent dans toutes les directions), l'»ouverture» se déplacera dans les articulations des genoux. Or, ces dernières sont des articulations en charnière, conçues pour bouger dans une seule direction. L'»ouverture» ne sera qu'une déstabilisation.

Les anciens yogis n'avaient aucun problème dans ce domaine : ils s'asseyaient toujours au sol, ce qui préservait la mobilité et la souplesse des articulations des hanches. Dans nos sociétés, nous nous asseyons sur des chaises, en hauteur par rapport au sol et avec les articulations des hanches fléchies. Nous devons donc investir du temps additionnel dans les postures qui nous préparent à la Première Série.

PHASE 3

Après avoir pointé le genou vers la droite et placé le talon droit dans l'aine droite, nous hissons maintenant le talon vers le nombril, en gardant le pied et le genou à la même distance du sol. Si vous avez comblé l'écart entre le tibia et le fémur, les deux os bougeront ensemble, évitant ainsi toute tension sur l'articulation du genou. J'aime qualifier cette position du genou de «scellée». Elle garantit que la rotation se produit entre le fémur et la cavité de la hanche (acétabulum) et non, entre le fémur et le tibia (articulation du genou). Lorsque vous aurez acquis la rotation nécessaire de la hanche, vous pourrez toucher votre nombril avec votre talon.

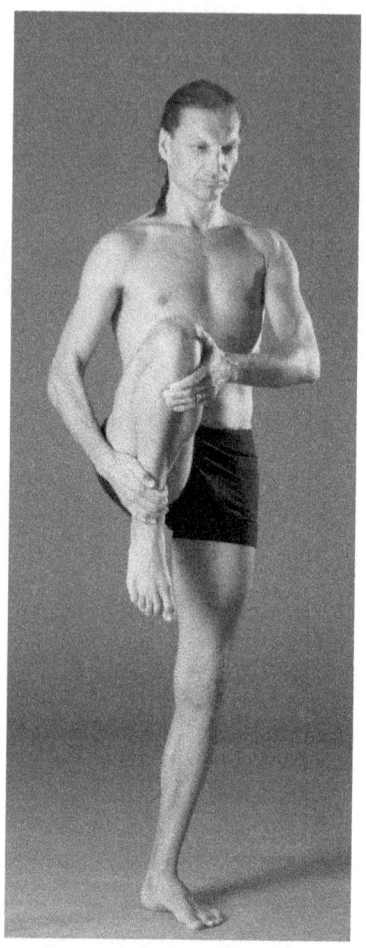 

entrer dans Ardha Baddha Padmottanasana phase 1

aller en Ardha Baddha Padmottanasana phase 2

PHASE 4

En gardant le talon aligné avec le nombril, laissez le genou glisser vers le sol. Idéalement, à ce stade, nous devrions effectuer une rotation médiale du fémur au point d'annuler la rotation latérale précédente et d'orienter la plante du pied vers l'avant plutôt que vers le haut. Soulevez le pied droit dans l'aine opposée, en veillant à ce que le talon reste aligné avec le nombril. Tenez le pied avec la main gauche tandis que la main droite passe dans votre dos en direction du coude gauche. Attrapez le coude ou, si possible, le gros orteil du pied droit. Vérifiez ici qu'il n'y a aucune limitation due à l'impossibilité de soulever l'épaule lorsque le bras atteint le dos. Maintenant amenez l'omoplate vers le bas du dos.

Ce n'est que lorsque vous avez réussi à lier le gros orteil avec la main opposée que vous pouvez procéder en toute sécurité à la flexion avant. La possibilité de lier le gros orteil indique que le genou est dans une position sécuritaire pour fléchir vers l'avant. Si vous ne pouvez pas lier l'orteil, le pied n'est probablement pas assez haut dans l'aine, mais plutôt quelque part sur la cuisse opposée. Cela signifie que l'articulation du genou n'est pas complètement fléchie et que les structures ligamentaires et le cartilage sont soumis à des contraintes.

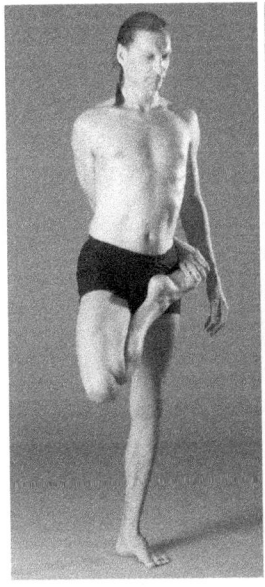

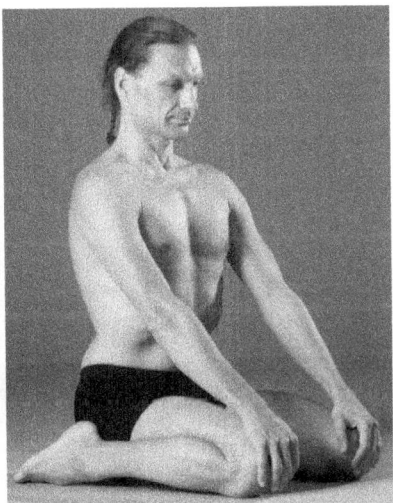

aller dans Ardha Baddha Padmottanasana phase 3

Ardha Baddha Padmottanasana vinyasa un

Virasana

CONSEIL PRATIQUE

L'allongement des quadriceps

Le moyen le plus simple d'allonger les quadriceps est de passer quinze minutes ou plus par jour dans la posture *Virasana* et, plus tard, dans *Supta Virasana*. Faites-le en dehors de votre pratique de vinyasa.

Au début, vous pouvez vous asseoir sur des couvertures ou des oreillers. Au fur et à mesure que vous gagnez en souplesse, réduisez lentement la hauteur de votre siège. Lorsque *Virasana* est devenu facile, pratiquez *Supta Virasana*.

Il est bénéfique d'utiliser une sangle dans cette posture. Sans une sangle, les genoux auront tendance à s'écarter. Le fait de rapprocher activement les genoux tous les jours pendant une période prolongée raccourcit les muscles adducteurs.

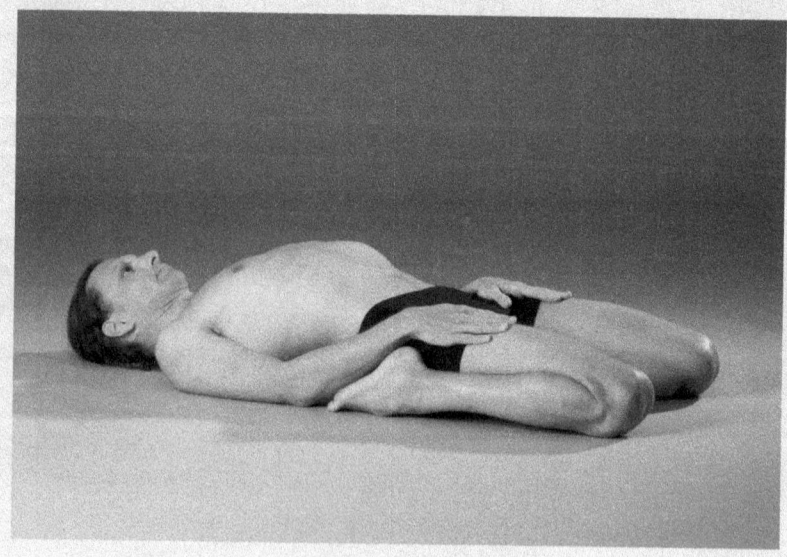

Supta Virasana

CONSEIL PRATIQUE

L'ouverture des articulations des hanches
Pour ouvrir les articulations des hanches, nous devons passer le plus de temps possible assis en *Ardha Siddhasana*. Pratiquez cette posture après *Virasana*. Là encore, vous pouvez utiliser des couvertures, dont vous diminuerez progressivement la hauteur au fur et à mesure que vous gagnerez en souplesse. Gardez les genoux aussi écartés que possible. Vous pouvez manger, écrire ou regarder la télévision dans cette posture. Si vous y consacrez une heure par jour, les articulations des hanches s'ouvriront rapidement. Après avoir acquis une certaine souplesse, passez à *Siddhasana*.

Ardha Siddhasana

Siddhasana

VINYASA DEUX

En expirant, fléchissez vers l'avant, en gardant le gros orteil lié, et placez la main gauche sur le sol à côté du pied gauche. Écartez les doigts et pointez-les vers l'avant. Écartez la base des orteils de la jambe d'appui. Doucement, déplacez un peu plus de poids que celui maintenu dans les talons vers la base des orteils. Soulevez l'arche interne du pied pour protéger le genou. Relâchez les fléchisseurs de la hanche et les fesses (grand glutéal), mais travaillez puissamment la jambe d'appui (groupe des vastes), finalement placez la poitrine directement sur la jambe. Le sommet de la tête est orienté vers le sol. Les omoplates sont tirées vers le plafond pour que le cou reste long.

Ardha Baddha Padmottanasana vinyasa deux

Le genou plié recule doucement vers l'arrière du tapis avec une légère rotation médiale du fémur. Pour éviter que la hanche de la jambe pliée ne s'affaisse, gardez le pied et la jambe actifs afin que le tonus soit le même dans les deux jambes. L'angle entre les deux fémurs doit être de 35°- 45°, en fonction du rapport entre la longueur du tibia et celle du fémur. (Les personnes dont le tibia est long doivent lever le genou davantage sur le côté pour niveler les hanches). Cette action est réalisée par le groupe des muscles abducteurs, en particulier le moyen et le petit glutéal.

Ce sont deux muscles très intéressants, car ils sont souvent à l'origine d'une torsion du bassin s'il y a un déséquilibre entre les deux côtés.

Restez en *Ardha Baddha Padmottanasana* pendant cinq respirations.

Ardha Baddha Padmottanasana vinyasa trois

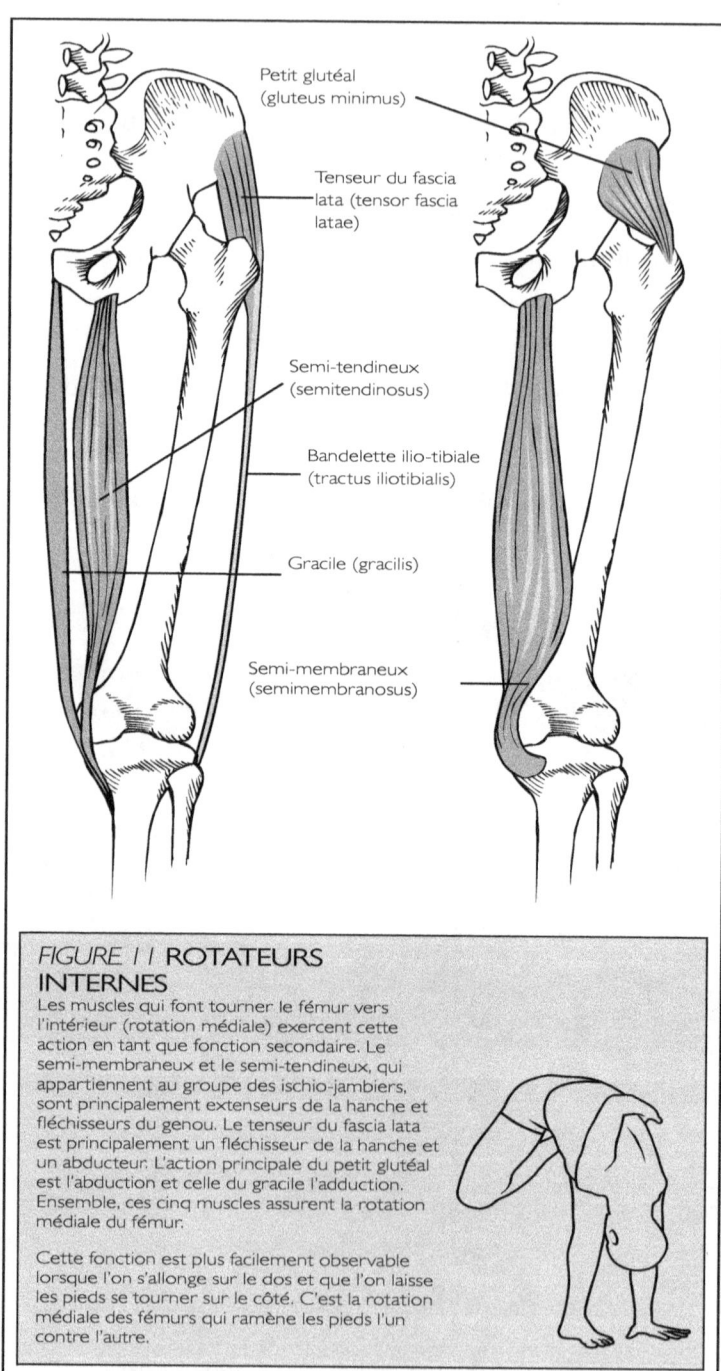

FIGURE 11 ROTATEURS INTERNES

Les muscles qui font tourner le fémur vers l'intérieur (rotation médiale) exercent cette action en tant que fonction secondaire. Le semi-membraneux et le semi-tendineux, qui appartiennent au groupe des ischio-jambiers, sont principalement extenseurs de la hanche et fléchisseurs du genou. Le tenseur du fascia lata est principalement un fléchisseur de la hanche et un abducteur. L'action principale du petit glutéal est l'abduction et celle du gracile l'adduction. Ensemble, ces cinq muscles assurent la rotation médiale du fémur.

Cette fonction est plus facilement observable lorsque l'on s'allonge sur le dos et que l'on laisse les pieds se tourner sur le côté. C'est la rotation médiale des fémurs qui ramène les pieds l'un contre l'autre.

CONSEIL PRATIQUE
Flexion de la jambe pendant l'entrée dans la posture et sa sortie

Une astuce pour les débutants afin de gagner en confiance consiste à plier légèrement la jambe d'appui afin de poser la main au sol. Lorsque la main est bien posée sur le sol, retendez la jambe.

La même méthode peut être utilisée lors de la remontée. La jambe pliée aidera l'autre pied à glisser plus profondément dans l'aine, et à développer votre sens de l'équilibre.

Vinyasa trois

En inspirant, soulevez le thorax et la tête et, en maintenant la posture, expirez.

Vinyasa quatre

En inspirant, remontez, mais gardez le demi-lotus lié jusqu'à ce que vous soyez complètement debout. Cela permet d'amener le pied plus haut dans l'aine et d'augmenter l'effet d'ouverture de l'articulation de la hanche.

Vinyasa cinq

En expirant, relâchez le gros orteil, avec précaution attrapez le pied à deux mains et défaites la posture, replacez-vous en *Samasthiti*.

Vinyasas six à neuf

Répétez l'opération sur le côté gauche.

Attention : Si vous ressentez une douleur au genou à un moment donné, revenez en arrière et étudiez attentivement les étapes précédentes. Si vous débutez avec des articulations de la hanche très raides, il vous faudra peut-être une bonne décennie pour les ouvrir. Le jeu en vaut la chandelle.

Utkatasana
POSTURE DE LA PUISSANCE
Drishti Vers le haut
Les trois postures suivantes développent la force et l'endurance. Ce sont les seules postures debout qui sont enchaînées avec un *vinyasa* complet (*full vinyasa*). La séquence se conclue par un *vinyasa* pour aller s'assoir.

Vinyasa un
Inspirez, levez les bras

Vinyasa deux
Expirez, fléchissez vers l'avant

Vinyasa trois
Inspirez, soulevez la poitrine

Vinyasa quatre
Expirez, *Chaturanga Dandasana*

Vinyasa cinq
Inspirez, Chien tête en haut

Vinyasa six
Expirez, chien tête en bas

Vinyasa sept

En inspirant, sautez en amenant les deux pieds entre les mains, avec les gros orteils joints. Pliez les genoux et, en gardant les talons ancrés, descendez les ischions vers le sol. Levez les bras, joignez les paumes et regardez le plafond au-delà des mains. Trouvez l'équilibre entre les deux pôles que sont le maintien du torse et des bras à la verticale et l'approfondissement de la position accroupie (voir *Surya Namaskara* B). Gardez le bas de l'abdomen ferme et laissez la cage thoracique bouger avec la respiration. Maintenez *Utkatasana* pendant cinq respirations.

Utkatasana

Vinyasa huit

En expirant, posez les mains sur le sol et, en inspirant, sautez en équilibre sur les bras. Les genoux sont pliés. Essayez de rester en équilibre pendant toute la durée de l'inspiration. Le fait de garder les jambes fléchies permet de développer une plus grande force, tandis que le fait de tendre les jambes en équilibre sur les bras fait d'avantage appel à notre sens de l'équilibre.

Le fait de se tenir en équilibre sur les bras développe la force des abdominaux profonds. Le corps doit rassembler toutes ses forces et travailler comme une seule unité. C'est un aspect important, particulièrement nécessaire pour ceux dont le corps est naturellement souple et flexible. Les élèves qui acquièrent rapidement de la souplesse ont tendance à progresser de plus en plus dans cette direction. Cependant, la souplesse s'accompagne souvent d'un faible tonus musculaire. Un faible tonus musculaire est la capacité d'allonger les muscles avec une incapacité relative à les contracter. Cette tendance doit être contrée en se concentrant sur le développement de la force plutôt que sur l'amélioration de la flexibilité.

Cet exercice peut sembler intimidant au départ, mais un effort sincère chaque jour vous permettra de faire un grand pas en un an.

Utkatasana vinyasa huit

LE POINT DE VUE DU YOGA

Asana – l'assise

Dans certaines formes contemporaines de yoga, les postures du lotus et du demi-lotus sont négligées. Si l'étudiant pratique par ambition et que les principes techniques sous-jacents ne sont pas compris, ces postures peuvent en fait être préjudiciables. C'est très dommage, car les rotations des hanches sont sans doute les postures de yoga les plus importantes, avec *Siddhasana* et *Padmasana* (la posture du lotus). La *Hatha Yoga Pradipika* appelle *Siddhasana* «l'asanaprincipal» et affirme qu'il s'agit de «la porte de la liberté». Au sujet de *Padmasana*, il est dit : «Elle ouvre le chemin de la libération». La *Gheranda Samhita* dit de *Siddhasana* qu'elle mène à la liberté et de *Padmasana* qu'elle éloigne toutes les maladies.

La *Shiva Samhita* recommande d'adopter *Siddhasana* si l'on souhaite obtenir un succès rapide dans le yoga, et est d'accord avec la *Gheranda Samhita* pour dire que *Padmasana* «protège de toutes les maladies». Le *Yoga Yajnavalkya* dit que «*Padmasana* est estimé de tous». Il existe suffisamment de preuves pour considérer les rotations des hanches comme la catégorie la plus importante des postures de yoga, toutes les autres postures nous préparant à rester plus longtemps dans des asanas telles que *Padmasana* et *Siddhasana*.

Vinyasa neuf
Expirez, *Chaturanga Dandasana*.

Vinyasa dix
Inspirez, Chien tête en haut

Vinyasa onze
Expirez, chien tête en bas

Virabhadrasana A
POSTURE DU GUERRIER A
Drishti Vers le haut

Puisque nous suivons dans ce texte le système du demi-*vinyasa*, qui est la pratique courante en Inde, chaque posture commencera à partir du *vinyasa* sept. En d'autres termes, nous commençons la posture suivante à partir de la posture précédente, le chien tête en bas. Commencer chaque posture par le premier *vinyasa* signifierait revenir en *Samasthiti* entre chaque asana, ce qui est la pratique du *vinyasa* complet.

Vinyasa sept

En inspirant, tournez le talon gauche vers le centre de votre tapis de façon que le pied soit placé à 45° par rapport à la ligne centrale du tapis. Avancez le pied droit et placez-le entre les mains (vérifiez que les hanches soient de face et que le pied gauche soit correctement positionné).

En continuant d'inspirer, redressez le torse et levez les bras. Joignez les paumes et regardez vers le haut. Tirez les omoplates vers le bas et vers le côté pour éviter que les épaules ne se dirigent vers les oreilles. L'arche extérieure du pied arrière s'ancre et la cuisse roule médialement pour aider la hanche gauche à rester vers l'avant. Les os des fessiers sont lourds et descendent vers le bas. Sans perdre la position de face des hanches, placez votre genou droit au-dessus la cheville droite, en amenant le tibia perpendiculaire au sol.

Si nous sacrifions la position des hanches ici, nous perdons la meilleure occasion de la Première Série d'étirer les muscles du psoas et des quadriceps. Pour que cet étirement ait lieu, il est nécessaire de maintenir le bassin droit.

La tendance sera de basculer le bassin vers l'avant et de s'affaisser dans le bas du dos. En plus d'éviter l'allongement du psoas et des quadriceps, nous nous affaiblirons là où nous devons être forts : dans le bas du dos.

Virabhadrasana

Pour protéger cette zone vulnérable, nous devons mettre en action les muscles abdominaux. L'engagement du muscle droit de l'abdomen (*rectus abdominis*) soulève le pubis et fait basculer le bassin vers l'arrière, ce qui nous permet d'étirer ces muscles importants. Maintenez *Virabhadrasana* A pendant cinq respirations.

Vinyasa huit

En expirant, abaissez le regard vers l'horizon et, en gardant les bras en l'air, tournez-vous vers la gauche et répétez *Virabhadrasana* A sur le côté gauche. Une fois que vous êtes dans la posture, levez le regard vers le haut. Cinq respirations.

Virabhadrasana B
POSTURE DU GUERRIER B
Drishti La main

VINYASA NEUF

En inspirant, amenez la hanche droite vers l'arrière jusqu'à ce que le bassin soit parallèle au bord long du tapis. En même temps, abaissez les bras jusqu'à ce que les mains soient au-dessus de vos pieds. Ouvrez le pied droit à 5° pour permettre l'ouverture des aines (techniquement, le terme «aine» se réfère ici principalement aux adducteurs). Vous devrez allonger l'écart des pieds jusqu'à 20 centimètres, ce qui correspond à la distance que l'on gagne en ouvrant les hanches. Le regard se porte sur la main gauche. Maintenez la position pendant cinq respirations.

ASANA

Virabhadrasana B

L'arche externe du pied droit s'ancre et la jambe droite roule latéralement pour ouvrir les deux aines. Notez que la rotation de la cuisse de la jambe arrière, qui est déterminée par l'ouverture du pied, est différente de celle de *Virabhadrasana* A. Abaissez les hanches autant que possible jusqu'à ce que vous ayez l'impression d'être suspendu entre deux sangles en caoutchouc. Résistez à la tendance de pencher le torse vers la jambe avant en positionnant les épaules bien au-dessus des hanches. Le travail des jambes est identique qu'en *Utthita Parshvakonasana*, voir la description de cette posture.

Vinyasa dix

En expirant, tournez et faite la posture sur le côté droit. Le regard se porte sur la main droite. Cinq respirations.

Vinyasa onze

En expirant, placez les deux mains à l'avant du tapis et, en inspirant, soulevez-vous et restez en équilibre sur les bras pendant toute la durée de l'inspiration, avec la jambe gauche tendue et la jambe droite pliée. C'est à nouveau l'occasion d'équilibrer la souplesse avec la force.

> *Dans le Mahabharata, Arjuna est fréquemment appelé «Ô, guerriers aux bras puissants» (en anglais dans le texte : «Oh mighty armed one»). Avec un entraînement régulier, le vinyasa onze nous donnera la chance de reproduire la force d'Arjuna.*

Vinyasa douze
En expirant, descendez dans *Chaturanga Dandasana*.

Vinyasa treize
En inspirant, extension vers l'arrière en Chien tête en haut.

Vinyasa quatorze
En expirant, revenez en position du chien tête en bas. Nous sommes prêts à sauter en position assise.

CONTEXTE MYTHOLOGIQUE

La colère de Shiva
Virabhadra était un guerrier féroce de l'armée du Seigneur Shiva. Le grand prêtre, Daksha, était un homme de loi orthodoxe qui préservait la société traditionnelle. Contre son consentement, sa fille Sati, d'une splendide beauté, avait épousé le Seigneur Shiva. Shiva détruit le monde à la fin de chaque âge et détruit également l'ego. Il est par conséquent le Seigneur du Mystère.

Pour diverses raisons, Daksha considérait Shiva comme impur. Shiva avait des habitudes particulières, comme celle de méditer dans des cimetières enduits des cendres des morts, et de méditer au sommet des montagnes pendant de longues périodes, plutôt que de participer à la vie de la société. Mais la principale raison du mépris de Daksha, était que Shiva portait toujours un crâne sur lui. L'histoire raconte que, pour le punir de sa vanité, Shiva avait un jour coupé l'une des cinq têtes du seigneur Brahma, qui avait alors jeté une malédiction sur Shiva : le crâne resterait collé à sa main. Aujourd'hui encore, certains adorateurs de Shiva portent toujours un crâne sur eux.

Un jour, Daksha organisa une grande cérémonie à laquelle il invita toutes les divinités et tous les dignitaires, à l'exception de Shiva et de Sati. Contre les conseils de Shiva, Sati assista à la cérémonie de son père. Devant les milliers d'invités, elle demanda à son père pourquoi il n'avait pas invité son époux. Daksha répondit en s'exclamant, que Shiva était un personnage méprisable, un paria qui ne connaissait pas les conventions de la société.

Cette insulte à son époux excita la colère de Sati au point qu'elle s'enflamma et fut réduite en cendres. Lorsque Shiva, dans sa solitude, apprit la mort de Sati, il entra dans une terrible colère, se leva d'un bond et dansa la danse de la destruction. Il finit par arracher l'une de ses jatars

> *(dreadlocks) et l'écrasa sur le sol. Sous l'impact, les terribles guerriers Virabhadra et Bhadrakali surgirent. Shiva leur ordonna de se rendre à la cérémonie de Daksha, de détruire la salle, de tuer tout le monde un par un, de décapiter Daksha, de boire son sang et de jeter sa tête au feu.*
>
> *L'histoire continue, mais en ce qui concerne notre posture, nous pouvons en rester là. Virabhadrasana est dédié à ce terrible guerrier.*

Pashimottanasana
L'ÉTIREMENT INTENSE DE L'OUEST[39]
Drishti Les orteils

Comme pour tous les asanas suivants, nous reprenons le compte du *vinyasa* à sept.

Vinyasa sept

En inspirant, sautez en position assise.

Au début, vous pouvez exécuter ce mouvement en prenant de l'élan. Avec un peu plus de maîtrise, vous serez capable de sauter avec peu ou pas d'élan toujours à distance du sol. La clé pour réaliser ce mouvement sans effort est ici de relier la respiration aux *bandhas*. Tant que nous sommes en train de décoller pendant le saut, nous devons continuer d'inspirer, car l'inspiration a un effet d'élévation et de portance. Une fois l'ascension terminée, nous amorçons l'expiration pour redescendre.

Pour apprendre ce mouvement, il faut le diviser en deux phases clairement distinctes. La première phase consiste à

---

[39] En référence à l'arrière du corps, traditionnellement tourné à l'opposé du soleil levant et donc vers l'ouest.

ASANA

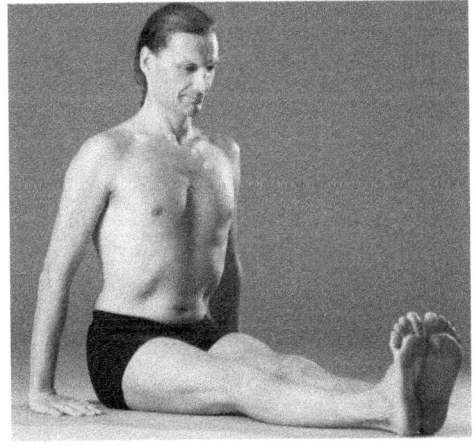

sauter vers l'avant en équilibre sur les bras, les épaules au-dessus des poignets, les hanches levées haut et les jambes pliées. La deuxième phase consiste à laisser lentement basculer le buste et les jambes entre les bras, en utilisant les épaules comme un axe. Tout en basculant, aspirez les pieds vers l'abdomen et les genoux vers la poitrine pour dégager le sol. À la fin de l'inspiration, tendez les jambes en *Dandasana*, toujours en suspension dans l'air. Sur l'expiration,

Saut vers l'avant phase 1
Saut vers l'avant phase 2
Saut vers l'avant phase 3
Saut vers l'avant phase 4
Saut vers l'avant phase 5
Dandasana

descendez lentement comme un hélicoptère. En effectuant le mouvement de cette manière, vous établirez une connexion solide entre la respiration et les *bandhas*. Cela renforcera également les abdominaux et le bas du dos, vous préparant ainsi aux difficiles extensions arrière et aux postures des pieds derrière la tête des séquences ultérieures.

Asseyez-vous en *Dandasana* pendant cinq respirations. Dandasana n'a pas de compte de *vinyasa* propre : le septième *vinyasa* de *Pashimottanasana* est la posture *Dandasana*. Néanmoins, *Dandasana* est la posture assise de base. Nous passerons généralement par *Dandasana* avant et après chaque demi-*vinyasa*.

Dandasana est semblable à *Samasthiti* en position assise. Les ischions s'ancrent et la colonne vertébrale s'allonge en essayant de reproduire sa courbure naturelle. Le cœur est élevé, flottant, ouvert à l'avant, large et ouvert à l'arrière. L'avant des aisselles relevées et la tête de l'humérus positionnée au centre de l'articulation de l'épaule. Tendez les bras et placez les mains sur le sol, les doigts pointant vers les pieds. Si vos bras sont plus longs que votre torse, placez les mains légèrement derrière les hanches. Les rotules remontées vers le haut. Étirez-vous depuis la base des orteils et enfoncez les talons dans le sol pour éveiller les muscles ischio-jambiers. Le regard est dirigé vers le nez.

ASANA

Pashimottanasana A Vinyasa huit

Vinyasa huit

En expirant, crochetez les gros orteils. Le bas du dos doit rester plat. Arrondir le dos lors d'une flexion avant en position assise, équivaut à se pencher en position debout pour soulever un objet lourd du sol tout en arrondissant le dos et en gardant les jambes tendues. Pour éviter le risque de bombement discal et de prolapsus discal (voir figure 6), il est nécessaire de garder le bas du dos droit dans toute situation où l'on porte du poids. Cela inclut toutes les postures de flexion vers l'avant ainsi que les postures de pied derrière la tête, comme *Ekapada Shirshasana*. Dans les postures où la gravité est la seule charge, telles que *Karnapidasana* et *Bujapidasana*, la colonne vertébrale peut être fléchie en toute sécurité.

Sans avoir recours à la flexion du dos et/ou à l'utilisation d'une sangle, vous avez deux options si vous êtes trop raide pour atteindre les gros orteils dans *Pashimottanasana*. La première consiste à plier les genoux et à saisir les orteils. Cela permet au bassin de basculer vers l'avant, prérequis lors d'une flexion avant. En gardant les crêtes iliaques (partie supérieure de l'os de la hanche) à proximité des cuisses, travaillez à lentement tendre les jambes. Pressez à partir de la base des pieds et, en même temps, éloignez les ischions des pieds. Le pubis glisse vers le bas entre les cuisses. L'autre option consiste à saisir les tibias, les chevilles, ou tout ce que vous pouvez atteindre. Avec une prise ferme, travaillez votre flexion vers l'avant lentement tandis que les ischio-jambiers s'allongent.

LE POINT DE VUE DU YOGA

L'utilisation d'accessoires

Tous les asanas sont conçus pour former des circuits énergétiques, en particulier les postures telles que *Pashimottanasana* et *Baddha Padmasana*, où les mains sont reliées aux pieds. La terre en étant réceptive, aspire notre énergie. Ces postures liées recyclent l'énergie qui serait autrement perdue. Les yogis méditent souvent assis sur un siège constitué de couches successives d'herbe de *kush*, de peau de cerf ou de tigre et de coton pour les isoler de la terre. On pense que ces circuits d'énergie exercent une influence majeure sur la couche pranique (*pranamaya kosha*), qui est réduite lorsque le flot d'énergie est interrompu par l'utilisation de ceintures et de sangles.

L'utilisation d'une sangle ou d'une ceinture peut sembler une solution facile pour les élèves dont les ischio-jambiers sont raides et qui éprouvent des difficultés à atteindre leurs orteils avec le dos droit. Cependant, comme l'a souligné Sri K. Pattabhi Jois, l'utilisation d'accessoires interrompt le circuit énergétique de la posture.

Certains élèves ont leurs ischio-jambiers si raides que leur bassin bascule vers l'arrière lorsqu'ils sont assis au sol, les jambes tendues. Cela signifie que la gravité joue contre eux. Dans ce cas, il est conseillé de surélever les ischions en s'asseyant sur une couverture pliée.

Cela permet de redresser le bassin et d'aligner correctement la colonne vertébrale. Quelle que soit l'approche choisie, lors de l'inspiration, soulevez la poitrine et tendez les bras.

Regardez vers le haut entre vos sourcils tout en remontant vos rotules et abaissez vos omoplates vers le bas du dos. Allongez votre taille, en éloignant les côtes flottantes des crêtes iliaques en relâchant le psoas. Le psoas est le seul muscle qui relie les membres inférieurs à la colonne vertébrale, ce qui en fait un muscle profond qui stabilise l'ensemble du corps.

FICHE ANATOMIQUE

Psoas - le siège de l'âme
Le groupe de muscles fléchisseurs de la hanche comprend, le muscle droit fémoral du quadriceps, le sartorius, le tenseur du fascia lata et le psoas, muscle interne profond. Continuer de contracter le droit fémoral après avoir basculé le bassin vers l'avant, empêche d'approfondir la posture, car ce muscle en se contractant, s'agglutine à l'avant de la hanche. Le psoas trouve son origine sur les côtés des corps vertébraux T12 (la dernière vertèbre thoracique), où il est en contact avec le diaphragme et les cinq vertèbres lombaires. Il longe l'arrière de la cavité abdominale (l'avant de la colonne vertébrale),

traverse le bassin et s'insère sur une protubérance sur l'intérieur du fémur, le petit trochanter. Ce muscle permet la flexion de l'articulation de la hanche et, ce faisant, il entraîne la rotation latérale du fémur.

Lorsque la cuisse est fixe, comme dans les postures debout et assises, le psoas est engagé. Ida Rolf affirme qu'un psoas sain doit s'allonger pendant la flexion et repartir vers la colonne vertébrale.[40] Il est nécessaire de relâcher et d'allonger le psoas, une fois que les hanches sont inclinées vers l'avant, afin d'approfondir les postures de flexion avant.

Les muscles superficiels du corps se détendent complètement après avoir été sollicités, mais les muscles profonds conservent toujours une certaine tension, même au repos. C'est notamment le cas des muscles qui prennent naissance sur la colonne vertébrale, comme le psoas. Ils sont donc sujets à des spasmes s'ils travaillent intensément. Pouvoir les relâcher consciemment est aussi important que de pouvoir les engager.

Le psoas est le muscle le plus profond du corps. Son importance est telle qu'il a été décrit par certains comme le «siège de l'âme». Pour imaginer le psoas en action, il faut visualiser la démarche gracieuse des femmes africaines ou indiennes qui portent de grands récipients d'eau sur la tête. Pour ce faire, la tête doit maintenir un mouvement continu vers l'avant, sans à-coups. Ce mouvement n'est possible que si le muscle psoas est fort, mais détendu. Le psoas balance le bassin vers l'avant et vers l'arrière, comme un berceau. Ce mouvement de balancier initie le mouvement des jambes, le muscle droit fémoral (le grand

---

40 Rolf, I.P., *Rolfing: The Integration of Human Structures*, Dennis-Landman, Santa Monica, 1977, p. 112.

fléchisseur de la hanche situé à l'avant de la cuisse) n'entrant en action que bien après le psoas. Le balancement du bassin crée un mouvement ondulatoire le long de la colonne vertébrale, ce qui garde la colonne vibrante et en bonne santé, et garde le mental centré dans le cœur. Si vous avez déjà essayé de marcher avec un objet volumineux en équilibre sur votre tête, vous savez à quel point il est difficile de suivre les mouvements du mental. Se connecter au plus profond du corps (le psoas) déplace l'attention du mental vers le cœur - c'est pourquoi le psoas est considéré comme le siège de l'âme.

L'autre extrême peut être observé lorsque nous regardons une armée marcher. Les soldats doivent maintenir le psoas tendu. Constamment raccourci, le muscle se spasme et s'affaiblit. Au garde-à-vous militaire, lorsque la poitrine est bombée, la posture plonge vers le bas du dos, ce qui affaiblit également le muscle psoas. Lors de la marche, le bassin est bloqué et les cuisses sont propulsées agressivement vers le haut et vers l'avant. Ce mouvement sollicite uniquement le droit fémoral (*rectus femoris*). La colonne vertébrale est figée, ce qui maintient l'attention des soldats dans leur mental. Dans cet état leur mental est plus enclin à ne pas faire preuve de compassion à l'égard des autres êtres humains, qui sont, au contraire, qualifiés d'ennemis.

Si nous marchions tous avec notre psoas actif et notre colonne vertébrale effleurée par le mouvement ondulatoire qu'il produit, notre mental parviendraient peut-être à un état de silence. Nous verrions alors chaque être humain comme faisant partie de la même conscience qui nous anime tous. L'une des raisons pour lesquelles notre culture occidentale a conquis une grande partie du monde avec ses armes, c'est que nous avons abandonné notre sensibilité naturelle, et que nous sommes tombés sous la tyrannie du mental. Le yoga appelle à restaurer cette sensibilité, qui nous amène à demeurer naturellement dans la non-violence. La non-violence devient une loi éthique non imposée.

Lorsque l'on commence à pratiquer le yoga, il est très important d'abandonner l'attitude agressive et conquérante de l'Occident, qui consiste à vouloir tirer un avantage du yoga, mais plutôt d'aborder les postures en s'abandonnant profondément à ce qui est déjà là. Toutes les flexions avant inspirent cette attitude. Si, au lieu de développer une autre ambition - comme celle d'allonger les ischio-jambiers, qui en fait se raccourcissent et se contractent sous l'effet de l'avidité - nous nous laissons aller à la connaissance que tout ce que nous pouvons demander est déjà là, les ischio-jambiers se relâcheront d'eux-mêmes. L'ambition raccourcit les ischio-jambiers.

Vinyasa neuf

En expirant, fléchissez vers l'avant au niveau de l'articulation des hanches, en maintenant l'allongement créée dans le *vinyasa* huit. Plutôt que d'affaiser la tête vers les genoux, hissez le cœur vers les orteils.

Le travail d'*Uddiyana Bandha* est important ici pour soutenir le bas du dos. Ne respirez pas de façon excessive dans le ventre, comme on le fait souvent dans les flexions avant, mais encouragez la cage thoracique à participer au processus respiratoire.

L'inspiration est utilisée pour amener le cœur vers l'avant, tandis que l'expiration est employée pour s'abandonner plus profondément dans la posture. Si cette instruction conduit l'élève à « rebondir « de haut en bas dans la posture, nous pouvons en conclure qu'*Uddiyana Bandha* n'est pas suffisamment engagé. Laissez ces mouvements être initiés en profondeur, en travaillant la posture du centre vers la périphérie.

ASANA

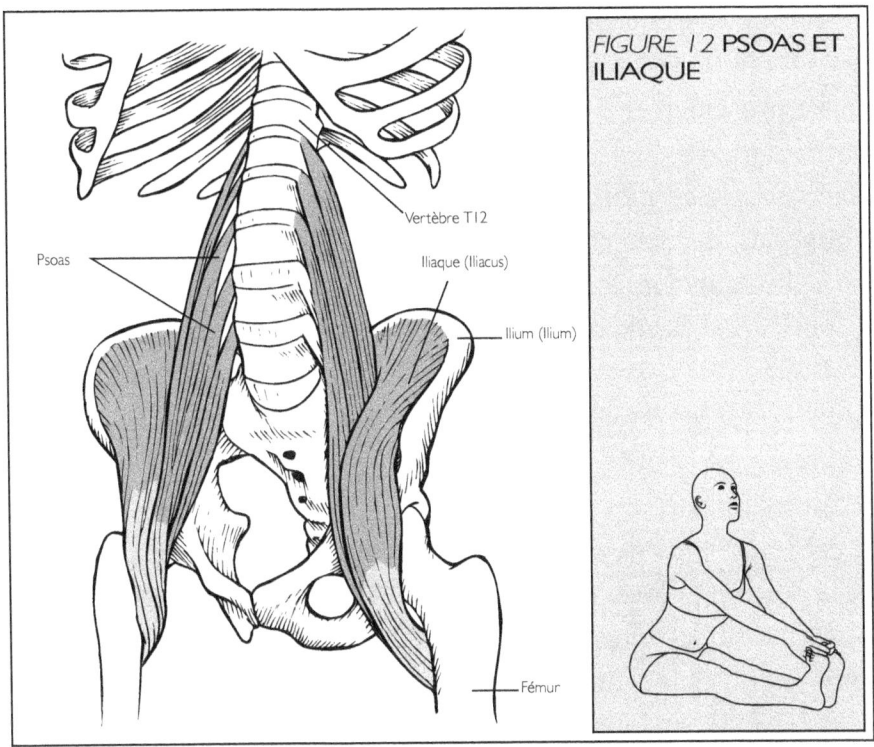

FIGURE 12 PSOAS ET ILIAQUE

Les rotules sont remontées en permanence dans toutes les flexions avant. Comme expliqué dans *Padangushtasana*, on doit engager l'antagoniste de chaque muscle à étirer. Le groupe musculaire étiré ici est celui des ischio-jambiers ; leurs antagonistes sont les quadriceps. Pour les débutants, il est souvent impossible de maintenir les rotules vers le haut car il leur est impossible d'accéder aux quadriceps. Il peut sembler que nous ayons besoin de développer une nouvelle connexion nerveuse avec ce muscle. Cette coordination apprise est possible grâce à la concentration et à la persévérance. L'enseignant peut appuyer doucement ses pouces sur les deux cuisses pour « réveiller » les quadriceps.

Dans toutes les flexions avant, il est important de relâcher et d'étaler les fessiers. Les fessiers sont souvent resserrées dû à une réponse de peur à l'étirement ressenti. Or resserrer les fessiers nous redresse en nous faisant perdre la flexion avant, car le muscle grand glutéal (*gluteus maximus*) est un extenseur de la hanche. Les ligaments des articulations sacro-iliaques (*sacrum/pelvis*) peuvent également être tendus. Concentrez-vous sur le relâchement des fessiers, laissez-les s'étaler et s'allonger via le bas du dos. Il s'agit d'un allongement excentrique du muscle carré des lombes (*quadratus lumborum*). L'allongement excentrique signifie que le muscle est actif, car nous en avons besoin pour maintenir le dos droit, mais qu'il s'allonge en même temps que nous allongeons la taille. En d'autres termes, les muscles s'allongent contre une résistance. Il est important de créer plus d'espace entre l'os de la hanche et la dernière côte, car une taille raccourcie et contractée est un obstacle dans toutes les postures de flexion avant, d'extension arrière et de pied-derrière-la-tête.

Pashimottanasana A

ASANA

Les épaules s'éloignent des oreilles dans *Pashimottanasana*. La contraction des trapèzes et des muscles élévateurs de la scapula (*levator scapulae*) enroule les épaules en direction des oreilles et bloque le flux d'énergie à la colonne cervicale. Si les muscles du cou sont trop contractés, le visage peut rougir pendant les flexions avant ou les extensions arrière, ce qui indique une constriction de la circulation sanguine vers la tête. Utilisez l'ancrage des mains pour contrer ce phénomène, en tractant les omoplates vers le bas, ce qui s'appelle l'abaissement de la ceinture scapulaire (grâce au grand dorsal - *latissimus dorsi*), et en les tirant sur le côté, ce qui s'appelle l'abduction des omoplates (grâce au dentelé antérieur - *serratus anterior*).

Pashimottanasana est une autre posture idéale pour démontrer le principe de l'expansion simultanée dans des directions opposées. Les pieds, le cœur et le sommet de la tête s'étirent vers l'avant pour allonger la colonne. Les omoplates, les ischions et la tête des fémurs s'étirent vers l'arrière. Les coudes et les omoplates s'écartent largement sur les côtés. Les muscles enlacent le corps, comprimant le *prana* dans le cœur. Le cœur reste ouvert, réceptif et lumineux. Sa luminescence imprègne l'ensemble de la posture et rayonne.

Le plus important dans *Pashimottanasana* est l'abandon. Cette posture n'a rien à voir avec la conquête des ischio-jambiers, mais plutôt à voir avec le lâché prise. Inspirer dans les ischio-jambiers et les relâcher peut-être très perturbant. Nous stockons dans nos muscles ischio-jambiers de nombreuses émotions puissantes telles que la colère refoulée, la compétitivité et la peur de ne pas être à la hauteur. Toutes les émotions refoulées sont potentiellement nuisibles à notre santé : elles sont toxiques et ont un impact sur notre personnalité. Si des émotions fortes apparaissent lorsque nous respirons dans les ischio-jambiers, il est essentiel que nous reconnaissions ce que nous ressentons et que nous lâchions prise.

Respirer dans une posture exige que l'étirement soit maintenu à une intensité acceptable. Si l'étirement est trop fort, nous nous endurcirons et nous nous engourdirons davantage. Il faut s'étirer avec compassion et intelligence. Sinon, au lieu de nous débarrasser de nos vieux conditionnements inconscients, nous superposerons encore une nouvelle couche d'abus. Restez dans *Pashimottanasana* A pendant cinq respirations.

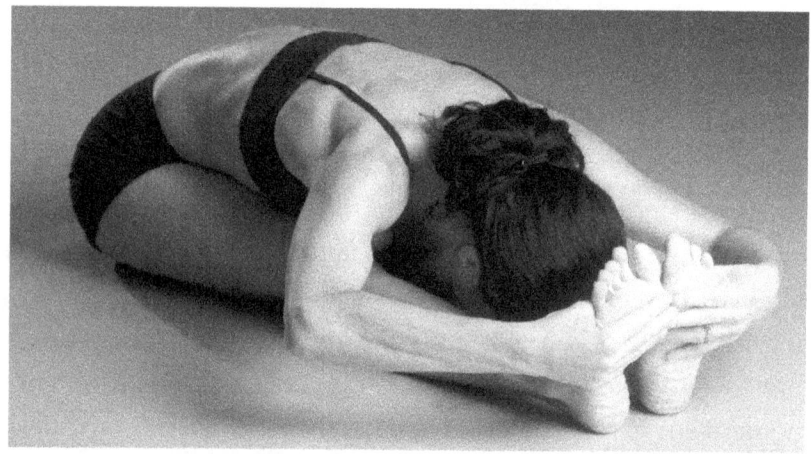

en haut Pashimottanasana B   en bas Pashimottanasana C

Vinyasa dix

Inspirez, soulevez le buste loin des jambes, en tendant les bras.
En expirant, attrapez le bord extérieur des pieds.

Vinyasa huit

En inspirant, relevez le cœur et tout l'avant du buste.

Vinyasa neuf

En expirant, fléchissez en *Pashimottanasana* B, restez cinq respirations.

Vinyasa dix

En inspirant, soulevez le buste loin des jambes, en tendant les bras. En expirant, attrapez un poignet par-delà les pieds.

Vinyasa huit

En inspirant, soulevez le buste en tendant les bras.

Vinyasa neuf

En expirant, flexion avant, *Pashimottanasana* C, cinq respirations. Ces trois variations de *Pashimottanasana* étirent l'intérieur, l'extérieur et le centre des ischio-jambiers, qui coïncident avec les trois muscles distincts du groupe : semi-tendineux, semi-membraneux et biceps fémoral (voir figure 7).

Vinyasa dix

En inspirant, soulevez le buste en tendant les bras.
En expirant, placez vos mains sur le sol.

Vinyasa onze

En inspirant, soulevez-vous.

L'inspiration a une fonction d'élévation naturelle vers le haut ; l'expiration a une fonction d'ancrage et d'enracinement.

Imaginez le vent d'automne jouant avec les feuilles, les soulevant sans effort du sol. La même puissance est utilisée dans les mouvements lors des *vinyasas*. L'inspiration guide l'élévation, les muscles des épaules et des bras apportant le soutien structurel. Cela n'est possible que si *Mula* et *Uddiyana Bandha* sont engagés. L'inspiration descend, s'accroche aux *bandhas* et soulève le corps comme un élévateur. Le mouvement doit suivre la respiration. Si la respiration est reliée aux *bandhas*, elle fera bouger le corps sans effort et l'on se sentira léger et rajeuni après la pratique. Si les *bandhas* ne sont pas fermement établis, on peut se sentir vidé et épuisé après la pratique parce qu'on a perdu de l'énergie. Sentez comment l'inspiration descend et s'attache au plancher pelvien et à la paroi abdominale inférieure. Continuez à inspirer, en créant une aspiration qui soulève votre tronc du sol. Soutenez ce soulèvement avec l'armature et l'action de vos bras et de vos épaules.

Saut en arrière, phase 1

Saut en arrière, phase 2

Saut en arrière, phase 3

Saut en arrière, phase 4

ASANA

Saut en arrière, phase 5

CONSEIL PRATIQUE

Lollasana

Si vos bras et vos épaules sont faibles, faites l'exercice suivant. Assis sur les talons, croisez les chevilles, pointez les pieds vers l'arrière et soulevez les genoux et les pieds du sol. Tenez *Lollasana* aussi longtemps que vous le pouvez. Ajoutez une respiration par jour jusqu'à ce que vous puissiez tenir dix respirations. Commencez ensuite à vous balancer doucement d'avant en arrière sans faire glisser vos pieds sur le sol. Enfin, insérez ce mouvement dans votre vinyasa.

ASHTANGA YOGA LA PREMIÈRE SÉRIE

Lollasana

Chaturanga Dandasana

Chien tête en haut

ASANA

Chien tête en bas

Vinyasa douze
Expirez en *Chaturanga Dandasana*, la quatrième position de *Surya Namaskara* A.

Vinyasa treize
Inspirez en Chien tête en haut.

Vinyasa quatorze
Expirez dans la position du chien tête en bas.

Nous sommes maintenant prêts à sauter dans la position assise pour la prochaine posture.

CONSEIL PRATIQUE

Différentes positions des pieds en flexion avant

Il existe trois positions différentes des pieds pour les flexions avant. Dans la première, le pied est fléchi (flexion dorsale), ce qui signifie que la partie supérieure du pied est ramenée vers le tibia. Cette position peut être utilisée pour les flexions avant les moins intenses, c'est-à-dire pour les postures où les ischio-jambiers ne supportent pas le poids du torse, comme en *Dandasana* et *Marichyasana* C. (41. Pour les besoins de cette explication, nous pouvons considérer *Marichyasana* C comme une flexion avant. Dans cet *asana*, les fléchisseurs de la jambe tendue (les muscles qui replient le tronc vers l'avant) sont engagés pour rester droit. C'est également le cas dans *Dandasana*).

La deuxième position des pieds, celle utilisée dans *Pashimottanasana*, se situe entre pied pointé et fléchi. Pour y parvenir, commencez par vous étirer à partir des talons, puis par la base des orteils. Le fait de garder les pieds fléchis dans *Pashimottanasana* est l'une des principales sources de blessures aux ischio-jambiers. Cette deuxième position des pieds est également choisie dans d'autres flexions avant semi-intense comme *Ardha Baddha Padma Pashimottanasana, Triang Mukha Ekapada Pashimottanasana, Janushirshasana* et, très important, dans *Upavishta Konasana*.

La troisième position des pieds, est le pied pointé (appelée flexion plantaire, ce qui signifie que le dessus du pied s'éloigne du tibia). Le fait de pointer les pieds protège au maximum les ischio-jambiers. Cette position est utilisée dans le groupe le plus intense de flexions avant, qui comprend Hanumanasana, Trivikramasana, Tittibhasana et Vasishtasana.

ASANA

Purvottanasana
ETIREMENT INTENSE DE L'EST[41]
Drishti Nez ou troisième œil

Purvottanasana est complémentaire et constitue également la contre-posture de la série des *Pashimottanasana*.

Vinyasa sept
En inspirant, sautez en position assise. Placez les mains à la largeur des épaules sur le sol, en laissant un espace d'une longueur de main entre le bout des doigts et les fesses. Les doigts sont écartés et pointent vers l'avant en direction des pieds.

Purvottanasana vinyasa sept

---

41 En référence à l'avant du corps, qui faisait traditionnellement face au soleil levant.

ASHTANGA YOGA LA PREMIÈRE SÉRIE

Vinyasa huit

En inspirant, écartez les épaules et amenez les omoplates vers le bas du dos. Tendez les bras et libérez la poitrine. Soulevez le cœur et inclinez le menton vers la poitrine.

    Les jambes sont tendues et fortes. Pointez les pieds. Dirigez le coccyx vers les talons et appuyez l'arrière des talons dans le sol. Les ischio-jambiers et les fessiers sont ainsi sollicités. Soulevez le bassin et déroulez la colonne vertébrale. Ramenez les orteils vers le sol jusqu'à ce que la plante des pieds touche le sol. Une fois dans la posture, les ischio-jambiers peuvent prendre le relais et vous pouvez relâcher les fessiers ; continuer à les contracter mettrait à rude épreuve les articulations sacro-iliaques. Continuez à soulever la poitrine et à l'ouvrir en écartant les omoplates et en les ramenant vers le bas du dos, ainsi qu'en arquant le haut du dos (muscles érecteur du rachis - *erector spinae*).

Purvottanasana

La tête est la dernière à aller en arrière. Relâchez l'avant de la gorge et laissez la tête pendre en arrière, détendue. Regardez le bout du nez pour garder la nuque allongée. Cette position de la tête ne doit cependant pas être adoptée si l'élève a des problèmes de cou ou a subi un traumatisme cervical. L'ancien schéma du traumatisme pourrait être déclenché lors des transitions pour entrer et sortir de cette posture.

Au lieu de cela, vous pouvez placer doucement le menton sur le sternum et le garder ainsi pendant toute la durée de la posture. Regardez vers les pieds. La tête ne doit être relevée que lorsque l'on revient en position assise. De cette façon, les muscles du cou ne sont pas engagés dans un réflexe de spasme. Maintenez *Purvottanasana* pendant cinq respirations.

Vinyasa neuf
En expirant, sortez de la posture en reposant d'abord les fessiers au sol, puis en ramenant la tête. Enfin, les mains s'avancent.

Vinyasa dix
En inspirant, soulevez les pieds entre les mains.

Vinyasa onze
En expirant, sautez en arrière dans *Chaturanga Dandasana*.

Vinyasa douze
Inspirez en Chien tête en haut.

Vinyasa treize
Expirez dans la position du chien tête en bas.

Ardha Baddha Padma Pashimottanasana
DEMI-LOTUS LIÉ EN FLEXION AVANT
Drishti Orteils

Ardha Baddha Padma Pashimottanasana débute un nouveau cycle de postures qui combinent la flexion avant et la rotation des hanches. La Première Série se compose principalement de ces deux thèmes.

Les postures sont ancrées et enracinées, et elles constituent la base de thèmes plus exaltants telle que les extensions arrière, les équilibres sur les bras et les pieds derrière la tête, qui font l'objet des Séries Intermédiaires et Avancées. D'un point de vue yogique, les fondations doivent être correctement préparées avant de passer à une pratique plus complexe.

Shéma de rotation

Les cinq postures suivantes établissent le schéma de rotation du fémur pour la Première Série. Semée ici, cette graine peut éventuellement fructifier dans l'exécution de postures aussi complexes que *Mulabandhasana* (la rotation médiale la plus extrême) et *Kandasana* (la rotation latérale la plus extrême). Le schéma de rotation est le suivant :

- *Ardha Baddha Padma Pashimottanasana* - rotation médiale
- *Triang Mukha Ekapada Pashimottanasana* - rotation latérale
- *Janushirshasana* A - rotation médiale
- *Janushirshasana* B - rotation latérale
- *Janushirshasana* C - rotation médiale

FICHE ANATOMIQUE

Le paradoxe du relâchement actif

Il s'agit là d'une notion importante qu'il convient de comprendre afin de maîtriser l'art de travailler en profondeur et de manière harmonieuse dans toutes les postures. Le relâchement actif tire son efficacité du principe suivant : pour entrer dans une posture, nous utilisons des groupes musculaires principaux qui effectuent des actions particulières. Une fois dans la posture, nous devons relâcher ces groupes musculaires et engager leurs antagonistes pour travailler harmonieusement et plus profondément dans la posture.

Par exemple, pour entrer dans une extension arrière, on engage les extenseurs du tronc (*erector spinae, quadratus lumborum*). En fin de compte, cependant, ces muscles limitent l'extension arrière. Ils raccourcissent le dos et pincent les processus épineux des vertèbres. Une fois installé dans l'extension arrière, nous devons relâcher les extenseurs du tronc et engager plutôt les fléchisseurs du tronc (muscles abdominaux). Cela permet d'allonger le dos, de créer de l'espace entre les processus épineux et d'approfondir l'extension dorsale.

Le même principe s'applique aux rotations des hanches telles que *Ardha Baddha Padma Pashimottanasana* et *Baddha Konasana*. Nous effectuons une rotation latérale du fémur pour entrer dans une rotation des hanches, mais lorsque nous sommes dans la posture, nous relâchons les rotateurs latéraux en effectuant une rotation médiale du fémur. Cette action nous fait entrer beaucoup plus profondément dans la posture.

Dans toutes les flexions avant telles que *Pashimottanasana*, nous engageons les fléchisseurs de la hanche, en particulier le psoas et le *rectus femoris*, pour entrer dans la posture. Une fois que l'articulation de la hanche est fléchie à environ 160°, nous ne pouvons plus fermer l'articulation parce que les fléchisseurs de la hanche sont dans l'impossibilité de le faire. Pour illustrer cela, essayez ce qui suit : Debout, pliez l'articulation du genou en contractant simplement les muscles ischio-jambiers et les muscles du mollet. Vous ne pourrez pas fermer complètement l'articulation car les muscles qui exécutent l'action empêchent également de la terminer. Utilisez maintenant votre main pour attirer votre talon vers votre fesse. En même temps, résistez à votre main en tentant de redresser doucement votre jambe. Cette légère extension de la jambe, réalisée par les antagonistes des muscles ayant réalisé le premier mouvement, va relâcher et aplatir les fléchisseurs de la jambe, de sorte que l'articulation peut maintenant être complètement fermée.

Dans le cas de *Pashimottanasana*, le principe du relâchement actif est appliqué en appuyant les talons vers le sol. Cela engage les ischio-jambiers et permet au psoas et au *rectus femoris* de se relâcher. Une fois qu'ils sont relâchés, l'avant de l'articulation de la hanche peut être complètement fermé et la flexion avant achevée.

Cette action ne signifie pas que les rotules seront relâchées. Les quadriceps, qui tirent les rotules vers le haut, ont quatre chefs, le droit fémoral n'étant que l'un d'entre eux. Si le *rectus femoris* (le seul muscle à deux articulations du groupe) est relâché, les trois autres chefs (*vastus lateralis*, *medialis* et *intermedius*) peuvent encore tirer la rotule vers le haut et travailler à l'extension de la jambe.

Ces rotations du fémur se réfèrent aux actions à effectuer une fois que l'on est installé dans la posture. Pour entrer dans la posture, les actions sont inversées. Lorsque le schéma de rotation est exécuté de cette manière, les postures les plus difficiles de la série, telles que *Marichyasana* D et *Baddha Konasana*, deviennent facilement accessibles.

Vinyasa sept

En inspirant, sautez en position assise et tendez les jambes. Un pratiquant expérimenté entre dans la posture en une seule inspiration. Par souci de précision et de sécurité, nous décomposerons ce mouvement, plutôt complexe, en plusieurs phases identiques à celles du demi-lotus debout (*Ardha Baddha Padmottanasana*).

PHASE 1
Assis en *Dandasana*, fléchissez complètement l'articulation du genou droit jusqu'à ce que votre talon droit touche la fesse droite. Si cela n'est pas possible, pratiquez quotidiennement *Virasana* et *Supta Virasana* (voir *Ardha Baddha Padmottanasana*).

PHASE 2
A partir de là, abaissez la cuisse droite jusqu'à ce que le genou droit touche le sol. Établissez un angle de 90° entre les cuisses. En pointant et en inversant le pied droit, amenez le talon droit dans l'aine droite, ou le plus près possible de celle-ci. Vous êtes maintenant en position de *Janushirshasana* A. En utilisant cette posture comme transition avant d'entrer en demi-lotus, vous préparez le groupe de muscles adducteurs. En gardant le pied pointé et inversé, tirez le genou loin vers la droite pour étirer davantage les adducteurs. Les adducteurs tendus constituent le principal obstacle aux postures du lotus et du demi-lotus. Cette méthode permet aux débutants de bénéficier d'une ouverture maximale. Il n'est pas recommandé aux

débutants de tirer le pied en position sans avoir d'abord relâché les adducteurs. Ce mouvement peut être répété plusieurs fois pour produire l'effet désiré.

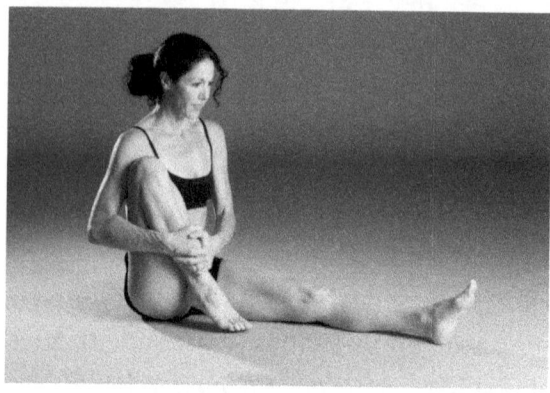

entrer dans Ardha Baddha Padma Pashimottanasana phase 1

entrer dans Ardha Baddha Padma Pashimottanasana phase 2

entrer dans Ardha Baddha Padma Pashimottanasana phase 3

PHASE 3
Ramenez le talon vers le nombril. Le passage par le nombril lors de l'entrée en demi-lotus permet de s'assurer que l'articulation du genou reste scellée.

PHASE 4
Ramenez ensuite le pied droit vers l'aine gauche. Passez votre bras droit dans votre dos pour lier le gros orteil droit. La paume est tournée vers le bas. La paume tournée vers le haut entraînerait une rotation interne excessive de l'humérus et, par conséquent, une flexion de l'épaule. Une incapacité à relier est souvent due à une raideur de l'épaule droite en raison d'un muscle petit pectoral (*pectoralis minor*) court (voir figure 13). Dans ce cas, tendez le bras droit vers le haut et le côté droit. Tournez le bras vers l'intérieur de façon que la paume soit tournée vers l'arrière. Tendez le bras loin derrière, en abaissant la main. Abaissez la ceinture scapulaire avec une abduction et une dépression de l'omoplate, pour éviter de projeter l'épaule vers l'avant. Au fur et à mesure que vous avancez, relâchez le muscle qui tire l'épaule vers l'avant (petit pectoral). Si vous n'arrivez toujours pas à atteindre les orteils, travaillez intelligemment en *Parshvottanasana, Prasarita Padottanasana* C, *Urdhva Dhanurasana* et Chien tête en haut et tête en bas. Ces postures réduisent la tension dans les épaules.

Si vous n'arrivez pas à lier votre gros orteil, vous n'êtes pas prêt à vous pencher vers l'avant dans cette posture. Si le pied est situé sur la cuisse plutôt que dans l'aine, la flexion vers l'avant peut solliciter les ligaments et/ou endommager le cartilage.

ASHTANGA YOGA LA PREMIÈRE SÉRIE

Ardha Baddha Padma Pashimottanasana, vinyasa sept

Au lieu de cela, continuez à travailler sur l'ouverture des hanches. Asseyez-vous bien droit et continuez d'amener le pied vers le haut avec la main gauche pendant que vous travaillez l'extension de la jambe gauche. Soyez patient. De nombreuses autres postures vous aideront à assouplir les articulations de la hanche et les adducteurs. Vous serez alors en mesure d'exécuter la posture en toute sécurité.

Si vous avez réussi à relier le pied droit, placez doucement le genou sur le côté et vers le sol. La main gauche avance et saisit l'extérieur du pied gauche. En inspirant, soulevez la poitrine et tendez le bras gauche. Alignez vos hanches et vos épaules sur la jambe droite.

Vinyasa huit

En expirant, fléchissez vers l'avant. La jambe tendue travaille de la même manière que les jambes dans *Pashimottanasana*. Pour placer le pied droit dans l'aine gauche, nous avons effectué une rotation externe (latérale) de la cuisse. Le travail dans posture, consiste à effectuer maintenant une rotation médiale de la cuisse. Pour faciliter la rotation médiale, gardez le pied droit pointé et inversé. Les muscles qui effectuent la rotation vers l'intérieur - deux ischio-jambiers (semi-membraneux, semi-tendineux), un adducteur (*gracilis*), un abducteur (*gluteus minimus*) et un fléchisseur et abducteur de la hanche (*tensor fascia latae*) - ont tous tendance à aspirer la cuisse dans la hanche. Cela peut entraîner une augmentation de la tension dans le genou. Pour contrer ce phénomène, laissez le fémur s'éloigner vers l'extérieur de la hanche. Cette action libère les adducteurs et on ne saurait trop insister sur l'importance de cette action.

Continuez à amener doucement le genou vers le sol et vers le côté. L'angle idéal entre les deux cuisses est d'environ 40°, en fonction du rapport entre la longueur du tibia et celle du fémur de chaque individu. Le talon du pied repose sur le nombril pendant toute la durée de la posture. Ce n'est qu'à cette condition que le but de cette posture, qui est la purification du foie et de la rate, peut être atteint.

Ardha Baddha Padma Pashimottanasana

Alignez vos épaules au niveau de la jambe avant et maintenez-les à une distance égale du sol. Tirez vos coudes vers le côté, en les éloignant l'un de l'autre.

Les ischions s'ancrent, les fessiers s'écartent. Le sommet de la tête se dirige vers les pieds tandis que les omoplates se rapprochent des hanches. Maintenez la position pendant cinq respirations.

Vinyasa neuf
En inspirant, soulevez la poitrine et tendez le bras gauche.
En expirant, défaites le demi-lotus et posez les mains sur le sol.

Vinyasa dix En inspirant, soulevez-vous.

Vinyasa onze Expirez, *Chaturanga Dandasana*.

Vinyasa douze Inspirez en Chien tête en haut.

Vinyasa treize Expirez en Chien tête en bas.

Vinyasas quatorze à vingt Répétez la posture sur le côté gauche.

Triang Mukha Ekapada Pashimottanasana
FLEXION AVANT SUR UNE JAMBE, AVEC TROIS MEMBRES TOURNÉS VERS L'AVANT
Drishti Orteils

Vinyasa sept

En inspirant, sautez en position assise. Pliez la jambe droite vers l'arrière afin que le pied droit soit placé à l'extérieur de la fesse droite, avec la plante du pied et le talon orienté vers le haut. Par la suite, vous pouvez vous exercer à sauter et à replier la jambe en même temps, pour atterrir en position assise avec la jambe gauche tendue et le pied droit pointé vers l'arrière.

Si nécessaire, soulevez la cuisse droite du muscle du mollet et à l'aide de votre main dégagez le muscle du mollet vers l'extérieur. Maintenant, amenez l'ischion droit vers le sol. Ajustez la rotation du fémur pour vous assurer que la crête antérieure du tibia est bien dirigée vers le sol. La plupart des élèves devront effectuer une rotation latérale du fémur dans cette posture. La rotation médiale est nécessaire pour prendre la posture. Si vous ressentez une gêne ou une douleur au genou lorsque vous essayez d'ancrer votre ischion, faites preuve de compassion envers vous-même. L'incapacité à poser l'ischion droit est due à un quadriceps court et raide. Cela prévient la flexion complète de l'articulation du genou.

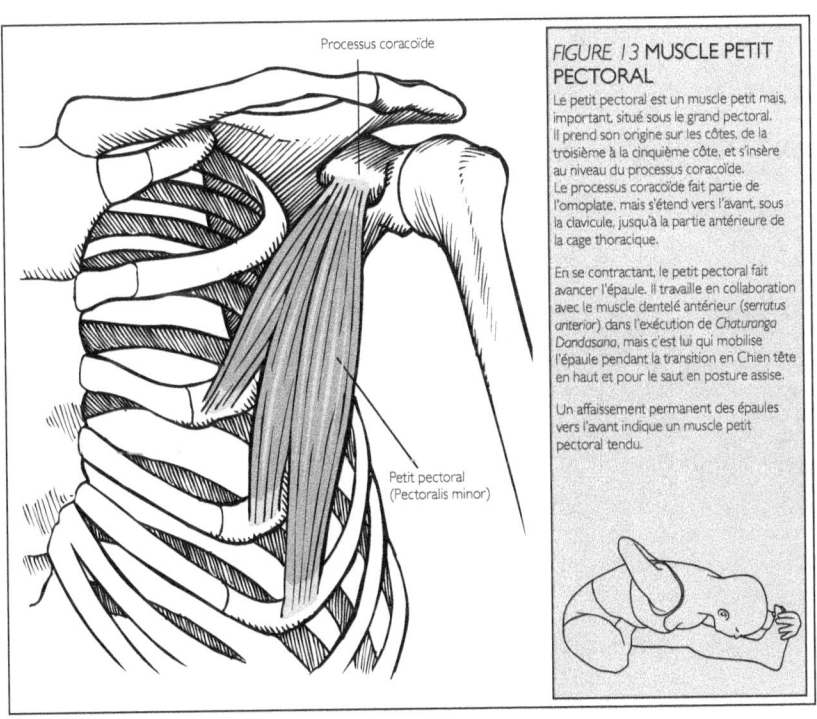

FIGURE 13 MUSCLE PETIT PECTORAL

Le petit pectoral est un muscle petit mais, important, situé sous le grand pectoral. Il prend son origine sur les côtes, de la troisième à la cinquième côte, et s'insère au niveau du processus coracoïde. Le processus coracoïde fait partie de l'omoplate, mais s'étend vers l'avant, sous la clavicule, jusqu'à la partie antérieure de la cage thoracique.

En se contractant, le petit pectoral fait avancer l'épaule. Il travaille en collaboration avec le muscle dentelé antérieur (*serratus anterior*) dans l'exécution de *Chaturanga Dandasana*, mais c'est lui qui mobilise l'épaule pendant la transition en Chien tête en haut et pour le saut en posture assise.

Un affaissement permanent des épaules vers l'avant indique un muscle petit pectoral tendu.

Pour laisser le temps aux quadriceps de s'allonger, asseyez-vous sur une couverture pliée. La couverture doit être placée sous les ischions et le pied doit être posé au sol. Ainsi le bassin peut basculer vers l'avant, cela rétabli la lordose du bas du dos et permet de s'assoir bien droit avec aisance. Un quadriceps tendu est souvent la cause de problèmes de genoux. Asseyez-vous en *Virasana* aussi souvent que possible pour les allonger (voir *Ardha Baddha Padma Pashimottanasana* pour une photographie de *Virasana*). Cette posture consiste en deux *Triang Mukha Ekapadas* combinées. Effectuée en dehors de la pratique du *vinyasa*, cette posture est encore plus efficace. La raideur résiduelle du muscle froid est alors ciblée - raideur qui peut ne pas être apparente lorsque les muscles sont échauffés. Restez le plus longtemps possible dans *Virasana* et les quadriceps s'allongeront rapidement. Comme pour *Triang Mukha*, il est essentiel que le pied ne soit pas tourné sur le côté et que le talon soit orienté vers le haut.

Triang Mukha Ekapada Pashimottanasana

Ancrez les deux ischions. Fléchissez vers l'avant pour saisir avec les deux mains le pied ou le tibia gauche. Au début, l'ischion droit peut avoir tendance à se soulever du sol et le corps à pencher sur le côté gauche. Pour empêcher cela, vous pouvez utiliser votre bras droit comme appuis, mais il est plus thérapeutique d'utiliser l'effort combiné des muscles profonds du tronc et le travail des deux jambes pour rester droit. Les deux cuisses doivent tourner vers la droite, ce qui signifie que la cuisse gauche doit effectuer une rotation médiale et la cuisse droite une rotation latérale. Les abdominaux, en s'allongeant de manière excentrique, attirent l'ischion droit vers le bas. Si vous sentez toujours que vous risquez de tomber sur le côté, surélevez la couverture sur laquelle vous êtes assis.

En inspirant, tendez les bras et soulevez la poitrine tout en maintenant le pied.

Vinyasa huit

En expirant, penchez-vous vers l'avant. Gardez les deux fesses bien ancrées et les épaules à une distance égale du sol. Au début, l'erreur la plus fréquente est de trop se concentrer sur l'aspect flexion avant de cette posture. Il est beaucoup plus important d'ancrer la fesse droite, qui travaille directement sur la hanche et développe la force abdominale. Outre les sauts en avant et en arrière, *Triang Mukha Ekapada Pashimottanasana, Marichyasana* A et *Navasana* sont les trois principales postures qui développent la force abdominale dans la Série. Cette force abdominale est indispensable, plus tard dans la Série, pour *Supta Kurmasana*. Dans cette posture, consacrez au moins 50 % de votre effort au travail des hanches - en ancrant l'os fessier et en étirant le quadriceps - et le reste à la flexion avant. Avec son étirement des quadriceps et la construction de la force abdominale, cette humble posture est l'une des plus sous-estimées dans le cadre de la Première Série.

Étirez-vous depuis le talon et la base des orteils du pied gauche. En vous penchant vers l'avant, veillez à soulever le cœur vers le pied et à garder le bas du dos plat. Allongez-vous depuis le bas du dos et laissez les fessiers s'étaler. Ne courbez pas les épaules. Allongez la nuque. En pratiquant de cette manière, vous aurez peut-être l'air plus raide, mais aussi plus élégant. Le maintien de l'intégrité interne des postures rend la pratique beaucoup plus efficace. Maintenez ce *vinyasa*, qui constitue l'état de l'asana, pendant cinq respirations.

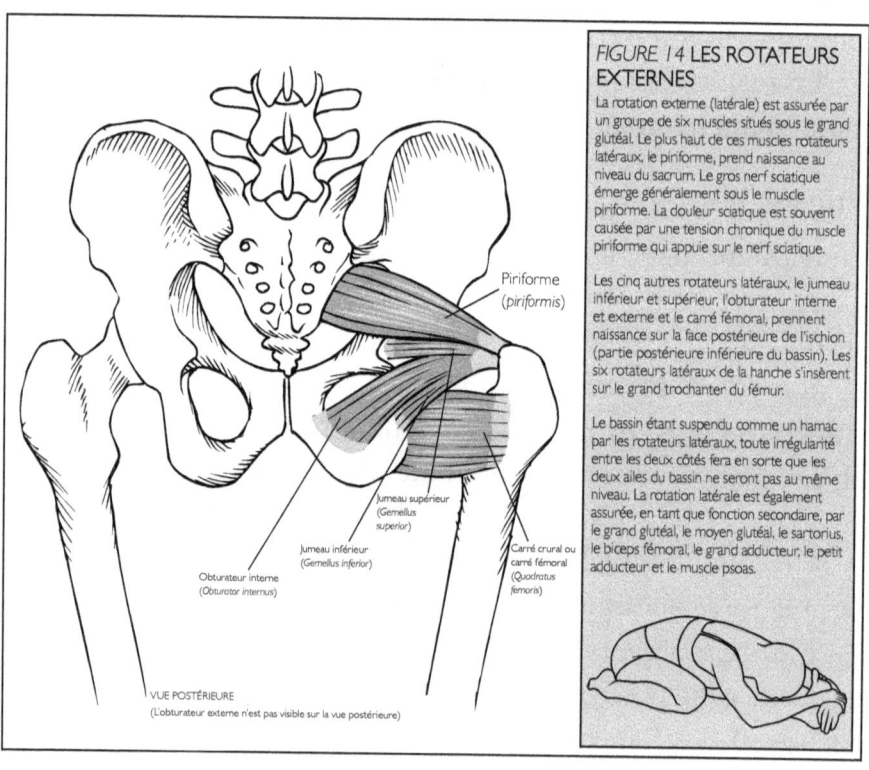

FIGURE 14 LES ROTATEURS EXTERNES

La rotation externe (latérale) est assurée par un groupe de six muscles situés sous le grand glutéal. Le plus haut de ces muscles rotateurs latéraux, le piriforme, prend naissance au niveau du sacrum. Le gros nerf sciatique émerge généralement sous le muscle piriforme. La douleur sciatique est souvent causée par une tension chronique du muscle piriforme qui appuie sur le nerf sciatique.

Les cinq autres rotateurs latéraux, le jumeau inférieur et supérieur, l'obturateur interne et externe et le carré fémoral, prennent naissance sur la face postérieure de l'ischion (partie postérieure inférieure du bassin). Les six rotateurs latéraux de la hanche s'insèrent sur le grand trochanter du fémur.

Le bassin étant suspendu comme un hamac par les rotateurs latéraux, toute irrégularité entre les deux côtés fera en sorte que les deux ailes du bassin ne seront pas au même niveau. La rotation latérale est également assurée, en tant que fonction secondaire, par le grand glutéal, le moyen glutéal, le sartorius, le biceps fémoral, le grand adducteur, le petit adducteur et le muscle psoas.

Piriforme (*piriformis*)
Jumeau supérieur (*Gemellus superior*)
Jumeau inférieur (*Gemellus inférior*)
Obturateur interne (*Obturator internus*)
Carré crural ou carré fémoral (*Quadratus femoris*)

VUE POSTÉRIEURE
(L'obturateur externe n'est pas visible sur la vue postérieure)

Vinyasa neuf

En inspirant, soulevez la poitrine, en tenant toujours le pied.

En expirant, placez vos mains sur le sol. Il y a deux façons de sauter en arrière :
- Au compte de dix, levez la jambe du sol et sautez en arrière. Cette version demande un peu plus de souplesse, mais étant donné que l'on peut s'aider pour sauter, du pied droit en repoussant le sol, elle n'est pas aussi exigeante sur le plan de la force.
- Placez la jambe droite en *Dandasana* et sautez en arrière.

Cela permet de se soulever plus proprement et de générer une plus grande force. C'est donc la méthode préférée pour commencer.

Vinyasa dix
En inspirant, soulevez-vous.

Vinyasa onze
Expirez, *Chaturanga Dandasana*.

Vinyasa douze
Inspirez en Chien tête en haut.

Vinyasa treize
Expirez dans la position du chien tête en bas.

Vinyasas quatorze à vingt
Répétez la posture sur le côté gauche.

Janushirshasana A
LA POSTURE DE LA TÊTE AU-GENOU A
Drishti Orteils

Janushirshasana A, comme aucune autre posture, combine les deux thèmes principaux de la Première Série - la flexion avant et la rotation des hanches. *Pashimottanasana* et *Baddha Konasana* sont les postures fondamentales de ces deux actions. La pratique de *Janushirshasana* A revient en fait à exécuter *Pashimottanasana* sur une jambe et *Baddha Konasana* sur l'autre. Il peut y avoir des postures plus exaltantes dans la séquence, mais c'est *Janushirshasana* A qui nous permet le plus d'expérimenter les principes sous-jacents de la Première Série.

Vinyasa sept

En inspirant, sautez assis en *Dandasana*. Pliez le genou et ramenez la cuisse droite vers l'arrière, en essayant de créer un angle de 90º entre les cuisses. Cette action, appelée abduction, flexion de la hanche et rotation latérale du fémur, est principalement réalisée par le muscle sartorius. Pointez et inversez le pied droit, ce qui favorise la rotation médiale du fémur. Ramenez le talon droit dans l'aine droite, afin de fermer complètement l'articulation du genou. Idéalement, le talon droit devrait toucher l'aine droite, mais les débutants peuvent avoir besoin d'un certain temps pour travailler à allonger suffisamment leur quadriceps. Cet allongement doit être acquis dans la posture précédente, *Triang Mukha Ekapada Pashimottanasana*. Nous pouvons maintenant bouger toute la jambe pliée comme une unité, en minimisant les frictions dans l'articulation du genou.

ASANA

Janushirshasana A

Tandis que vous vous avancez vers le pied gauche pour le saisir, la cuisse droite commence son mouvement opposé, en roulant vers l'avant (rotation médiale). Si possible, la main gauche lie le poignet droit. En inspirant, soulevez votre cœur et placez vos épaules de face vers le pied gauche. Soulevez tout l'avant du corps tandis que les omoplates descendent le long du dos et que les os fessiers s'ancrent dans le sol.

FICHE ANATOMIQUE
Le lotus du Bouddha
Le fait de pointer le pied en entrant en *Janushirshasana* A permet au tibia de suivre la rotation médiale du fémur jusqu'à ce que son bord antérieur (c'est un os triangulaire) pointe vers la terre et le talon vers le ciel. Ce mouvement fondamental peut être appliqué dans toutes les postures du lotus. Il permet de s'asseoir dans la posture du lotus avec les talons et la plante des pieds tournés vers le haut, comme dans les représentations

du Bouddha. C'est la position anatomiquement correcte. La position adoptée par de nombreux Occidentaux, dans laquelle les talons et la plante des pieds sont tournés vers l'abdomen, exerce une pression excessive sur les articulations des genoux.

Inverser le pied tout en le pointant approfondit l'enroulement médial de la cuisse, approfondissant ainsi la position du lotus. La combinaison de ces actions crée un vecteur d'énergie à partir de l'aine. Cela compense la tendance des débutants à aspirer la cuisse dans la hanche, ce qui raccourcit les adducteurs et crée un obstacle à l'ouverture des hanches. Toutes les rotations de hanche exigent que les adducteurs soient relâchés et allongés.

L'allongement le long de l'intérieur des cuisses en *Janushirshasana* A relâche les adducteurs et réduit la pression sur le genou. Le genou descend doucement vers le bas et l'arrière (abduction du fémur), ce qui augmente la longueur des adducteurs.

On observe chez de nombreux Occidentaux des adducteurs habituellement courts (voir figure 17). Notre culture nous apprend à gouverner et à soumettre la nature ; nous nous plaçons au-dessus de la nature. Cela se reflète dans notre habitude de nous asseoir sur des chaises - au-dessus de la terre et éloignés d'elle. Les Asiatiques et les représentants de nombreuses autres civilisations s'asseyaient à même le sol. Cela correspond à une conception selon laquelle l'homme fait partie de la nature et n'en est pas le maître. Et le fait de s'asseoir sur le sol laisse les articulations des hanches ouvertes.

Vinyasa huit

En expirant, penchez-vous vers l'avant aligné sur l'intérieur de la jambe tendue. La jambe gauche et le torse suivent les instructions de *Pashimottanasana*. Le pied droit est pointé et inversé. La cuisse roule vers l'avant (rotation médiale) et se dirige vers l'arrière jusqu'à ce qu'un équilibre soit atteint. Chaque mouvement doit contenir son contre-mouvement. Dans le cas présent, la rotation de la cuisse vers l'intérieur se termine lorsque l'on retourne à l'état neutre par rapport à la rotation externe qui nous a permis d'entrer dans la posture. La réceptivité est nécessaire pour reconnaître l'état neutre et ainsi évite d'exécuter le mouvement de façon excessive. Travaillez pendant cinq respirations dans cette posture. Les deux épaules sont maintenues à une distance égale du sol.

Janushirshasana A allonge parfaitement le carré des lombes (*quadratus lumborum*), un petit muscle extenseur du dos situé au niveau lombaire. Allongez le bas du dos, en essayant d'aligner l'ensemble de la poitrine sur la jambe tendue. Gardez la nuque longue. Le fait d'avancer le menton dans une tentative ambitieuse de le faire toucher le tibia nuit à l'irrigation sanguine et nerveuse du cerveau, et les muscles du cou en se contractant ont la force d'entraîner une subluxation des vertèbres cervicales. Cette action cultive une attitude agressive de battant et une diminution de la compassion.

Il est souvent utile que l'enseignant place un doigt sur une vertèbre particulière et encourage l'élève à la soulever vers le haut, la vertèbre C7 étant une vertèbre qui a souvent besoin d'être soutenue. Les élèves qui ont tendance aux entorses cervicales ou qui ont un syndrome cervical traumatique doivent maintenir l'alignement du cou avec l'arrière de la tête et la colonne vertébrale. Ne levez pas les yeux vers le pied tant que le cou n'est pas guéri. Maintenez *Janushirshasana* A pendant cinq respirations.

Vinyasa neuf

En inspirant, tenez toujours le pied, soulevez le buste et tendez les bras. En expirant, placez les mains au sol, prêt à vous soulever.

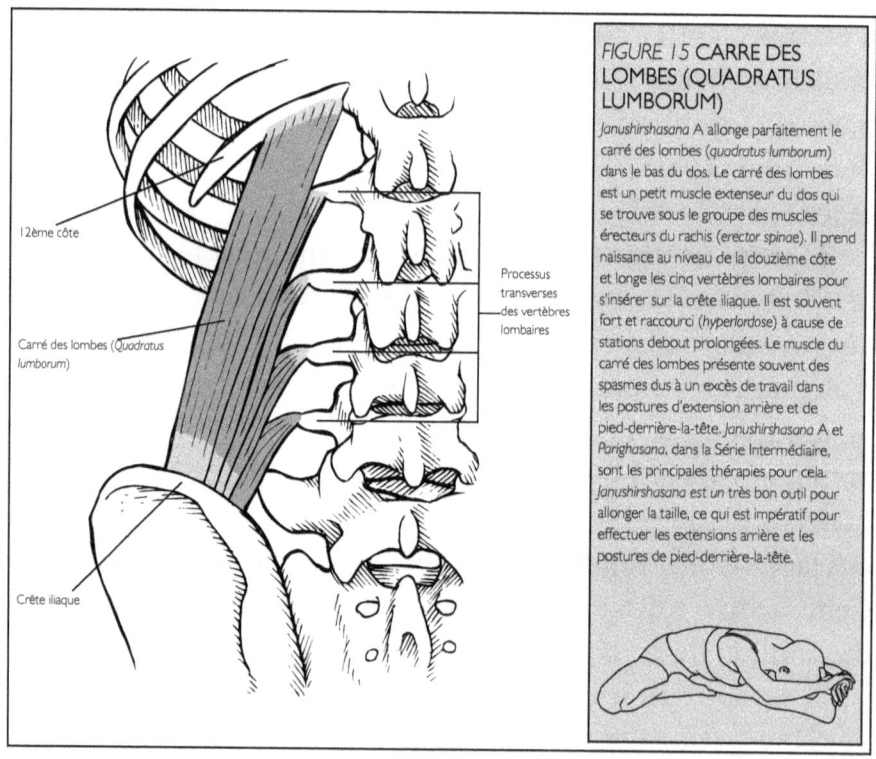

FIGURE 15 CARRÉ DES LOMBES (QUADRATUS LUMBORUM)

Janushirshasana A allonge parfaitement le carré des lombes (*quadratus lumborum*) dans le bas du dos. Le carré des lombes est un petit muscle extenseur du dos qui se trouve sous le groupe des muscles érecteurs du rachis (*erector spinae*). Il prend naissance au niveau de la douzième côte et longe les cinq vertèbres lombaires pour s'insérer sur la crête iliaque. Il est souvent fort et raccourci (hyperlordose) à cause de stations debout prolongées. Le muscle du carré des lombes présente souvent des spasmes dus à un excès de travail dans les postures d'extension arrière et de pied-derrière-la-tête. *Janushirshasana* A et *Parighasana*, dans la Série Intermédiaire, sont les principales thérapies pour cela. *Janushirshasana* est un très bon outil pour allonger la taille, ce qui est impératif pour effectuer les extensions arrière et les postures de pied-derrière-la-tête.

Vinyasa dix

En inspirant, soulevez-vous.

ASANA

Vinyasa onze
Expirez, *Chaturanga Dandasana*.

Vinyasa douze
Inspirez en Chien tête en haut.

Vinyasa treize
Expirez en chien tête en bas.

Vinyasas quatorze à vingt
Répétez la posture à gauche.

Janushirshasana B
POSTURE DE LA TÊTE AU GENOU B
Drishti Orteils

Vinyasa sept

En inspirant, sautez en position assise et pliez la jambe droite en la reculant vers l'arrière jusqu'à un maximum de 85° entre les deux cuisses. Placez la plante du pied droit fléchi (en flexion dorsale) contre l'intérieur de la cuisse gauche. Sans changer la position du pied droit, placez les mains au sol et soulevez les fesses du sol. Déplacez votre poids vers l'avant en laissant le talon gauche glisser sur le sol et asseyez-vous sur l'intérieur du pied droit (plutôt que sur le talon uniquement). Les orteils du pied droit sont toujours dirigés vers l'avant en direction du pied gauche.

En *Janushirshasana* B, le pied droit est fléchi et la cuisse droite effectue une rotation latérale, contrairement à *Janushirshasana* A, où le pied est pointé et la cuisse en rotation médiale. Ces deux mouvements des cuisses sont essentiels pour ouvrir les articulations des hanches en vue des postures plus avancées.

Les personnes dont le tibia est court par rapport à la longueur du fémur devront avancer le genou de plus de 85º pour trouver une assise confortable sur le pied. Les deux os fessiers sont décollés du sol. Placez le buste perpendiculairement à la jambe gauche et fléchissez vers l'avant pour saisir le pied gauche.

Les élèves souples peuvent contourner le pied pour saisir le poignet droit avec la main gauche. En inspirant, soulevez la poitrine et tendez les bras.

Installation en Janushirshasana B

Janushirshasana B

Vinyasa huit

En expirant, penchez-vous vers l'avant, en gardant la colonne vertébrale et le cou alignés. La zone du rein droit avance vers le pied gauche pour tenter d'aplatir le dos. Les épaules sont à égale distance du sol.

Ramenez les omoplates vers les fessiers. Le bas-ventre et le plancher pelvien sont fermes. Les fessiers relâchés et les ischions s'étendent vers l'arrière sans toucher le sol. Le genou droit s'ancre tandis que la cuisse droite roule latéralement jusqu'à la position neutre. Le cœur et le sommet de la tête se dirigent vers le pied gauche. Maintenez *Janushirshasana* B pendant cinq respirations.

Vinyasa neuf

En inspirant, tout en tenant le pied, soulevez la poitrine et tendez les bras.

En expirant, défaites la jambe et placez les mains au sol.

Vinyasa dix
En inspirant, soulevez-vous.

Vinyasa onze
Expirez, *Chaturanga Dandasana*.

Vinyasa douze
Inspirez en Chien tête en haut.

Vinyasa treize
Expirez dans la position du chien tête en bas.

Vinyasas quatorze à vingt
Répétez la posture à gauche.

Janushirshasana C
POSTURE DE LA TÊTE AU GENOU C
Drishti Orteils

Vinyasa sept

En inspirant, sautez en position assise. Pliez la jambe droite comme si vous la mettiez en demi-lotus, mais avec le pied fléchi. Passez votre bras droit entre l'intérieur de la cuisse et le dessous du mollet. Tenez l'avant du pied, en ramenant les orteils vers le tibia. En gardant le pied et les orteils fléchis, ramenez le talon vers le nombril. Laissez la cuisse droite rouler médialement, jusqu'à ce que vous puissiez placer la base des orteils sur le sol, le long de l'intérieur de la cuisse gauche.

ASANA

Idéalement, votre pied devrait être à la verticale du sol, le talon se trouvant directement au-dessus des orteils et pointant vers le haut. Si ce n'est pas encore le cas, placez vos mains sur le sol, soulevez vos ischions et glissez doucement vers l'avant pour redresser le pied. Poursuivez la rotation médiale de la cuisse.

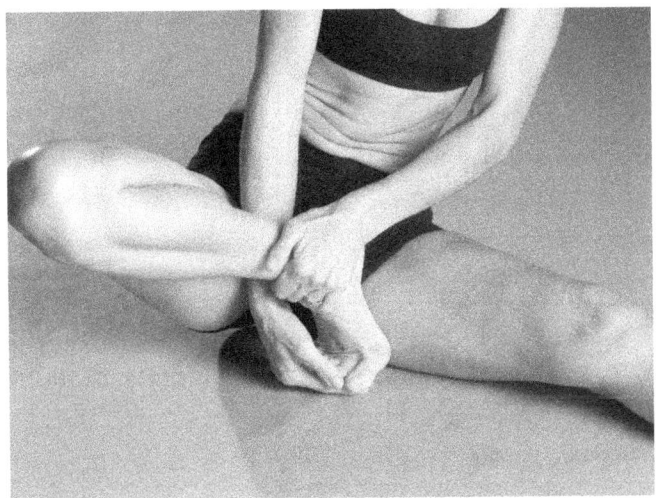

Installation en Janushirshasana C

Janushirshasana C

Placez les hanches alignées de face et laissez le genou droit trouver sa position. Celle-ci dépend de la position finale du talon : plus le talon sera droit, plus le genou sera avancé. Lorsque le talon se trouve directement au-dessus des orteils, le genou se placera à 45° par rapport à la jambe gauche. Ramenez le genou vers le sol. Il peut être nécessaire de soulever la fesse gauche du sol pour faire descendre le genou. Avec l'aide de la gravité, la fesse soulevée finira par rejoindre le sol. Pour amener le genou au sol par une action musculaire, il faudrait contracter les ischio-jambiers, ce qui est contre-indiqué dans cette posture car cela aspire la cuisse dans l'articulation de la hanche.

Prenez votre temps pour cette posture. Si nécessaire, restez des semaines ou des mois dans l'une des phases décrites ci-dessus. Correctement exécutée, cette posture est très thérapeutique pour les genoux et peut guérir l'inflammation chronique des genoux.

Si vous pouvez suivre les instructions jusqu'ici, fléchissez pour relier le pied gauche. Les élèves souples peuvent attraper le poignet droit avec la main gauche. En inspirant, soulevez la poitrine et tendez les bras.

Vinyasa huit

En expirant, penchez-vous vers l'avant au-dessus de l'intérieur de la jambe gauche. Poursuivez la rotation médiale de la cuisse. Tandis que le genou droit reste en contact avec le sol, l'os fessier gauche descend pour rejoindre le sol. Continuez à fléchir le pied droit, en l'amenant plus profondément dans l'aine gauche. Le talon doit appuyer sur le bas de l'abdomen. Chez les femmes, le talon presse contre l'utérus. Cette posture est particulièrement thérapeutique pour le système reproducteur féminin, tout comme *Janushirshasana* B l'est pour le système reproducteur masculin.

ASANA

Le pied gauche est entre une position fléchie et une position pointée, le dessous de la jambe travaillant activement. Le fémur droit s'étend à partir de l'articulation de la hanche. L'extension vers l'extérieur, le long de l'intérieur de la cuisse droite, permet de relâcher les adducteurs.

Comme dans toutes les postures où le *drishti* se pose sur les orteils, il est essentiel de ne pas plier le cou. Si l'alignement est correct, le menton finira par rejoindre le tibia. Ne compromettez jamais l'alignement de la colonne vertébrale pour atteindre des objectifs illusoires ; conservez toujours l'intégrité intérieure des postures et vous atteindrez les véritables objectifs du yoga. Restez ici pendant cinq respirations.

Vinyasa neuf
En inspirant, soulevez votre poitrine tout en tenant le pied.
En expirant, défaite la jambe droite de sa position et placez vos mains sur le sol.

Vinyasa dix
En inspirant, soulevez-vous.

Vinyasa onze
Expirez, *Chaturanga Dandasana*.

Vinyasa douze
Inspirez en Chien tête en haut.

Vinyasa treize
Expirez en chien tête en bas.

Vinyasas quatorze à vingt
Répétez la posture à gauche.

Marichyasana A

POSTURE DU RISHI MARICHI A
Drishti Orteils

Vinyasa sept

En inspirant, sautez assis en *Dandasana*. Pliez la jambe droite et placez le pied droit à l'extérieur de la hanche droite, aussi loin que possible vers l'arrière. Gardez une largeur d'environ deux mains, ou un espace suffisant pour votre torse, entre le pied droit et l'intérieur de la cuisse gauche. Le pied droit est parallèle à la jambe gauche et non pas tourné vers l'extérieur. Avec le bras droit, tendez le bras vers l'avant jusqu'à ce que votre épaule se trouve devant le genou. Enroulez votre bras droit autour du tibia, idéalement à mi-chemin entre le genou et la cheville. Au fur et à mesure que vous progresserez dans vos flexions avant, vous pourrez enrouler le bras plus bas sur le tibia. Travaillez pour tenter de lier dans le dos le poignet gauche avec la main droite. En inspirant, levez le cœur. La fesse droite quitte délibérément le sol.

CONSEIL PRATIQUE

Le cadeau
Marichyasana A est comme une flexion avant avec un handicap. C'est un véritable défi pour ceux ayant des ischio-jambiers tendus. La tendance ici est d'éviter de placer du poids sur la jambe pliée, mais de se propulser plutôt sur la jambe tendue. Cela va à l'encontre de l'objectif même de la posture : assouplir la hanche de la jambe pliée. Cette posture prépare les hanches des *Kurmasanas*. Cette souplesse est nécessaire pour placer la jambe derrière la tête.

ASANA

L'action de la flexion avant est réalisée uniquement par les fléchisseurs de la hanche et est soutenue par les pieds, les jambes et le tronc. Les mains étant liées, la tentation d'utiliser nos bras pour nous aider à nous pencher vers l'avant dans les *Marichyasanas*, disparaît. *Marichyasana* A offre l'avantage thérapeutique de renforcer ces muscles. Le handicap devient un cadeau.

Vinyasa huit

En expirant, basculez le bassin vers l'avant et allongez le buste. Gardez le poids, et donc l'action, dans le pied de la jambe pliée. Utilisez les deux pieds, les deux jambes et les deux fléchisseurs de la hanche pour vous projeter vers l'avant. Continuez à avancer votre cœur et à placer votre poitrine centrée sur la jambe droite. Pour approfondir doucement la posture, une fois fléchi, ancrez la fesse droite vers le sol et soulevez le genou droit pour l'éloigner du sol. Le talon de la jambe tendue continue d'appuyer sur le sol.

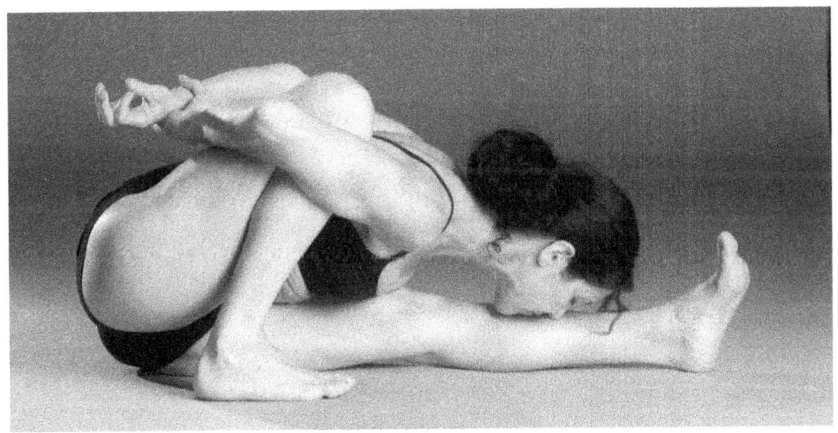

Marichyasana A

> **CONTEXTE MYTHOLOGIQUE**
> *Le Rishi Marichi*
> *Nous entamons ici un nouveau groupe de postures, appelées Marichyasana, qui sont avant tout des exercices d'ouverture des hanches. Elles sont dédiées au Maharishi Marichi (qui signifie rayon de lumière). Marichi est l'un des six fils nés de l'esprit du Seigneur Brahma et le père du Rishi Kashyappa, qui est l'ancêtre des dieux, des démons, des humains et des animaux. Marichi apparaît à plusieurs reprises dans le Mahabharata, où il célèbre la naissance d'Arjuna et rend visite à Bhishma sur son lit de mort. Dans le Bhagavata Purana, nous apprenons que Marichi a accompli un rituel pour purifier le seigneur Indra du péché qu'il avait commis en tuant le brahmin Vrtra. Après la fin de sa vie terrestre, Marichi serait devenu l'une des étoiles de la constellation Ursa Major.*

Soulevez votre cœur en l'éloignant du genou, mais en avançant vers le pied gauche. Cette action permet non seulement d'éviter de courber le dos, mais aussi de renforcer les muscles du dos en sollicitant les extenseurs du tronc. Maintenez cette posture pendant cinq respirations.

Vinyasa neuf
En inspirant, remontez et relâchez les mains. En expirant, posez les mains sur le sol, en gardant si possible le genou derrière l'épaule.

Vinyasa dix
En inspirant, soulevez-vous.

Vinyasa onze
Expirez, *Chaturanga Dandasana*.

Vinyasa douze
Inspirez en Chien tête en haut.

Vinyasa treize
Expirez en chien tête en bas.

Vinyasas quatorze à vingt
Répétez la posture à gauche.

Marichyasana B
POSTURE DU RISHI MARICHI B
Drishti Nez

Marichyasana A et B sont presque identiques, la seule différence étant que la jambe qui est tendue en A est en demi-lotus en B.

Vinyasa sept
En inspirant, sautez en position assise et tendez les jambes. Pliez la jambe gauche et placez-la en demi-lotus de la manière décrite dans *Ardha Baddha Padma Pashimottanasana*. Pliez la jambe droite, en soulevant l'ischion droit du sol et en ramenant le genou gauche vers le sol. Placez le pied droit de sorte que la cheville droite soit alignée avec le grand trochanter du fémur (la partie osseuse extérieure de l'articulation de la hanche).

Tirez le genou gauche sur le côté jusqu'à ce qu'un angle de 45º soit atteint entre les deux cuisses. Veillez à maintenir cet angle lorsque vous vous penchez vers l'avant. Avec le genou loin sur le côté, cette posture est très efficace pour ouvrir les hanches. Dans le cas contraire, elle devient une simple flexion vers l'avant.

Tendez le bras droit vers le haut pour étirer la taille droite, ensuite loin vers l'avant à l'intérieur du genou, jusqu'à ce que l'épaule droite se trouve en avant du genou droit. Restez aussi bas que possible, l'idéal, étant de fixer l'épaule à mi-chemin entre le genou et la cheville droite. Ensuite, avec le bord extérieur des côtes droites contre l'intérieur de la cuisse droite, enroulez le bras autour de la jambe et, si possible, saisissez le poignet du bras gauche avec la main droite. En tenant le poignet, inspirez profondément et soulevez la poitrine.

Marichyasana B, vinyasa sept

ASANA

Marichyasana B

Vinyasa huit

En expirant, penchez-vous vers l'avant, en plaçant votre torse au centre, entre le pied droit et le genou gauche. En même temps, empêchez le genou gauche de se déplacer vers le centre en amenant l'articulation de la hanche droite vers l'avant. Plutôt que de vous pencher vers le genou gauche, fléchissez vers l'avant le long de l'intérieur de la cuisse droite, en maintenant toujours le contact avec l'extérieur des côtes.

En même temps, faites une rotation médiale de la cuisse gauche et étirez-vous le long de l'intérieur de cette cuisse. Placez le front et, lorsque cela est devenu facile, le menton sur le sol, sans jamais compromettre la position du cou. Le cœur s'avance vers le sol, soutenu par des abdominaux puissants.

Un problème fréquemment rencontré en *Marichyasana* B, est une douleur à l'extérieur de la cheville de la jambe en demi-lotus.

Cette douleur est due à une inversion excessive de la cheville, elle-même provoquée par un manque de rotation médiale du fémur. Toutes les postures de lotus et de demi-lotus doivent être effectuées avec un fémur en rotation médiale. Si ce n'est pas le cas en raison d'une hanche non mobile, c'est souvent l'articulation du genou, mais dans ce cas l'articulation de la cheville, qui en fait les frais. La solution consiste d'abord à éviter l'inversion de la cheville en utilisant le groupe des muscles fibulaires, ou péroniers sur l'extérieur de la jambe. L'action d'éversion de ce groupe de muscles ramènera le pied à la position pointée neutre. La tension créatrice qui en résulte doit maintenant être dirigée vers l'articulation de la hanche et le fémur doit tourner en rotation médiale. Si cela n'est pas possible, étudiez de plus près la rotation médiale dans les postures précédentes.

Restez en *Marichyasana* B pendant cinq respirations.

Vinyasa neuf

En inspirant, redressez-vous et asseyez-vous en vous grandissant autant que possible, en gardant les mains liées. En expirant, relâchez les mains, tendez d'abord la jambe fléchie du côté droit, puis défaite la jambe du demi-lotus et posez les mains sur le sol.

Vinyasa dix
En inspirant, soulevez-vous.

Vinyasa onze
Expirez, *Chaturanga Dandasana*.

Vinyasa douze
Inspirez en Chien tête en haut.

Vinyasa treize
Expirez en chien tête en bas.

Vinyasas quatorze à vingt
Répétez la posture à gauche.

Marichyasana C
POSTURE DU RISHI MARICHI C
Drishti Côté

Marichyasana C est la première torsion assise. La colonne thoracique (haut du dos) de la vertèbre T1 à T12, est conçue pour les torsions. À cet endroit, grâce à l'angle des facettes articulaires, on retrouve la plus grande amplitude possible en matière de rotation de la colonne vertébrale. La plus grande partie des torsions se passe là. Les torsions étirent les muscles intercostaux qui se situent entre les côtes. Comme des muscles intercostaux tendus et raccourcis sont l'un des principaux obstacles aux extensions arrière, les torsions en sont la préparation idéale. La colonne lombaire, qui est très souple dans les flexions avant et arrière, est limitée dans sa capacité à réaliser des torsions. Cela lui confère la stabilité nécessaire. Une torsion excessive de la colonne lombaire peut déstabiliser le bas du dos, c'est pourquoi il faut désaligner les hanches dans les torsions assises et diriger la torsion vers le haut du dos.

Vinyasa sept
En inspirant, sautez en position assise et installez-vous en *Marichyasana* C sur le même compte. Pliez la jambe droite vers

le haut et placez le pied près de la cuisse gauche. Ramenez la hanche droite vers l'arrière avec le pied jusqu'à ce que les hanches ne soient plus au même niveau. La jambe gauche reste tendue. Les débutants peuvent placer la main droite derrière les ischions (les doigts pointant vers l'arrière) pour se soutenir. Détendez-vous au niveau de la taille. Tendez le bras gauche pour l'enroulez autour de la jambe fléchie, tout en étirant la taille et, en expirant, placez le côté des côtes gauches contre la cuisse droite jusqu'à ce qu'il n'y ait plus d'espace. Le bras gauche entoure le genou. Attrapez le poignet droit avec la main gauche. Tournez la tête et regardez par-dessus votre épaule droite.

Marichyasana C

Asseyez-vous et redressez-vous. Ancrez les os fessiers au sol uniformément. En même temps, le sommet de la tête s'élève vers le plafond. Les omoplates glissent le long du dos ; le cœur flottant vers l'avant. Gardez le pied gauche perpendiculaire par rapport au sol. Contrez la tendance de la cuisse gauche à rouler vers l'extérieur en effectuant une rotation médiale du fémur.

Laissez le buste entier effectuer la rotation avec la respiration. Utilisez le bras gauche comme levier en le pressant contre le genou droit. Contrez la tendance du genou droit à traverser la ligne médiane du corps en engageant le groupe d'abducteurs droit, qui replacera le genou vers le côté. Maintenez *Marichyasana* C pendant cinq respirations.

En expirant, relâchez la posture, tournez-vous de face et posez les mains sur le sol. Vous pouvez garder la jambe fléchie et placer l'épaule droite devant le genou en l'ancrant, comme en *Marichyasana* A. Se soulever de cette façon développe une force supplémentaire. Si cela est trop difficile, soulevez-vous de la même manière que pour les autres postures.

Cette posture a un compte *vinyasa* plus court :

Vinyasa huit
En inspirant, soulevez-vous.

Vinyasa neuf
Expirez, *Chaturanga Dandasana*.

Vinyasa dix
Inspirez en Chien tête en haut.

Vinyasa onze
Expirez en chien tête en bas.

Vinyasas douze à seize
Répétez la posture à gauche.

Marichyasana D
POSTURE DU RISHI MARICHI D
Drishti Côté

Cette posture est comme *Marichyasana* C avec la jambe tendue qui est placée ici en demi-lotus.

Conditions préalables : Cette posture ne doit être exécutée qu'après avoir maîtrisé *Marichyasana* B.

Vinyasa sept

Inspirez et sautez pour vous assoir en *Dandasana*. Pliez la jambe gauche et placez-la en demi-lotus en appliquant la même méthode, la même précision et le même soin que décrits dans *Ardha Baddha Padma Pashimottanasana*. Pliez ensuite la jambe droite comme dans *Marichyasana* A, avec le pied droit aligné sur l'extérieur de l'articulation de la hanche droite. Ramenez la hanche droite vers l'arrière avec le pied droit, en décalant les hanches. Si nécessaire, soulevez la fesse droite du sol pour amener le genou gauche vers le sol. Vous êtes maintenant assis sur un solide trépied, composé du genou gauche, de la fesse gauche et du pied droit. C'est la même position que celle de *Marichyasana* B. Ici, au lieu de vous pencher vers l'avant, combinez cette assise avec la torsion de *Marichyasana* C.

Placez votre main droite sur le sol à l'arrière votre sacrum, les doigts pointant vers l'extérieur. Tournez le thorax vers la jambe droite, en alignant les épaules avec le genou plié. Placez votre coude gauche à l'extérieur du genou droit. En inspirant, allongez toute la colonne vertébrale et soulevez la poitrine en la libérant. En expirant, utilisez les muscles abdominaux obliques externes et internes pour faire glisser votre bras le long de votre genou, jusqu'à ce que votre épaule gauche soit à l'extérieur du genou droit. Il se peut que vous ayez besoin de plusieurs respirations pour amener l'épaule dans la bonne position. Ramenez la jambe droite verticale vers le centre, en utilisant vos muscles adducteurs (voir figure 17). Si vos adducteurs ont tendance à se spasmer, placez votre main droite sur l'extérieur du genou et amenez le genou vers la ligne médiane. Tournez le bras gauche en rotation interne, enroulez-le autour du genou et étendez-le jusqu'à ce qu'il soit derrière votre dos. (L'extension est définie comme le retour de la flexion, et la flexion de l'humérus est définie comme l'élévation du bras vers l'avant). À présent placez le bras droit derrière votre dos et crochetez vos doigts ou attrapez le poignet gauche avec la main droite.

Marichyasana D

Le fémur gauche tourne vers l'intérieur jusqu'à ce qu'il atteigne sa position neutre. En maintenant le genou gauche en contact avec le sol, laissez l'ischion droit s'alourdir. En inspirant, élevez l'avant de la poitrine et grandissez-vous. Tractez les deux épaules vers l'arrière et abaissez les omoplates. À chaque inspiration, élevez la poitrine au niveau du cœur pour contrer la tendance à la compression dans cette posture. Ainsi, la colonne vertébrale s'allonge uniformément dans les deux directions, les ischions se dirigent vers la terre et le cœur s'élève vers les cieux. Initiez un mouvement de spirale dans la colonne vertébrale et laissez l'espace créé entre chaque vertèbre approfondir davantage la spirale. Maintenez ce *vinyasa* pendant cinq respirations.

En expirant, relâchez les bras et tournez-vous vers l'avant. Tendez la jambe pliée puis défaites le demi-lotus (jamais dans l'autre sens, car cela mettrait le genou en danger). Posez les mains au sol.

Vinyasa huit
En inspirant, soulevez-vous.

Vinyasa neuf
Expirez, *Chaturanga Dandasana*.

Vinyasa dix
Inspirez en Chien tête en haut.

Vinyasa onze
Expirez en chien tête en bas.

Vinyasas douze à seize
Répétez la posture à gauche.

Note :
- Un dépôt de tissu adipeux (graisse) sur les cuisses ou l'abdomen rend cette posture très difficile à adopter et exerce une pression sur les articulations.
- Des ajustements en *Baddha Konasana* peuvent donner l'ouverture nécessaire aux articulations des hanches pour réaliser la posture sans stresser les genoux.
- Il est essentiel de maîtriser cette posture avant d'essayer *Supta Kurmasana*. *Marichyasana* D développe les muscles fléchisseurs et extenseurs du tronc ainsi que les abdominaux, de sorte que *Supta Kurmasana* puisse être exécuté en toute sécurité.
- *Marichyasana* D est l'un des trois postures principales créant la force de soutien dans la Première Série.

FICHE ANATOMIQUE

La force abdominale

L'action principale de la posture suivante est la flexion des hanches. Le poids des jambes a tendance à tirer le bassin vers l'avant. Ce phénomène est compensé par les muscles abdominaux, qui relève le pubis et font basculer le bassin vers l'arrière. C'est pourquoi *Navasana* est l'une des principales postures créant la force abdominale de la Première Série. Il s'agit donc d'une préparation importante à *Kurmasana*.

Navasana
POSTURE DU BATEAU
Drishti Orteils

Vinyasa sept En inspirant, sautez vers l'avant en *Dandasana*. Penchez-vous en arrière, en équilibre à l'arrière des ischions et à l'avant du sacrum. Soulevez vos jambes du sol jusqu'à ce qu'il y ait un angle droit (90º) entre le torse et les jambes. Essayez d'avoir les jambes tendues. Les orteils sont placés à la hauteur des yeux et les pieds pointés. À mesure que vous diminuez l'angle entre le torse et les jambes, moins de force est nécessaire.

Navasana

Tendez les bras vers les pieds, à hauteur des épaules. Tenez-les parallèlement au sol, les paumes tournées l'une vers l'autre. Ramenez vos bras vers l'arrière dans les articulations des épaules. N'affaissez pas le bas du dos. Maintenez le dos droit et l'élévation de votre cœur. Votre corps est la coque du bateau et vos bras en sont les rames. Maintenez *Navasana* pendant cinq respirations.

En revanche, si les abdominaux ne sont pas assez développés, le bas du dos risque d'être mis à rude épreuve dans cette posture. Pour les débutants, l'approche suivante est suggérée :

PHASE 1
En position assise, pliez les genoux vers la poitrine et attrapez-les. Relevez le cœur et, en gardant le dos droit, soulevez les pieds juste au-dessus du sol. Mettez les bras en position.

PHASE 2
Continuez à augmenter l'angle entre les genoux et la poitrine et à soulever les pieds du sol jusqu'à ce que les tibias soient parallèles au sol.

Navasana vinyasa 8

PHASE 3
Continuez de redresser les jambes jusqu'à ce que les abdominaux soient complètement engagés, mais que le dos reste droit.

Vinyasa huit

Croisez les jambes et, en inspirant, ancrez le souffle aux *bandhas* et soulevez-vous du sol. Fournissez un véritable effort et ne soyez pas satisfait si vous ne pouvez pas décoller du sol. Pour de nombreux élèves, cet exercice permet de progresser dans les sauts vers l'arrière et d'en ouvrir l'accès. Si vous ne pouvez vous soulever que légèrement, continuez à travailler jusqu'à ce que vous puissiez vous soulever en *Lollasana*. Ce mouvement donne la capacité d'enrouler le tronc en boule. Il enseigne le contrôle des *bandhas* et constitue la clé pour les sauts vers l'arrière. (Voir page 68 pour une photo de *Lollasana*).

En expirant, asseyez-vous. Répétez les deux derniers *vinyasas* quatre fois de plus, pour un total de cinq séries.

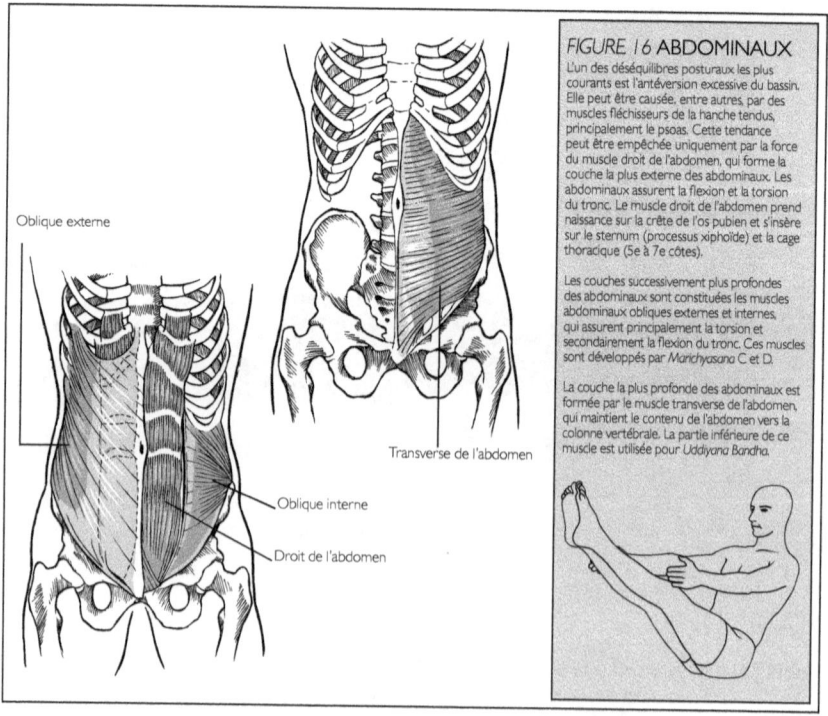

FIGURE 16 ABDOMINAUX

L'un des déséquilibres posturaux les plus courants est l'antéversion excessive du bassin. Elle peut être causée, entre autres, par des muscles fléchisseurs de la hanche tendus, principalement le psoas. Cette tendance peut être empêchée uniquement par la force du muscle droit de l'abdomen, qui forme la couche la plus externe des abdominaux. Les abdominaux assurent la flexion et la torsion du tronc. Le muscle droit de l'os pubien et s'insère sur le sternum (processus xiphoïde) et la cage thoracique (5e à 7e côtes).

Les couches successivement plus profondes des abdominaux sont constituées les muscles abdominaux obliques externes et internes, qui assurent principalement la torsion et secondairement la flexion du tronc. Ces muscles sont développés par *Marichyasana* C et D.

La couche la plus profonde des abdominaux est formée par le muscle transverse de l'abdomen, qui maintient le contenu de l'abdomen vers la colonne vertébrale. La partie inférieure de ce muscle est utilisée pour *Uddiyana Bandha*.

Vinyasa neuf
En expirant, soulevez-vous et glissez en *Chaturanga Dandasana*.

Vinyasa dix
Inspirez en Chien tête en haut.

Vinyasa onze
Expirez en chien tête en bas.

Bhujapidasana
POSTURE DES GENOUX SUR LES ÉPAULES
Drishti Nez

Vinyasa sept
Lors de l'inspiration, au lieu de sauter assis, sautez avec vos pieds autour de vos bras. Gardez les fesses soulevées pendant cette transition, une action qui nécessite le contrôle des *bandhas*. La clé est de continuer à inspirer tant que vous êtes en l'air, c'est-à-dire d'inspirer jusqu'à ce que l'intérieur de vos cuisses touche vos bras. Enroulez ensuite vos jambes autour de vos bras et croisez vos chevilles, de préférence sans toucher le sol avec les pieds. Si cela est trop difficile, essayez l'approche suivante :

PHASE 1
En inspirant, sautez vers l'avant de sorte que vos pieds atterrissent à l'extérieur de vos mains. Si vos mains sont espacées de la largeur du tapis, vos pieds seront juste à l'extérieur du

tapis. Sans décoller les mains du sol, tendez les jambes autant que les ischio-jambiers le permettent.

PHASE 2
Prenez le talon droit avec votre main droite et positionnez l'épaule droite derrière le genou droit. Répétez l'opération sur le côté gauche. Plus vous placerez vos épaules sous vos genoux, plus il vous sera facile de maintenir la posture. Replacez maintenant vos mains sur le sol, le plus près possible de vos pieds.

PHASE 3
Replacez lentement le poids dans vos mains jusqu'à ce que vos pieds quittent le sol. Si vous vous sentez à l'aise, soulevez les pieds et croisez les chevilles. Si vos genoux sont proches de vos épaules, la posture sera assez facile. S'ils se trouvent plus bas autour de vos coudes, il sera plus difficile de décoller les pieds du sol, car vos abdominaux devront s'engager plus intensément. Maintenez la posture pendant cinq respirations, puis déverrouillez vos chevilles et redressez vos jambes en inspirant. Repliez les jambes en pliant les genoux et sautez en arrière.

Vinyasa huit

En expirant, tournez les pieds de manière que les orteils pointent vers l'arrière, idéalement sans toucher le sol. Abaissez votre poitrine vers le sol en pliant les coudes vers l'arrière. Enfin, placez votre front et, une fois que c'est devenu facile, placez votre menton avec légèreté sur le sol. Pratiquée de cette manière, *Bhujapidasana* est la préparation idéale à *Kurmasana*. Elle éveille les muscles profonds du corps, en particulier les abdominaux, les extenseurs du tronc et le psoas.

Les débutants peuvent essayer cette version complète après avoir acquis la maîtrise de la phase 3 décrite précédemment. Une fois que vous pouvez placer votre menton vers le bas, éliminez les cinq respirations de la version debout. La dernière étape consiste à apprendre à sauter directement dans la posture et à en sortir.

CONSEIL PRATIQUE

Vers Lollasana

Si vous rencontrez des difficultés avec *Lollasana*, qui fait partie du saut vers l'arrière et du saut vers l'avant, utilisez l'approche suivante : Mettez-vous à genoux et placez une cheville sur l'autre. Placez ensuite vos mains de chaque côté des genoux et, en inspirant, soulevez vos genoux du sol et remontez jusqu'à votre poitrine. Comptez le nombre de respirations pendant lesquelles vous pouvez maintenir cette position. Répétez l'exercice tous les jours, en essayant d'ajouter une respiration par jour.

Lorsque vous avez atteint quinze respirations, commencez à soulever vos pieds également. Vous trouverez cela plus difficile et le nombre de respirations diminuera. Revenez à dix respirations. Si vous ne faites aucun progrès, pratiquez cet exercice plus d'une fois par jour.

Lorsque vous avez atteint dix respirations, commencez à vous balancer lentement d'avant en arrière, en gardant les pieds décollés du sol. Lorsque vous pouvez vous balancer pendant dix respirations, commencez à augmenter l'amplitude du mouvement de balancier. Augmentez l'amplitude du mouvement jusqu'à ce que vous puissiez passer de *Lollasana* au chien tête en bas sans toucher le sol.

Essayez maintenant de faire le même mouvement en position assise. Il vous faudra peut-être quelques jours - ou quelques années - pour exécuter ce mouvement correctement. Soyez patient.

Bhujapidasana vinyasa sept

ASANA

Vinyasa neuf

En inspirant, remontez, tendez les bras et replacez les pieds vers l'avant sans toucher le sol. Déverrouillez les chevilles et engagez fortement les jambes pour les redresser. Pointez les pieds et regardez vers le haut. Cette posture de transition pour sortir de *Bhujapidasana* est *Tittibhasana* (posture de l'insecte).

En expirant, pliez les jambes, aspirez vos genoux dans vos aisselles et soulevez les talons jusqu'aux fesses.

Vinyasa dix

Maintenez la position pendant toute la durée de l'inspiration. Cette deuxième posture de transition est connue sous le nom de *Bakasana* (posture de la grue).

Bhujapidasana avec le front au sol

Bhujapidasana version finale

Tittibhasana

Bakasana

Vinyasa onze

En expirant, glissez en *Chaturanga Dandasana*.

Vinyasa douze

Inspirez en Chien tête en haut.

Vinyasa treize

Expirez en chien tête en bas.

ASANA

Kurmasana & Supta Kurmasana
LA POSTURE DE LA TORTUE ET LA POSTURE DE LA TORTUE COUCHÉE
Drishti Troisième œil

Prérequis : Maîtrise de *Marichyasana* D et *Bhujapidasana*

Outre son importance dans l'introduction des postures de pied-derrière-la-tête, *Supta Kurmasana* crée la force de soutien nécessaire pour supporter la colonne vertébrale en toute sécurité lors des extensions arrière dynamiques. C'est pourquoi la maîtrise de *Supta Kurmasana* doit être reconnue comme une condition préalable au drop-back (extension arrière dynamique à partir de *Samasthiti* et retour debout).

LE POINT DE VUE DU YOGA
Importance des postures de pied-derrière-la-tête
Supta Kurmasana est l'une des postures clés de la Première Série. Tandis que toutes les autres postures de la série sont des flexions avant, des rotations des hanches ou des combinaisons de celles-ci, *Supta Kurmasana* ouvre tout un univers de postures de pied-derrière-la-tête. Il y en a trois dans la Série Intermédiaire, six dans la Série Avancée A et sept dans la Série Avancée B. Les postures de pied-derrière-la-tête compensent les extensions arrière. Ces postures tonifient la colonne vertébrale et renforcent les abdominaux ainsi que les extenseurs du tronc ; elles développent également la poitrine et augmentent l'irrigation sanguine du cœur et des poumons. En outre, elles renforcent l'humilité et diminuent l'orgueil. C'est l'une des

catégories de postures les plus importantes. Combinée aux séquences d'extensions arrière et d'équilibres sur les bras, elle purifie le système nerveux et induit la méditation.

Vinyasa Sept

Il est nécessaire de maîtriser *Bhujapidasana* avant d'essayer cette posture. Des progrès dans *Pashimottanasana* sont également nécessaires pour allonger les ischio-jambiers. En inspirant, sautez autour de vos bras comme lorsque vous entrez dans *Bhujapidasana*. Les genoux rapprochés des épaules, tendez les jambes et soulevez les fesses jusqu'à ce que vos jambes soient parallèles au sol.

Kurmasana

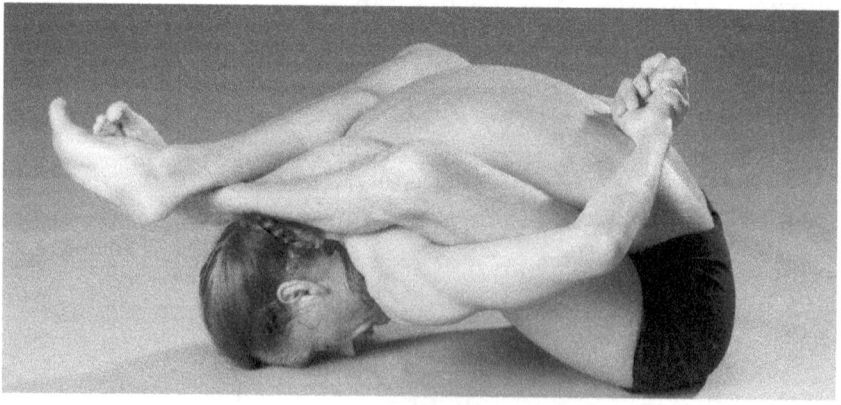

Supta Kurmasana

En expirant, descendez lentement comme un hélicoptère, en pliant les coudes derrière vous. Au sol, essayez à nouveau d'amener vos genoux exactement au-dessus de vos épaules. Les jambes doivent être presque parallèles, sans écart entre l'intérieur des cuisses et les côtés de la cage thoracique. Tendez les bras et amenez les mains vers l'avant jusqu'à ce qu'elles soient alignées avec les épaules. Les paumes s'appuient sur le sol. Placez votre tête sur le sol, d'abord avec le front, puis avec le menton, comme dans *Bhujapidasana*. Pointez les pieds - comme pour toutes les flexions avant extrêmes, cela protège les ischio-jambiers et les ligaments croisés. Tendez les jambes et efforcez-vous de décoller les talons du sol. Maintenez *Kurmasana* pendant cinq respirations.

Si vos jambes sont tendues mais que les talons ne décollent pas du sol, vérifiez que vos bras s'étendent dans le prolongement de vos épaules.

Si les mains sont plus en arrière, les os fessiers ont tendance à se soulever. Si vous ne disposez pas de suffisamment d'espace pour étendre les bras sur le côté, vous pouvez les étendre vers l'arrière, les paumes tournées vers le haut. Cette version est cependant moins bonne, car les épaules ont tendance à se voûter et à s'affaisser vers l'avant.

Il faut beaucoup de force pour soulever les talons du sol. Il s'agit toutefois d'un aspect important de cette posture pour diverses raisons :
- Les quadriceps et les ischio-jambiers sont renforcés, ce qui améliore toutes les autres flexions avant.
- Cela facilite l'accès aux quadriceps si vous rencontrez des difficultés à maintenir les rotules remontées dans les postures debout.

- La colonne est renforcée en vue de la préparation des drop-back, décente en pond et retour debout.
- Plus important encore, cela crée la force abdominale requise pour *Supta Kurmasana*.

N'essayez pas *Supta Kurmasana* avant d'avoir acquis la maîtrise de *Kurmasana*. Si le dos est très arrondi en *Kurmasana*, les disques lombaires sont dans une position vulnérable. Le poids supplémentaire des jambes derrière la tête peut provoquer des tensions si le corps n'est pas préparé. La force requise pour soulever les pieds du sol offre la protection nécessaire.

Vinyasa huit : Première version
En expirant, pliez les jambes, ramenez les épaules plus loin sous les genoux, passez les bras derrière le dos et crochetez les mains. Si possible, saisissez le poignet.

Vinyasa huit : version Intermédiaire
Les élèves qui pratiquent la Série Intermédiaire peuvent s'asseoir et entrer dans *Dvi Pada Shirshasana* pour ensuite passer à *Supta Kurmasana*. (Ne faites cette variante que lorsque vous avez acquis la maîtrise d'*Ekapada Shirshasana*. Le poids des deux jambes derrière la tête exige une grande force abdominale).

ASANA

Entrer en Supta Kurmasana 1

Entrer en Supta Kurmasana 2

Pour ce faire, placez d'abord la jambe gauche derrière la tête. Veillez à placer le genou bien en arrière de l'épaule pour pouvoir accrocher le tibia sous la vertèbre C7. Cela permet d'éviter que le cou ne supporte le poids des jambes : celui-ci doit être porté par les épaules et la partie supérieure de la colonne thoracique. En expirant, placez la jambe droite sur la jambe gauche, en veillant à ce que la gauche reste derrière la tête.

Pratiquée de cette manière, la posture ne causera pas plus d'inconfort que le port d'un sac à dos de taille moyenne. Mal pratiquée, elle peut provoquer une irritation considérable des nerfs spinaux dans le cou, avec tous les symptômes qui l'accompagnent.

Vinyasa neuf : Première version
En inspirant, croisez les chevilles et placez votre front sur le sol. C'est la posture de *Supta Kurmasana*. Restez-y pendant cinq respirations, en soutenant la colonne vertébrale en engageant à la fois les abdominaux et les extenseurs du dos.

Vinyasa neuf : Version Intermédiaire
Placez vos mains sur le sol et abaissez votre front vers celui-ci, en gardant les deux jambes derrière la tête. Passez vos bras derrière votre dos et croisez vos doigts ou saisissez le poignet. Cinq respirations.

Vinyasa dix
Relâchez les mains, ramenez-les vers l'avant et placez-les sous les épaules. En inspirant, soulevez tout le corps du sol, si possible en gardant les jambes derrière la tête. Puis, comme dans *Bhujapidasana*, tendez vos jambes en *Tittibhasana*.

En expirant, pliez les jambes vers l'arrière jusqu'à ce que les genoux reposent sur l'arrière des bras. En inspirant, soulevez-vous en *Bakasana*, en redressant les bras. Pointez les pieds et rentrez les talons sous les os fessiers. À la fin de l'inspiration, lorsque vous êtes le plus dynamique, passez au *vinyasa* onze.

Vinyasa onze
En expirant, revenez en sautant de façon fluide vers l'arrière en *Chaturanga Dandasana*.

Vinyasa douze
Inspirez en Chien tête en haut.

Vinyasa treize
Expirez en chien tête en bas.

Garbha Pindasana
POSTURE DE L'EMBRYON DANS L'UTÉRUS
Drishti Nez

Conditions préalables : Toutes les postures couvertes jusqu'à présent, en particulier *Marichyasana* D.

Vinyasa sept

En inspirant, sautez vers l'avant et tendez vos jambes en *Dandasana*.

Vinyasa huit

En expirant, repliez-vous dans *Garbha Pindasana*. Les pratiquants expérimentés peuvent le faire en une seule expiration ; d'autres préféreront le faire en plusieurs étapes. *Padmasana* et ses variantes, dans les cercles occidentaux, ont la réputation de causer des problèmes de genoux. Si les articulations de nos hanches sont raides, parce que nous avons passé notre vie assis sur des chaises, nous ne pouvons pas nous attendre à apprendre cette posture en une semaine. Il a déjà été mentionné que les Indiens s'asseyaient traditionnellement sur la Terre Mère, ce qui ouvre les articulations des hanches pour

Padmasana. Si les articulations des hanches sont raides et que nous nous forçons à prendre *Padmasana*, les genoux risquent d'être blessés.

La solution est d'ouvrir d'abord les articulations des hanches (si nécessaire, après des années de travail), puis d'essayer cette posture. Si vous ne maîtrisez pas *Marichyasana* D, n'essayez pas *Garbha Pindasana*.

PHASE 1

Depuis *Dandasana*, placez la jambe droite en demi-lotus, en suivant précisément les instructions données pour *Ardha Baddha Padma Pashimottanasana*. En résumé :
- Pointez et inversez le pied droit. (43 Pour savoir pourquoi nous nous asseyons uniquement avec la jambe droite en lotus en premier, reportez-vous à *Padmasana* à la fin de la séquence).
- Amenez le genou droit vers la droite.
- Fermez complètement l'articulation du genou en attirant le talon droit dans l'aine droite.
- À partir de là, ramenez le talon vers le nombril.

En gardant le talon dans le nombril, placez le pied droit dans l'aine gauche.

Remarque : si votre pied droit repose sur la cuisse opposée plutôt que dans l'aine et que votre talon droit a perdu le contact avec le nombril, n'allez pas plus loin. Dans ce cas, la souplesse nécessaire à l'exécution de la posture est insuffisante.

ASHTANGA YOGA LA PREMIÈRE SÉRIE

 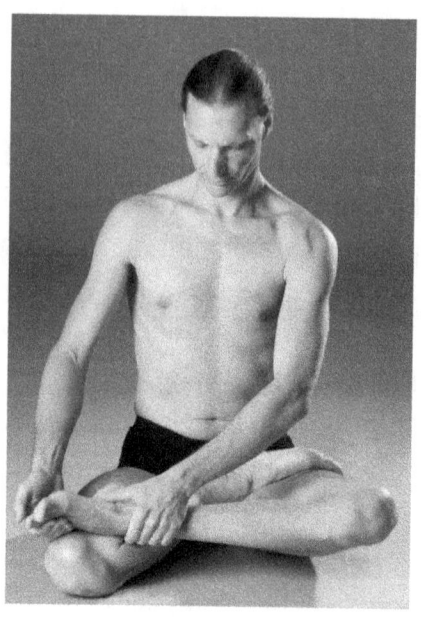

Garbha Pindasana méthode correcte pour se mettre en lotus (à gauche)

Garbha Pindasana méthode incorrecte pour entrer dans la méthode du lotus (à droite)

PHASE 2

Ce n'est que si la jambe droite est bien calée dans l'aine gauche que vous pouvez continuer. La plupart des mésaventures dans la posture du lotus, surviennent lorsque la deuxième jambe, ici la jambe gauche, est placée en force. La façon la plus périlleuse de placer le deuxième pied, est de plier la jambe seulement à 90° et de faire passer le pied sur le genou droit pour le mettre en position. Même les étudiants souples s'abîment les genoux avec cette méthode.

Pour protéger les genoux dans les postures de lotus et de demi-lotus, d'abord, fermez complètement l'articulation du genou en rapprochant le tibia et le fémur. Ensuite, déplacez-les tous les deux d'un seul bloc. Cette méthode élimine les mouvements latéraux du genou, responsables des lésions méniscales.

Pour protéger le genou de la deuxième jambe, visualisez *Padmasana* comme deux postures en demi-lotus réunies. Cela signifie que nous suivons les mêmes étapes avec la deuxième jambe que pour la posture en demi-lotus, en ignorant complètement le fait que la jambe droite est déjà en demi-lotus. Essayez les étapes suivantes :

- Pointez et inversez le pied gauche.
- Ramenez le talon gauche vers l'aine gauche, en fermant complètement l'articulation du genou.
- En situation de thérapie, placez d'abord le pied gauche sous la cheville droite. Ne poursuivez que si cette position est confortable. En gardant l'articulation du genou fermée, amenez le genou gauche le plus loin possible sur le côté sans bouger les ischions. Soulevez doucement votre pied au-dessus de la cheville droite en direction du nombril.
- À partir de là, faites passer le pied dans l'aine droite.

Si le mouvement est effectué de cette manière, à tout moment l'articulation du genou est complètement fermée, ce qui signifie que, du côté gauche également, le tibia et le fémur se déplacent comme une unité. Si vous ressentez des douleurs dans les genoux à un moment donné, inversez le mouvement jusqu'à ce que vous ne ressentiez plus de douleur et procédez plus lentement, en faisant attention aux détails.

Pratiquez les autres postures jusqu'à ce que vous ayez acquis la souplesse nécessaire.

entrée en Garbha Pindasana

PHASE 3

Pour vous préparer à *Garbha Pindasana*, effectuez une rotation médiale des fémurs jusqu'à ce que les bords avant des tibias pointent vers le sol et que les plantes et les talons soient tournés vers le haut et non vers le torse (reportez-vous à la note «Buddha lotus» sous *Janushirshasana* A).

Rapprochez doucement les genoux, jusqu'à ce que les cuisses soient presque parallèles. Cela créera l'espace nécessaire pour insérer les bras entre les cuisses et les mollets. Insérez la main droite, la paume tournée vers vous, sous le muscle du mollet, là où la jambe est la plus fine.

Une fois que vous avez inséré votre main droite entre la cuisse et le mollet, inversez la main jusqu'à ce que la paume soit tournée vers l'extérieur. Cela facilitera le passage du coude. Ne forcez pas trop. Insérez la deuxième paume vers vous et

ASANA

tournez-la à nouveau pour permettre au coude de passer. Une fois les deux coudes passés, pliez les bras, placez vos mains sur le menton et touchez le lobe de vos oreilles du bout des doigts. L'incapacité à réaliser cet exercice est souvent le signe d'une faiblesse des muscles abdominaux, étant donné qu'une flexion importante du tronc est nécessaire à cet effet. Soulevez la tête et asseyez-vous aussi droit que possible, en vous tenant en équilibre sur les os fessiers.

Vous êtes maintenant en *Garbha Pindasana*, qui ressemble à la position recroquevillée d'un embryon dans le ventre de sa mère. Restez dans cette position pendant cinq respirations.

Garbha Pindasana vinyasa sept

Pour la deuxième partie de la posture, penchez la tête vers l'avant et placez, dans l'idéal, les mains sur le sommet de la tête. Cela arrondi le dos et permettra de rouler sur ce dernier.

237

Garbha Pindasana vinyasa huit

En expirant, roulez sur le dos et effectuez un mouvement similaire à celui d'une chaise à bascule. Lorsque les fessiers sont en l'air, faites-les pivoter légèrement vers la droite. Ce mouvement vous fera tourner sur place dans le sens des aiguilles d'une montre. Balancez-vous neuf fois, ce qui représente les neuf mois de gestation. Utilisez l'inspiration pour vous balancer vers le haut et l'expiration pour vous balancer vers le bas. Si possible, tenez votre tête avec vos mains. Laissez le mouvement naître de la connexion entre la respiration et les *bandhas*.

ASANA

Garbha Pindasana balancement 1

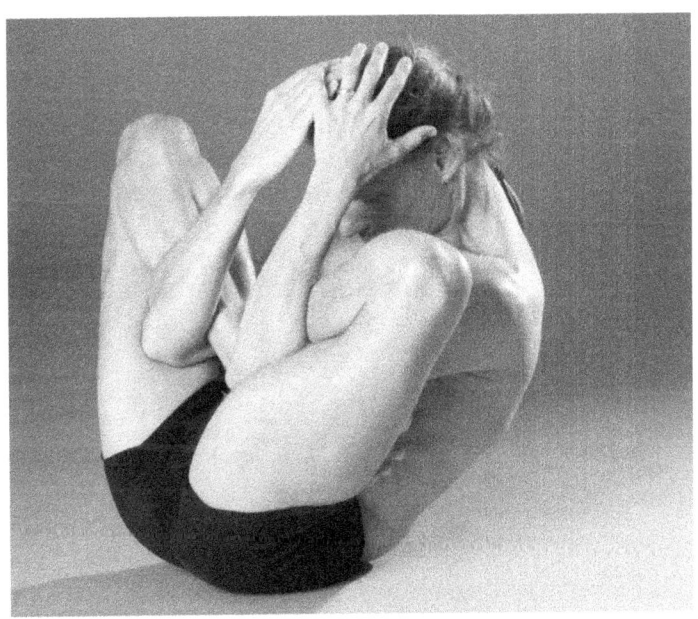

Garbha Pindasana balancement 2

Lors de la dernière inspiration, prenez de l'élan et roulez jusqu'à *Kukkutasana*.

Kukkutasana
POSTURE DU COQ
Drishti Nez

En inspirant, roulez jusqu'à ce que vous soyez en équilibre sur les mains. Dès que les mains touchent le sol, levez la tête pour faire cesser le mouvement et commencez à vous équilibrer. Vous êtes maintenant en *Kukkutasana*, la posture du coq, dans laquelle vos deux mains ressemblent aux pattes du coq. *Garbha Pindasana* et *Kukkutasana* sont très efficaces pour ouvrir davantage les articulations des hanches et, s'elles sont exécutées correctement, elles constituent une thérapie pour les genoux. Elles améliorent considérablement la qualité de *Padmasana*. Elles créent une force de soutien, exercent les abdominaux et revitalise la colonne vertébrale. Avec *Kurmasana*, elles constituent la meilleure préparation et la meilleure contre-posture de l'extension arrière à la fin de la série. Restez en *Kukkutasana* pendant cinq respirations.

En expirant, asseyez-vous, tirez les bras du lotus et posez les mains au sol.

Vinyasa neuf

Rapprochez les genoux le plus possible, de manière qu'ils passent entre vos bras. En inspirant, balancez vos jambes vers l'avant et levez haut les genoux. Aspirez vos cuisses vers votre poitrine et balancez vos ischions entre vos bras pour prendre de l'élan.

ASANA

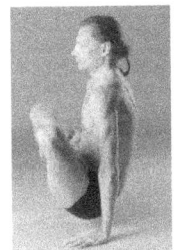

Haut : Kukkutasana
Ci-dessous : saut en arrière depuis le lotus, phases 1, 2 et 3

Vinyasa dix

En expirant, basculez vers l'arrière et soulevez vos ischions haut derrière vous. Gardez les jambes repliées sur la poitrine jusqu'à ce que vos ischions aient atteint leur point le plus haut. La colonne vertébrale doit être parallèle au sol ou les fessiers encore plus hauts. Ce n'est qu'à ce moment-là que vous laissez vos jambes, qui sont toujours en lotus, se balancer vers l'arrière. Une fois que vos cuisses sont parallèles au sol, tendez les jambes d'un petit coup pour atterrir en *Chaturanga Dandasana*.

Remarque :
- Lors de l'élan, soulevez les ischions très haut, de façon que vos genoux puissent s'élancer sans heurter le sol.
- Si vous voulez développer votre force, faites le mouvement lentement, en utilisant de moins en moins d'élan.
- Si vous n'avez pas encore développé un contrôle suffisant des *bandhas*, ou si vous ressentez une gêne au niveau des genoux, sortez de *Padmasana* en repliant une jambe à la fois. Redressez vos jambes en *Dandasana* et sautez en arrière.

Vinyasa 11
Inspirez en Chien tête en haut.

Vinyasa 12
Expirez en Chien tête en bas.

ASANA

Baddha Konasana
POSTURE DE L'ANGLE LIÉ
Drishti Nez

Vinyasa sept
Inspirez et glissez de façon fluide vers l'avant en *Dandasana*. Ramenez les pieds vers vous jusqu'à ce que vous puissiez tracer une ligne droite entre les deux genoux et les deux chevilles, tout en laissant les genoux s'ouvrir sur le côté. La distance entre le pubis et le talon n'est pas fixe ; elle varie d'une personne à l'autre en fonction du rapport entre la longueur du fémur et celle du tibia. Si votre bassin est déjà incliné vers l'arrière à ce stade, surélevez les ischions en vous asseyant sur une couverture pliée. Cela vous aidera à utiliser davantage la gravité.

Baddhakonasana vinyasa sept

Maintenant, attrapez vos pieds en plaçant vos pouces entre vos plantes de pieds, puis ouvrez les comme les pages d'un livre. En même temps, utilisez vos abducteurs (moyen et petit glutéal, tenseur du fascia lata) pour ramener vos genoux vers le sol. Inspirez profondément pour vous grandir le plus possible, avec les ischions s'enfonçant vers le sol, le bas du dos concave et le cœur levé très haut.

Vinyasa huit

En expirant, fléchissez vers l'avant, en gardant le dos totalement droit et le cœur soulevé vers l'avant. Il s'agit d'une posture potentiellement difficile, qui pourrait ne pas être maîtrisée après des années d'ajustements, mais qui peut l'être grâce à la recherche (*vichara*) et à l'intelligence (*buddhi*). Nous devons comprendre que *Baddha Konasana* est la combinaison de deux *Janushirshasana* A. Si nous avons compris et pratiqué *Janushirshasana* A correctement, alors *Baddha Konasana* se dévoilera.

Baddhakonasana

Rappelons *Janushirshasana* A. Lorsque la jambe droite est repliée, vous devez :
- pointer et inverser le pied droit
- amener le talon droit dans l'aine droite
- effectuer une rotation médiale (vers l'intérieur) du fémur droit
- ramener le genou vers le sol et vers l'arrière
- vous étendre le long de la face interne du fémur.

Vous devez effectuer toutes ces actions dans *Baddha Konasana* simultanément des deux côtés. Dans le *vinyasa* 7, vous avez déjà inversé vos pieds, ce qui signifie que les plantes de vos pieds sont tournées vers le haut. Maintenant, pointez les pieds, ce qui a pour effet d'éloigner les talons l'un de l'autre. Cela permet d'allonger l'intérieur des cuisses. Les talons se dirigent ensuite vers les aines respectives, ce qui empêche les ischions de s'échapper vers l'arrière lorsque l'on fléchi vers l'avant. L'action la plus importante est cependant la rotation des cuisses vers l'intérieur. Les cuisses doivent rouler vers l'avant comme les roues d'une voiture (avec le sol comme point de référence). Dans *Baddha Konasana*, le fémur doit tourner vers l'intérieur pour effectuer la même action que le tibia, ce qui fermera et protégera l'articulation du genou. Le tibia roule vers l'avant jusqu'à ce que son bord antérieur pointe vers le bas. Puisque nous avons effectué une rotation externe des fémurs dans le *vinyasa* 7, nous devons inverser ce mouvement dans le *vinyasa* 8 afin d'approfondir la posture.

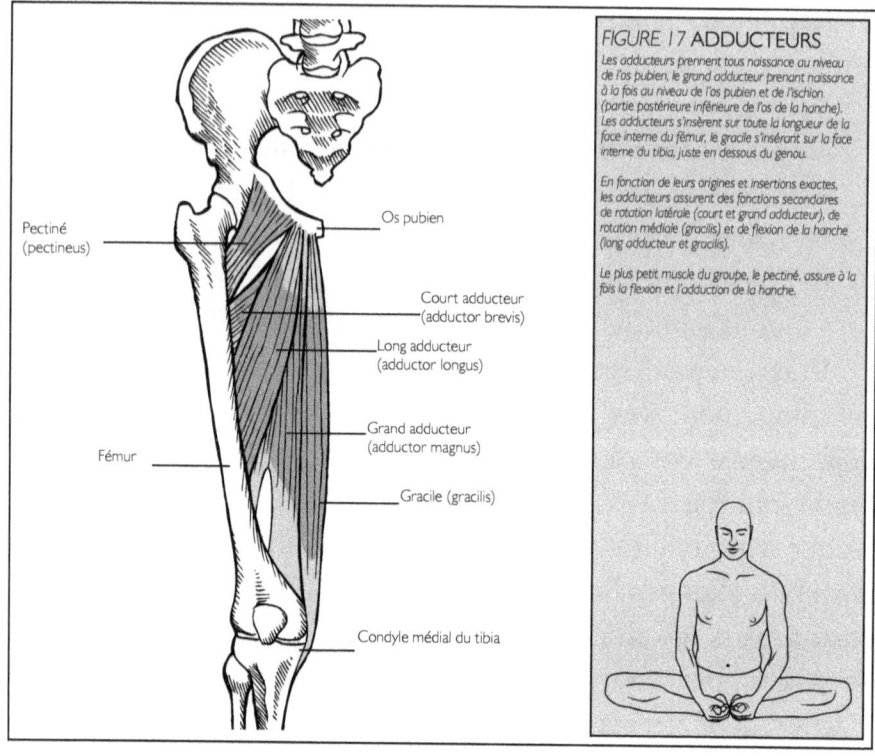

FIGURE 17 ADDUCTEURS

Les adducteurs prennent tous naissance au niveau de l'os pubien, le grand adducteur prenant naissance à la fois au niveau de l'os pubien et de l'ischion (partie postérieure inférieure de l'os de la hanche). Les adducteurs s'insèrent sur toute la longueur de la face interne du fémur, le gracile s'insérant sur la face interne du tibia, juste en dessous du genou.

En fonction de leurs origines et insertions exactes, les adducteurs assurent des fonctions secondaires de rotation latérale (court et grand adducteur), de rotation médiale (gracilis) et de flexion de la hanche (long adducteur et gracilis).

Le plus petit muscle du groupe, le pectiné, assure à la fois la flexion et l'adduction de la hanche.

Comme dans *Janushirshasana* A, les genoux descendent et reculent. Enfin, laissez les cuisses s'étendre sur le côté, un mouvement qui libère les adducteurs. Ce mouvement isométrique a déjà été initié en pointant les pieds et en séparant les talons. Il y a souvent ici un réflexe de peur qui consiste à aspirer les fémurs dans les articulations de la hanche. Cette action est cependant réalisée par les adducteurs et vous empêchera de vous ouvrir dans la posture.

Ce qui empêche la plupart des étudiants d'approfondir cette posture est une tension musculaire chronique des adducteurs. Cela est souvent dû à des émotions telles que la peur, la douleur et la honte qui sont retenues dans ces muscles. Ces émotions ont besoin d'être reconnues puis d'être libérées à l'aide de l'expiration. Pour que cela soit possible, l'intensité de la sensation dans la posture doit rester tolérable. Un trop grand étirement des muscles aura pour conséquence de créer un trauma qui sera stocké dans les tissus. Les muscles empêcheront par la suite de revenir à ce point d'étirement par pur mécanisme de protection.

Les actions du buste en *Baddha Konasana* sont les mêmes qu'en *Janushirshasana* A et en *Pashimottanasana* – engager le bas-ventre, soulever le cœur vers l'avant, descendre les omoplates vers le bas du dos et laisser le sommet du crâne et les os fessiers s'étirer dans des directions opposées. Appuyez les coudes sur l'intérieur des cuisses pour maintenir les genoux ancrés. Attirez les pieds vers vous tout en les gardant pointés et retournés.

Si vos ischions se soulèvent et partent vers l'arrière au moment de la flexion avant, résistez à ce phénomène en aspirant vos talons dans l'abdomen à l'aide de la respiration et des muscles abdominaux. Grace à l'action des abdominaux, le contenu de l'abdomen est vigoureusement ramené vers la colonne ce qui fait avancer le cœur et crée un vide dans lequel les talons sont aspirés. Enfin, placez les orteils sur la poitrine, en les portant comme un collier. Restez dans la posture de *Baddha Konasana* pendant cinq respirations.

CONSEIL PRATIQUE

Conseils pour différents types de peau
Les pratiquants ayant une peau *vata*[42], plutôt fine comme du papier et soyeuse, qui glisse facilement sur le tissu, ne verront généralement aucun problème à porter des collants longs. Ils

---

42 *Dosha*, ou type de constitution *ayurvédique*.

ne transpirent généralement pas beaucoup, mais s'ils le font, ils auront du mal à passer à travers - la peau mouillée sur le tissu offre trop de friction. Les élèves à la peau *pitta* ou *kapha* (peau épaisse, grasse, collante et humide) ont tendance à transpirer beaucoup et il est préférable qu'ils portent des shorts et qu'ils s'aspergent d'eau sur les bras et surtout au niveau des coudes. Par temps froid, lorsque la transpiration est moins importante, ils peuvent porter des collants longs et des hauts à manches longues. Le tissu sur le tissu glisse aussi facilement.

Vinyasa neuf
En inspirant, nous inversons le mouvement et nous nous asseyons droit dans la même position qu'au septième *vinyasa*. Les genoux s'abaissent, le cœur se soulève, le bas du dos reste concave, les omoplates s'abaissent. En expirant, placez vos mains au sol et tendez vos jambes.

Vinyasa dix
En inspirant, soulevez-vous. Vous sentirez le bénéfice du travail des abdominaux, et vous volerez maintenant comme un papillon.

Vinyasa onze
Expirez, *Chaturanga Dandasana*.

Vinyasa douze
Inspirez en Chien tête en haut.

Vinyasa treize
Expirez en Chien tête en bas.

Upavishta Konasana
POSTURE DE L'ANGLE ASSIS
Drishti Nez (*vinyasa* 8), vers le haut (*vinyasa* 9)

Vinyasa sept

En inspirant, sautez pour vous assoir en *Dandasana*. Écartez vos jambes tant que vous pouvez tenir l'extérieur de vos pieds, ce qui donnera un angle compris entre 90º et 120º.

Si vous n'arrivez pas à saisir l'extérieur, quel que soit l'angle, prenez les gros orteils à la place. Les débutants peuvent d'abord plier les jambes pour s'assurer que le bas du dos ne s'arrondit pas, et s'asseoir sur une couverture pliée pour faciliter la flexion vers l'avant avec l'aide de la gravité. En tenant vos pieds, étirez-vous par l'avant du torse. Rentrez le bas de l'abdomen et creusez le bas du dos. Soulevez le cœur tout en ramenant les omoplates vers le bas du dos.

Upavishta Konasana A

Vinyasa huit

En expirant, fléchissez vers l'avant. Travaillez fortement les jambes en remontant les rotules et en appuyant les talons dans le sol pour protéger les ligaments croisés et les insertions des muscles ischio-jambiers. Gardez les cuisses en position neutre, les genoux et les pieds pointant vers le haut. Penchez-vous vers l'avant aussi loin que vous le pouvez tout en gardant le dos droit.

Le but de cette posture est d'équilibrer le flux des principaux *vayu* dans le torse. Ces différents courants de la force vitale sont équilibrés par la pratique d'*Upavishta Konasana*. Pour cela il est nécessaire de ne pas faire avancer le menton vers le sol, mais de guider avec le cœur dans un mouvement régulier vers l'avant et vers le bas. L'intégrité interne de la colonne vertébrale doit être maintenue comme si l'on se tenait debout.

Maintenez ce *vinyasa* pendant cinq respirations.

Vinyasa neuf

En inspirant, tendez les bras, levez le torse en tenant toujours les pieds. En expirant, penchez-vous vers l'avant pour prendre de l'élan. En inspirant, roulez vers le haut et tenez-vous en équilibre sur les ischions.

Upavishta Konasana B

Les élèves expérimentés peuvent essayer remonter en tenant toujours les pieds. Ceci demande de la souplesse dans la flexion avant et un bas du dos fort. Remontez rapidement le buste grâce à l'extension des hanches. Lorsque vos bras sont presque tendus, pressez les jambes dans le sol en utilisant le grand glutéal et les ischio-jambiers. Une fois les jambes soulevées, continuez le mouvement en utilisant les fléchisseurs des hanches pour soulever activement les jambes plus haut. Aidez-vous de vos bras, ce qui attirera les pieds vers la ligne médiane. Reculez la tête pour atténuer l'élan et trouver l'équilibre.

Si cette méthode ne fonctionne pas, changez la prise pour vos gros orteils. Une version encore plus facile consiste à lâcher les orteils, mais à lever les jambes tendues vers les mains.

LE POINT DE VUE DU YOGA

Les vayus

Les *vayus*, au nombre de dix, sont des courants vitaux à l'intérieur du corps. Ce sont *prana, apana, samana, udana, vyana, naga, kurma, krkara, devadatta et dhananjaya*. Selon la Gheranda Samhita, les cinq premiers sont les principaux vayus.[43] Les *vayus* sont des courants praniques qui peuvent être considérés comme des subdivisions du *prana*, de la force vitale. Le premier élément de cette subdivision est également appelé prana, ce qui peut prêter à confusion. Si le terme prana est mentionné avec *apana*, il fait référence au *vayu prana*. Dans

---

43 *The Gheranda Samhita* V.61, trans. R.B.S. Chandra Vasu, Sri Satguru Publications, Delhi, 1986, p. 46.

le terme *pranayama*, cependant, *prana* fait référence à la force vitale elle-même, qui est la somme totale des dix *vayus*.

Outre les dix *vayus*, que l'on peut également appeler les dix *vatas*, il existe dix *kaphas* et dix *pittas* dans le corps. La raison pour laquelle ils ne sont pas souvent mentionnés est que nous pouvons modifier les *vayus vatas* par nos actions et donc modifier l'ensemble de l'organisme. Nous ne pouvons pas influencer directement les *pittas* et les *kaphas*.

Dans son commentaire, Vyasa dit à propos des cinq *vayus* principaux : «Le mouvement de Prana est limité à la bouche et au nez et son action s'étend jusqu'au cœur. Samana distribue [la nourriture] à toutes les parties de manière égale et son champ d'action s'étend jusqu'au nombril. Apana est ainsi appelé parce qu'il emporte les déchets et agit jusqu'à la plante des pieds. Udana est la force vitale qui se dirige vers le haut et qui agit jusqu'à la tête. La force vitale Vyana est répartie sur tout le corps. Parmi ces forces, Prana est la principale».[44]

Sinon, les débutants peuvent également s'asseoir, la colonne vertébrale bien droite, puis ramener les genoux vers la poitrine, comme pour la préparation de *Navasana*. Prendre les orteils ou l'extérieur des pieds et redresser les jambes autant que possible tout en gardant le dos droit. La posture doit être axée sur l'intégrité de la colonne vertébrale et non sur le fait que les jambes soient droites. Il ne sert à rien de tendre les jambes si le bas du dos est arrondi et que le cœur s'effondre. Maintenez ce *vinyasa* pendant cinq respirations. Puis, en expirant, rapprochez les pieds et posez les mains sur le sol.

---

44 H. Aranya, *Yoga Philosophy of Patanjali with Bhasvati*, 4ᵉ édition élargie, Université de Calcutta, Kolkata, 2000, p. 315.

Vinyasa dix
En inspirant, soulevez-vous.

Vinyasa onze
Expirez, *Chaturanga Dandasana*.

Vinyasa douze
Inspirez en Chien tête en haut.

Vinyasa treize
Expirez en chien tête en bas.

Supta Konasana
POSTURE DE L'ANGLE COUCHÉ
Drishti Nez

Vinyasa sept

En inspirant, sautez de façon fluide en *Dandasana*. En expirant, allongez-vous lentement en gardant les bras de chaque côté du buste.

Vinyasa huit

En inspirant, levez les jambes, amenez les hanches au-dessus des épaules et placez vos pieds sur le sol derrière votre tête. Amenez les bras au-delà de votre tête, attrapez vos gros orteils et écartez les jambes jusqu'à ce que vos bras soient tendus. Travaillez à allonger la colonne vertébrale, en levant les ischions vers le plafond. Les jambes doivent être fortes et droites. Pieds fléchis, maintenez les cuisses dans une position neutre, sans rotation latérale ou médiale. Soulevez les vertèbres T1 et C7 en poussant doucement les épaules et l'arrière de la tête vers le sol. Restez dans la posture de *Supta Konasana* pendant cinq respirations.

En expirant, donnez de l'élan en roulant les fesses un peu vers la tête et poussez sur vos orteils.

Vinyasa neuf

En inspirant, basculez vers le haut en utilisant la respiration. Arrêtez-vous au point pivot derrière les ischions, comme dans *Upavishta Konasana*. Levez votre cœur et votre visage vers le plafond. Fléchissez complètement les pieds et contractez entièrement les quadriceps. En expirant, résistez à l'attraction de la gravité, en atterrissant sur vos mollets plutôt que sur les talons de vos pieds, et amenez votre poitrine et votre menton vers le sol.

C'est la coordination du mouvement et de la respiration qui permet le contrôle et l'équilibre tout au long de cette posture. Terminez l'inspiration lorsque vous atteignez le point où vous souhaitez vous équilibrer. En soulevant le cœur et le visage à ce moment-là, l'élan vers l'avant est arrêté – créez ainsi un moment de silence - avant que l'expiration n'achève la flexion vers l'avant. Garder le cœur et le visage soulevés ainsi que les jambes fortes et tendues, permettra au mouvement de se faire en douceur et à l'atterrissage d'être soutenu.

Si les ischio-jambiers ne sont pas suffisamment souples pour maintenir les jambes tendues en *Upavishta Konasana*, il est important de relâcher les orteils lors de la descente. Sinon, vous atterrirez lourdement sur vos talons et risquerez un étirement sévère des muscles ischio-jambiers.

Effectué correctement, ce mouvement renforce le dos et les muscles abdominaux et améliore les *bandhas* ; il peut également contribuer à corriger les subluxations des vertèbres.

ASANA

Supta Konasana phase 1

Supta Konasana phase 2

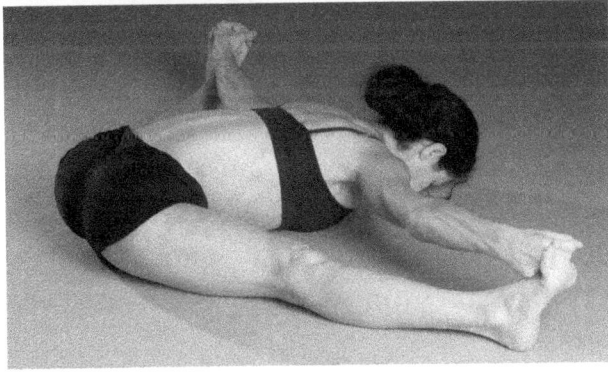

Supta Konasana phase 3

Vinyasa dix
En inspirant, soulevez votre cœur tout en tenant vos orteils.
En expirant, placez vos mains sur le sol.

Vinyasa onze
En inspirant, soulevez-vous.

Vinyasa douze
Expirez, sautez avec un mouvement fluide en *Chaturanga Dandasana*.

Vinyasa treize
Inspirez, chien tête en haut.

Vinyasa quatorze
Expirez, chien tête en bas.

Supta Padangushtasana
POSTURE DE LA MAIN AU GROS ORTEIL COUCHÉ
Drishti Les orteils et le côté

Vinyasa sept
En inspirant, sautez en avant pour vous assoir. En expirant, allongez-vous dans un mouvement lent et contrôlé. Les muscles fléchisseurs de la hanche sont ainsi sollicités de manière excentrique, ces derniers doivent s'étirer lentement en résistant à l'attraction de la pesanteur, faute de quoi vous vous retrouveriez sur le dos dans un bruit sourd. Placez ensuite vos deux mains sur vos cuisses.

Vinyasa huit

En inspirant, soulevez la jambe droite sans la plier et prenez le gros orteil.

Vinyasa neuf

En expirant, soulevez votre buste en direction de votre jambe, au lieu de ramener la jambe vers le buste. Idéalement, soulevez toute la colonne vertébrale du sol. *Supta Padangushtasana* est donc davantage une posture de renforcement musculaire qu'une posture d'assouplissement. Gardez la jambe gauche tendue, en contact avec le sol. Le cœur s'élève jusqu'au genou, le menton finit par rejoindre le tibia et le regard s'élève jusqu'aux orteils. Demeurez dans *Supta Padangushtasana* pendant cinq respirations.

Vinyasa dix

En inspirant, placez le buste et la tête au le sol. Utilisez pour ce faire les muscles fléchisseurs de la hanche et les abdominaux en les contractant de façon excentrique, en les allongeant tout en les gardant contractés.

Vinyasa onze

En expirant, tout en tenant le gros orteil, amenez la jambe droite vers le côté droit. Maintenez en contact avec le sol toute la longueur de la colonne vertébrale et le dessous de la jambe gauche. Poursuivez le mouvement latéral de la jambe droite uniquement dans la mesure où vous pouvez maintenir la fesse gauche en contact avec le sol. La main gauche posée sur votre hanche peut vous y aider. C'est le talon du pied droit qui guide le mouvement vers le sol. Cela entraîne une rotation médiale du fémur droit. Cette action est nécessaire pour lutter contre la tendance inverse, la rotation latérale de la cuisse, qui évite d'étirer et d'allonger les muscles adducteurs de l'intérieur de la cuisse. Les adducteurs doivent s'étirer de manière excentrique en descendant, ce mouvement peut nous aider à comprendre *Baddha Konasana*.

Une fois le mouvement terminé, soulevez légèrement la tête du sol et replacez-la pour regarder vers le côté gauche. Travaillez fortement la jambe gauche pour rester ancré, tout en vous étirant à partir de la base des orteils du pied gauche. Dans la version finale, les épaules, les fesses et les pieds touchent tous le sol. Traditionnellement, on attribue à cette posture le pouvoir de corriger la longueur des membres par rapport au buste. Maintenez ce *vinyasa* pendant cinq respirations.

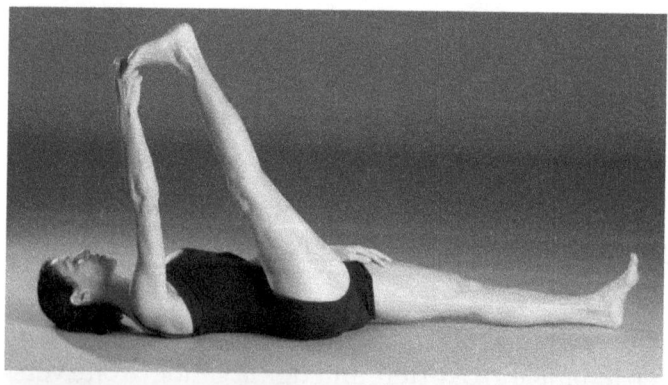

Supta Padangushtasana vinyasa huit

Supta Padangushtasana vinyasa neuf

Vinyasa douze

En inspirant, remontez la jambe vers le centre, un mouvement qui combine l'adduction et la rotation latérale du fémur. Ramenez le regard vers les orteils.

Vinyasa treize

En expirant, soulevez le buste en répétant le mouvement du neuvième *vinyasa*.

Vinyasa quatorze

En inspirant, descendez le torse vers le sol, en répétant le mouvement du dixième *vinyasa*.

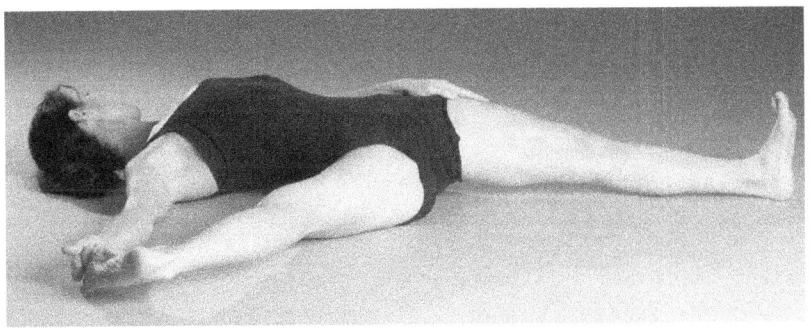

Supta Parshvasahita (onzième vinyasa de Supta Padangushtasana)

Vinyasa quinze

En expirant, relâchez le gros orteil et ramenez la jambe droite au sol. Jusqu'à ce que nous atteignions 90° de flexion de la hanche (jambe pointant vers le plafond), ce mouvement est une extension de la hanche, qui est réalisée ici par le grand glutéal qui lutte contre la gravité. À partir de ce moment, le travail est effectué par les fléchisseurs de la hanche qui s'allongent de manière excentrique, ce qui empêche la jambe de retomber au sol de manière incontrôlée. À la fin du mouvement, les deux mains se posent sur les cuisses.

Répétez les mêmes mouvements sur le côté gauche (*Vinyasas* seize à vingt-trois). Au compte vingt-trois, nous sommes allongés sur le sol.

Chakrasana phase 1   *Chakrasana phase 2*

Chakrasana phase 3   *Chakrasana phase 4*

Chakrasana phase 5

ASANA

La sortie de toutes les postures se terminant en position allongée sur le sol se fait par un mouvement appelé *Chakrasana* (posture de la roue). N'essayez pas *Chakrasana* en cas de traumatisme cervical ou de courbure inversée du cou.

Vinyasa vingt-quatre :

Version pour étudiants expérimentés

En inspirant, soulevez vos jambes du sol en fléchissant les articulations des hanches et placez vos mains de chaque côté de vos oreilles, en plaçant les doigts sous les épaules. Poursuivez ce mouvement en fléchissant le buste, en utilisant les muscles abdominaux. L'élan combine ces mouvements avec ceux du haut du corps ; lorsque seules les épaules restent au sol, poussez avec vos mains dans le sol comme pour tendre les bras. En gardant les jambes fortes et les hanches soutenues loin du sol, roulez en *Chaturanga Dandasana*. Gardez le regard sur le bout du nez pendant toute la durée du mouvement.

Vinyasa vingt-quatre :

Version pour les étudiants ayant une expérience modérée

Placez une couverture sous vos épaules pour élever T1, C7 et C6. Sur la dernière expiration, soulevez vos jambes du sol. Une fois que vous avez franchi les 30º, inspirez et ramenez vos jambes au-dessus tout en fléchissant le buste. En expirant, placez les pieds derrière la tête en *Halasana* (posture de la charrue) et placez les mains sous les épaules. À la fin de l'expiration, lorsque vous avez complétement vidé vos poumons, roulez sur vous-même et, en inspirant, pressez vos mains dans le sol pour passer en *Chaturanga Dandasana*.

Une force considérable du haut du corps est nécessaire pour éviter une pression excessive sur la musculature du cou. Votre professeur doit évaluer si vous êtes prêt pour ce mouvement de transition.

Les débutants peuvent s'abstenir de faire cette transition. Sinon, rentrez les genoux dans la poitrine, basculez en position assise et reprenez votre *vinyasa* normal.

Vinyasa vingt-cinq Inspirez en Chien tête en haut.

Vinyasa vingt-six Expirez en chien tête en bas.

Ubhaya Padangushtasana
LA POSTURE DES MAINS AUX DEUX GROS ORTEILS
Drishti Vers le haut

Vinyasa sept

Inspirez, sautez jusqu'en *Dandasana* et, en expirant, allongez-vous.

Vinyasa huit

Gardez les pieds joints, levez les jambes, placez vos pieds sur le sol derrière votre tête, ainsi que vos bras. Saisissez les deux gros orteils. Allongez la colonne vertébrale et amenez les ischions vers le plafond. Tendez les bras et les jambes en fléchissant les pieds. En expirant, ramenez les fessiers au-dessus de la tête en fléchissant le buste pour prendre de l'élan.

ASANA

Ubhaya Padangushtasana vinyasa 8

Vinyasa neuf

En inspirant, roulez sur le dos vers le haut en pointant les pieds. Pour rouler en douceur, courbez suffisamment le bas du dos en rentrant le bas-ventre. Poursuivez le mouvement vers le haut en utilisant le lien entre l'inspiration et les *bandhas*. Arrêtez le mouvement vers l'avant en relevant votre cœur et votre visage vers le plafond, en vous équilibrant à l'arrière des ischions. Simultanément, l'inspiration se termine au point d'équilibre et se poursuit par une expiration, tout en maintenant la position finale d'équilibre. Allongez la nuque et abaissez les omoplates. Regardez vers le haut et maintenez *Ubhaya Padangushtasana* pendant cinq respirations.

Ubhaya Padangushtasana vinyasa 9

En expirant, placez vos mains au sol. Les pieds restent en suspension dans leur position finale.

Vinyasa dix En inspirant, soulevez-vous et enroulez-vous en boule.

Vinyasa onze En expirant, sautez en arrière dans *Chaturanga Dandasana*.

Vinyasa douze Inspirez en Chien tête en haut.

Vinyasa treize Expirez dans le chien tête en bas.

Urdhva Mukha Pashimottanasana

FLEXION AVANT TOURNÉE VERS LE HAUT
Drishti Vers le haut

Vinyasa sept

Inspirez et sautez jusqu'à *Dandasana* ; expirez et allongez-vous.

Vinyasa huit

En inspirant, amenez vos jambes au-dessus de vous et placez vos pieds sur le sol derrière votre tête.

Urdhva Mukha Pashimottanasana vinyasa 8

Urdhva Mukha Pashimottanasana vinyasa 9

Dans cette posture, saisissez l'extérieur de vos pieds et pointez-les. Allongez et redressez la colonne vertébrale en levant les ischions vers le plafond. Rentrez le bas-ventre et respirez profondément au niveau de la poitrine.

En expirant, fléchissez la colonne vertébrale et roulez sur vos orteils jusqu'à ce que vos pieds soient fléchis.

Urdhva Mukha Pashimottanasana position finale

Vinyasa neuf

En inspirant, poussez avec vos pieds et roulez vers le haut jusqu'à ce que vous soyez en équilibre à l'arrière de vos ischions. Ce mouvement demande plus de souplesse des ischio-jambiers, ou plus d'élan, que la posture précédente. Une fois encore, soulevez votre cœur, ramenez votre tête en arrière et arrêtez l'inspiration pour saisir le point d'équilibre.

En expirant, ramenez les jambes vers le buste, en réduisant l'écart entre les deux. Approfondissez les aines, pointez les pieds et regardez vers vos orteils. Maintenez ce *vinyasa* pendant cinq respirations.

En expirant, relâchez les pieds, laissez vos jambes en position et placez vos mains sur le sol.

Vinyasa dix

En inspirant, soulevez-vous et sautez vers l'avant sans toucher le sol.

Vinyasa onze
En expirant, atterrissez en *Chaturanga Dandasana*.

Vinyasa douze
Inspirez en Chien tête en haut.

Vinyasa treize
Expirez en chien tête en bas.

Setu Bandhasana
POSTURE DU PONT
Drishti Nez

Vinyasa sept
Inspirez et sautez jusqu'à *Dandasana*. Expirez et allongez-vous.

Vinyasa huit
En gardant les fessiers ancrés au sol, arquez votre poitrine vers le plafond et placez le sommet de votre tête sur le sol. Gardez les talons en contact et faites une rotation latérale des fémurs jusqu'à ce que les arches extérieures de vos pieds touchent le sol. Pliez ensuite les genoux, tout en gardant les talons rapprochés, pour que les talons se trouvent à environ 45 centimètres des fessiers. Cette distance peut varier considérablement en fonction de la souplesse et de la longueur des jambes. Enfin, croisez les bras sur la poitrine et placez chaque main dans l'aisselle opposée.

Vinyasa neuf
En inspirant, tendez les jambes et décollez les fesses du sol. Roulez sur le front et regardez vers le nez. Ne contractez pas les muscles

à l'arrière de la nuque (les extenseurs du cou - trapèze, élévateur de la scapula, splénius de la tête) mais gardez les fléchisseurs du cou (scalène, sterno-cléido-mastoïdien) actifs pour contrôler le degré d'extension et protéger ainsi le cou (voir «Le paradoxe du relâchement actif», page 71). Ouvrez l'avant de la gorge. Soulevez votre poitrine dans vos bras avec les coudes s'élevant vers le plafond, plutôt que de prendre le poids des bras sur la poitrine. Maintenez l'articulation de la hanche en extension en utilisant vos fessiers (grand glutéal) plutôt que vos ischio-jambiers, qui spasment facilement dans cette posture. Le corps devient un pont, arqué des pieds à la tête. Restez dans la posture 5 respirations.

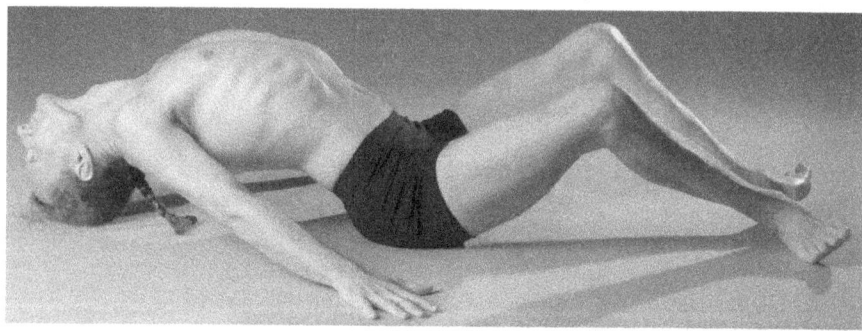

Setu Bandhasana vinyasa huit

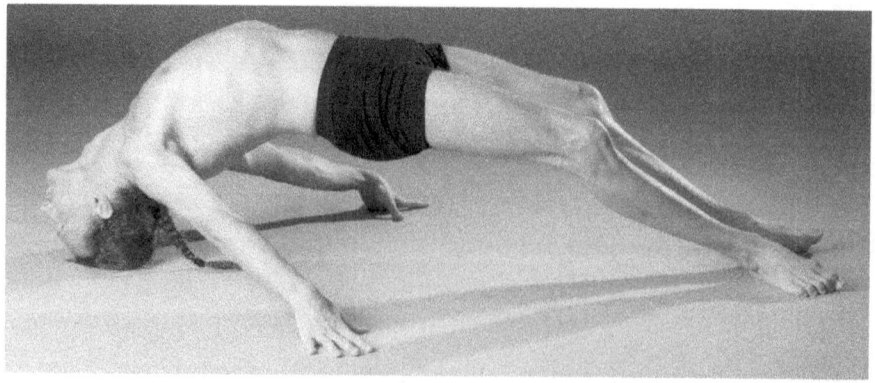

Setu Bandhasana (version finale)

Variations Pour Les Débutants

Si vous avez subi un traumatisme cervical, si vous avez d'autres problèmes de cou ou si votre cou n'est pas assez fort, il est conseillé de rester en *vinyasa* huit jusqu'à ce que votre état s'améliore.

Si vous souhaitez aller plus loin, à partir du *vinyasa* huit, tendez les bras sur le côté, paumes vers le bas. Avec les bras dans cette position, tendez les jambes. Cette position des bras aide à supporter le poids du buste et offre une plus grande stabilité. Faites cette version pendant un certain temps pour permettre à votre cou de se renforcer.

Pour progresser et approfondir la posture, à partir du *vinyasa* huit, placez les mains de chaque côté de votre tête, les doigts pointant vers les pieds. Vous pourrez supporter une partie du poids avec vos bras tout en explorant vos sensations tandis que vous roulez sur le front.

Setu Bandhasana version débutants bras sur le côté

ASHTANGA YOGA LA PREMIÈRE SÉRIE

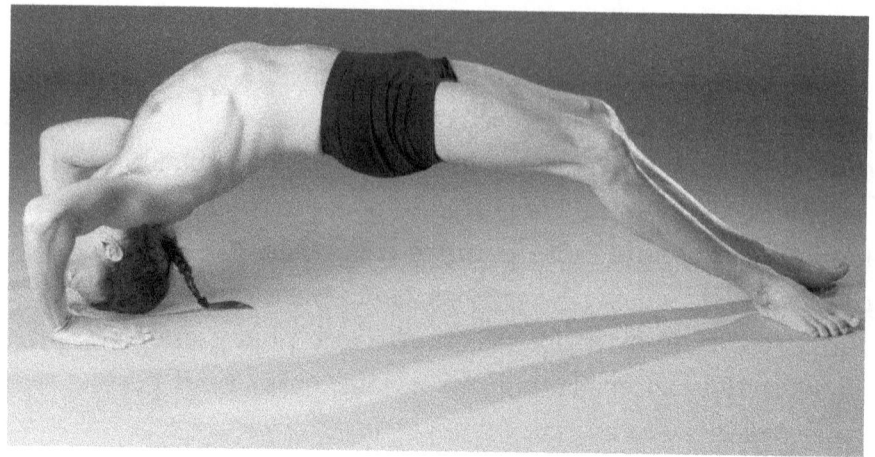

Setu Bandhasana version débutants bras au-dessus de la tête

Encore une fois, donnez-vous le temps de vous sentir en maitrise dans cette version avant de tenter la position finale des bras. Si exécutée correctement, *Setu Bandhasana* réaligne le cou.

Vinyasa dix

En expirant, inversez exactement les mouvements qui vous ont amené dans la posture. Ne redescendez pas en roulant en arrière sur votre tête, ce qui exercerait une pression trop importante sur les vertèbres cervicales. Au contraire, gardez la cambrure du dos et posez les fessiers proches de la tête. Soulevez ensuite la poitrine, sortez la tête et allongez-vous, en tendant les jambes et en les ramenant à une position neutre par une rotation médiale des cuisses.

Vinyasa onze

Il s'agit de la deuxième posture où nous nous retrouvons allongés au sol à la fin. Comme pour *Supta Padangushtasana*, sortez de cette posture par *Chakrasana*. Si cela est trop difficile, basculez en position assise et revenez en *Chaturanga Dandasana*.

Vinyasa douze Inspirez en Chien tête en haut.

Vinyasa treize Expirez en chien tête en bas.

Urdhva Dhanurasana
POSTURE DE L'ARC VERS LE HAUT
Drishti Nez

Préalable : K. Pattabhi Jois affirmait que les étudiants devaient être capables de maîtriser toutes les postures jusqu'à ce point avant de tenter les extensions arrière intenses. Il explique qu'un nerf subtil (*nadi*) situé à la base du crâne pourrait être endommagé si les extensions sont entreprises sans cette préparation.

Les flexions avant et l'ouverture des articulations des hanches créent une base à partir de laquelle il est possible de s'aventurer dans des actions plus complexes. *Marichyasana* D, *Supta Kurmasana* et *Garbha Pindasana* créent la force abdominale profonde, qui est nécessaire avant de tenter des extensions arrière plus intenses, comme retomber en arrière en *Urdhva Dhanurasana* depuis la position debout.

Veuillez noter qu'*Urdhva Dhanurasana* est absent non seulement de *Yoga Mala* mais aussi d'autres listes anciennes de la Première Série. L'inclusion d'*Urdhva Dhanurasana* dans la Première Série semble être une interpolation ultérieure.

Vinyasa sept
En inspirant, sautez en avant jusqu'à *Dandasana* et allongez-vous.

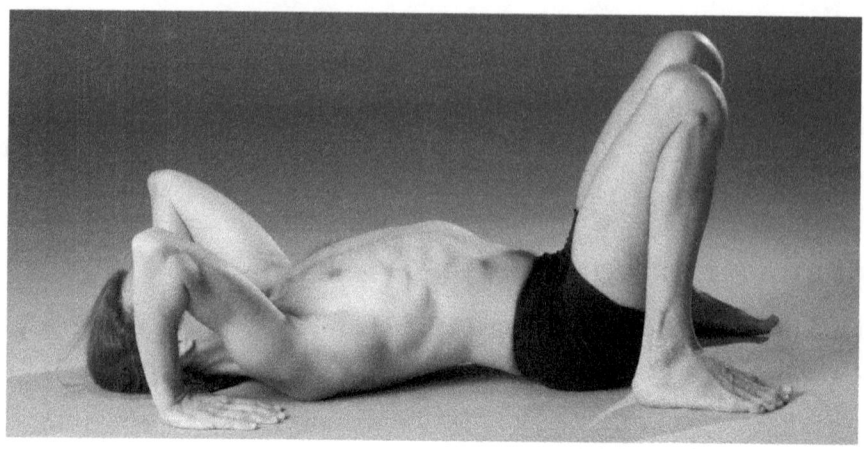

Urdhva Dhanurasana vinyasa huit

Vinyasa huit

En expirant, pliez les jambes et ramenez les talons vers les fessiers. Placez les pieds parallèles espacés de la largeur des hanches. Placez ensuite les mains de chaque côté de votre tête, les majeurs parallèles et pointant vers les pieds. Écartez les doigts. Sur la fin de l'expiration, soulevez le buste du sol d'un centimètre seulement.

Vinyasa neuf

Lors de l'inspiration, dans un mouvement fluide, tendez les bras et les jambes et soulevez le buste. N'aspirez pas l'air, mais respirez en douceur. Ne poussez pas le corps vers le haut, ce qui pourrait entraîner des tensions au niveau des articulations des épaules, du sacrum et des fascias de la colonne vertébrale.

De nombreux élèves ont tendance à tourner les pieds vers l'extérieur et à écarter les genoux sur les côtés, les cuisses étant roulées vers l'extérieur. Ils compensent ainsi la raideur des quadriceps et/ou du psoas. En écartant l'intérieur des jambes, on gagne de l'espace sans avoir à étirer les muscles fléchisseurs des hanches.

Bien que cela permette d'atteindre un objectif à court terme, à long terme, cela peut conduire à un blocage du sacrum, entraînant des douleurs lombaires. En roulant les cuisses vers l'extérieur, vous sollicitez les muscles rotateurs latéraux de la hanche, dont l'un d'eux, le piriforme, est issu des ligaments du sacrum. Si le muscle piriforme se spasme en raison d'une surutilisation, le sacrum ne peut plus flotter dans les articulations sacro-iliaques et devient fixe.

Urdhva Dhanurasana (vinyasa neuf)

Les mouvements subtils du sacrum agissent comme une pompe qui stimule la circulation du liquide céphalo-rachidien entre les couches protectrices de la moelle épinière. Notre cerveau flotte dans le liquide céphalo-rachidien, qui lui apporte des nutriments ainsi qu'à la moelle épinière, et le protège en absorbant les chocs qu'il subit. Le blocage du sacrum entrave non seulement le mouvement des vertèbres (effet domino), mais aussi la circulation du liquide céphalo-rachidien, qui est vitale.

Cela crée des difficultés dans tous les domaines, qu'il s'agisse d'accomplir les tâches quotidiennes ou de s'engager dans le travail subtil de la méditation.

Cette tendance à tourner les pieds et les cuisses vers l'extérieur est corrigée par une rotation médiale des fémurs jusqu'à ce qu'une position neutre des jambes soit atteinte. La rotation médiale du fémur est réalisée par le tenseur du fascia lata, le gracile, le semi-tendineux et le semi-membraneux (deux des muscles ischio-jambiers) ainsi que le petit glutéal. Cette position des jambes permet d'étirer les muscles fléchisseurs de la hanche (droit fémoral et psoas), ce qui est nécessaire pour vraiment progresser dans les extensions arrière. Les quatre côtés des pieds seront alors ancrés de la même façon.

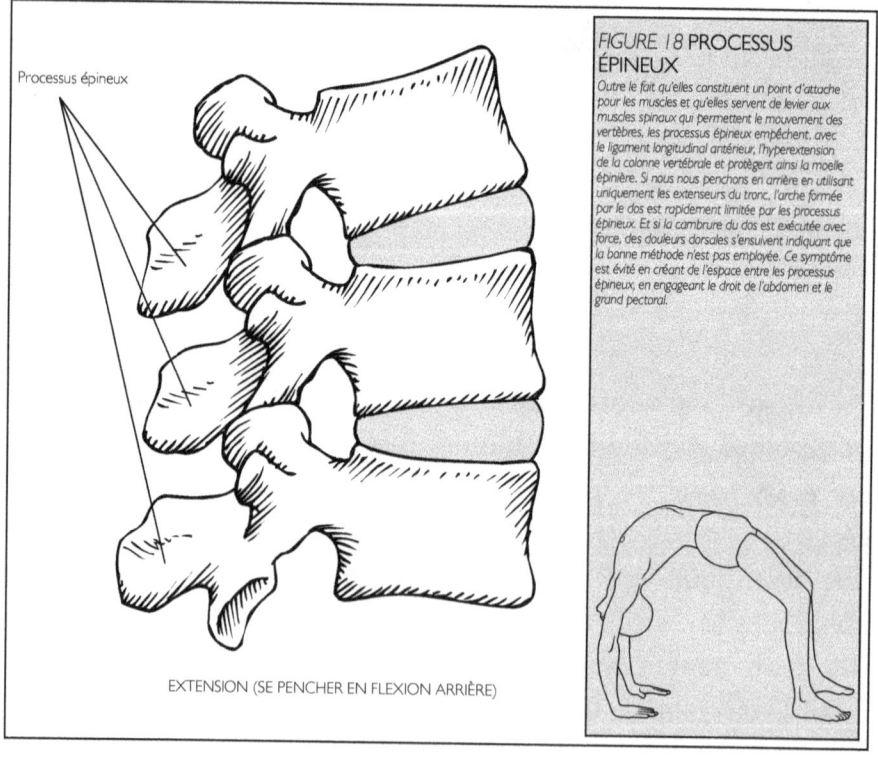

EXTENSION (SE PENCHER EN FLEXION ARRIÈRE)

FIGURE 18 **PROCESSUS ÉPINEUX**

Outre le fait qu'elles constituent un point d'attache pour les muscles et qu'elles servent de levier aux muscles spinaux qui permettent le mouvement des vertèbres, les processus épineux empêchent, avec le ligament longitudinal antérieur, l'hyperextension de la colonne vertébrale et protègent ainsi la moelle épinière. Si nous nous penchons en arrière en utilisant uniquement les extenseurs du tronc, l'arche formée par le dos est rapidement limitée par les processus épineux. Et si la cambrure du dos est exécutée avec force, des douleurs dorsales s'ensuivent indiquant que la bonne méthode n'est pas employée. Ce symptôme est évité en créant de l'espace entre les processus épineux, en engageant le droit de l'abdomen et le grand pectoral.

Afin ouvrir la poitrine, nous devons à nouveau empêcher le mouvement compensatoire des aisselles qui tournent sur le côté. Ceci est réalisé grâce à la rotation latérale de l'humérus, qui est effectuée par le muscle infra-épineux.

Avant que les animaux ne se mettent debout pour marcher, la colonne vertébrale était horizontale comme une table, soutenue uniformément aux quatre coins par quatre membres. En position verticale, la ceinture pelvienne, le thorax et la ceinture scapulaire protègent la majeure partie de la colonne vertébrale, non seulement des agresseurs, mais aussi des élèves de yoga trop zélés. Cependant, une zone manque ostensiblement de toute protection, c'est la colonne lombaire. Le bas du dos étant la région la plus souple, le novice y mettra spontanément le plus d'effort pour «conquérir» ses extensions arrière.

À la place, respirez dans les zones tendues, généralement la poitrine et l'avant des cuisses, puis détendez-les et relâchez-les. Simultanément, soutenez les zones faibles et souples. Il s'agit généralement du bas du dos, qui doit être protégé par le corset ferme des muscles abdominaux (obliques externes et internes, grands droits et abdominaux transverses). En outre, le bas du dos et le cou assument déjà une lordose naturelle (voir figure 1), et une contraction excessive de ces zones, lors de l'extension arrière, peut entraîner des spasmes musculaires.

De la même façon que pour le chien tête en haut, exploitez la force de soutien des quatre piliers : vos bras et vos jambes. Une fois que le buste est soulevé dans l'arc arrière, le travail des bras et des jambes conspire à soulever la colonne vertébrale plus haut dans les airs, allongeant le tronc et soulageant tout tassement des vertèbres. Imaginez votre tronc comme un auvent s'élevant vers le haut, monté sur quatre supports solides et ancrés. Protégez le cou en l'allongeant, plutôt qu'en le contractant, et en relâchant le sommet de la tête en direction du sol.

Pour progresser plus profondément dans les extensions arrière :

Une fois que vous êtes élevé en *Urdhva Dhanurasana* et que vous sentez avoir atteint votre limite, relâchez une partie de la tension des muscles qui vous ont amené dans cette posture et engagez plutôt leurs antagonistes. Au niveau de la ceinture scapulaire, cela signifie relâcher le trapèze et le deltoïde en engageant le grand pectoral et le grand dorsal. Le long du tronc, relâchez les muscles érecteurs du rachis et le carré des lombes en engageant les abdominaux, en particulier le droit de l'abdomen. Au niveau des hanches, relâchez le grand glutéal en engageant le psoas et, au niveau des jambes, relâchez les ischio-jambiers en engageant les quadriceps.

Cette méthode qui consiste à relâcher les opposés est importante pour les raisons suivantes :

- Les extenseurs du dos contractent et raccourcissent le dos. Cette action est utile pour passer à *Urdhva Dhanurasana*, mais elle a ses limites. Poursuivi au-delà de l'objectif de cambrer le dos, le mouvement pince les apophyses épineuses des vertèbres, ce qui empêche tout mouvement ultérieur vers l'arrière.
- Pour créer une extension arrière plus profonde, nous devons donc allonger la colonne vertébrale et le dos. Cette action est réalisée par le droit de l'abdomen, le psoas et le grand pectoral, tous situés à l'avant du torse.
- En extension arrière, le fait de pousser vers le haut sursollicite les principaux muscles du bas du dos, dans

la zone la plus souple. Le carré des lombes est alors relâché et allongé en engageant le psoas et le droit de l'abdomen.
- Au début de la pratique du yoga, la cage thoracique du pratiquant a souvent un aspect rigide qui n'exploite pas ses qualités. La respiration yogique et les extensions arrière contribuent à l'assouplir et à la rendre mobile, assurant ainsi le bon fonctionnement des organes vitaux de la cage thoracique et augmentant le volume courant, c'est-à-dire la quantité d'air échangée lors d'une respiration normale. En sollicitant le grand pectoral, la poitrine s'éveille et s'ouvre.

Comment réaliser ces mouvements :

Maintenez le support musculaire qui vous a permis d'entrer dans la posture (extenseurs du dos, fléchisseurs des épaules, extenseurs des hanches et fléchisseurs des jambes), puis engagez leurs antagonistes pour approfondir la posture. Pour engager le grand pectoral afin d'ouvrir la poitrine et les aisselles, faites un mouvement de balayage avec vos mains vers l'extrémité du tapis. Cette action amène le sternum vers les poignets ou au-delà, tandis que les aisselles et la poitrine s'ouvrent.

Maintenant, sans compensation, déplacez vos mains vers vos pieds. Engagez ici les quadriceps comme si vous vouliez fléchir l'articulation de la hanche. Dans cette position, l'articulation de la hanche ne peut pas fléchir, car la flexion est empêchée par les muscles extenseurs de la hanche. Par conséquent, les quadriceps se relâchent profondément et leur travail permet de tendre les jambes. Utilisez l'espace gagné en rapprochant les mains et les pieds. Maintenant, passez sur la pointe des pieds et soulevez votre poitrine au-dessus de vos épaules. En gardant cette nouvelle hauteur, allongez et reposez vos talons au sol.

Engagez maintenant vos muscles abdominaux et utilisez cette contraction pour soulever l'ensemble du buste vers le plafond. L'engagement des abdominaux permet de créer de l'espace entre les processus épineux des vertèbres. Approfondissez votre extension arrière en créant de l'espace en dessous de vous.

Assurez-vous en tout temps que les aisselles, les cuisses, les genoux et les pieds ne tournent pas vers l'extérieur. Amenez l'étirement dans les quadriceps et le reste de l'avant du corps.

Sentez comment les inspirations prises à l'avant de la poitrine et sous les clavicules assouplissent et ouvrent la cage thoracique. Pendant toute la durée de l'extension arrière, le regard est dirigé vers le nez. Ce *drishti* permet d'éviter de trop contracter le cou. Plutôt que de ramener la tête en arrière pour regarder vos mains, relâchez le sommet de la tête vers le sol et allongez la nuque.

Engagez le grand dorsal, qui travaille en collaboration avec le grand pectoral pour tendre les bras. Le grand dorsal permet la dépression de la ceinture scapulaire (en tirant les omoplates vers le bas du dos). À ce titre, il est l'antagoniste du trapèze et du muscle élévateur de la *scapula* (omoplate). En abaissant les omoplates, le trapèze est relâché, le cou et le haut du dos s'allongent. L'action du grand dorsal avec le grand pectoral crée de l'espace au niveau des processus épineux de la colonne vertébrale. Cela permet d'arquer et d'ouvrir la poitrine à l'arrière du cœur.

ASANA

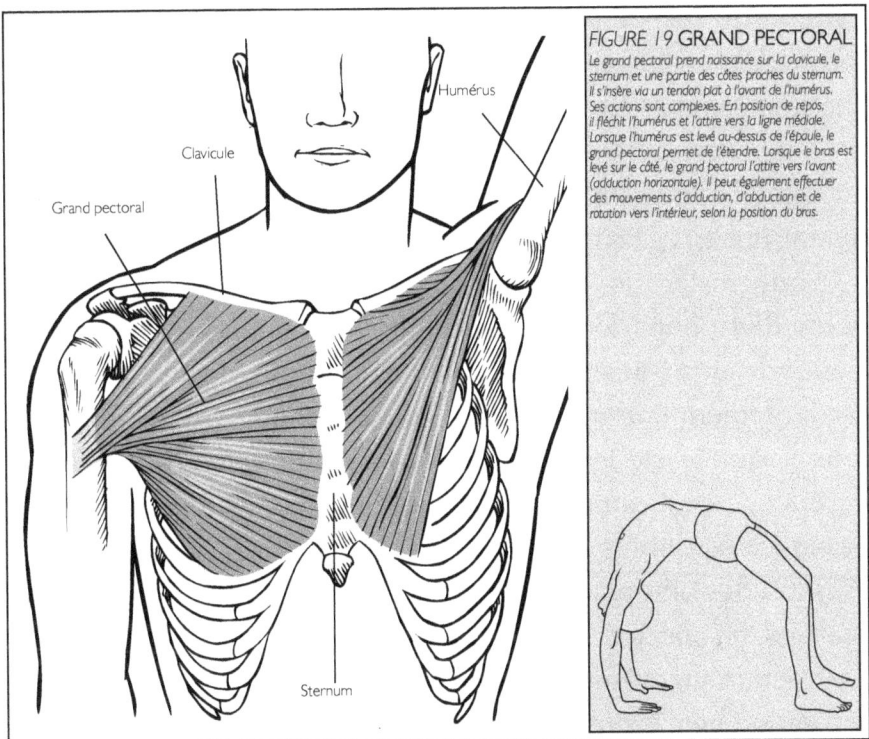

FIGURE 19 GRAND PECTORAL
Le grand pectoral prend naissance sur la clavicule, le sternum et une partie des côtes proches du sternum. Il s'insère via un tendon plat à l'avant de l'humérus. Ses actions sont complexes. En position de repos, il fléchit l'humérus et l'attire vers la ligne médiale. Lorsque l'humérus est levé au-dessus de l'épaule, le grand pectoral permet de l'étendre. Lorsque le bras est levé sur le côté, le grand pectoral l'attire vers l'avant (adduction horizontale). Il peut également effectuer des mouvements d'adduction, d'abduction et de rotation vers l'intérieur, selon la position du bras.

Les élèves de yoga se tiennent parfois en *Samasthiti*, la poitrine fièrement bombée, comme s'ils participaient à une parade militaire. Le garde-à-vous militaire consiste à soulever et à étirer la cage thoracique vers l'avant, comme une armure et une fortification. On y parvient en durcissant l'arrière du cœur, ce qui nous prépare au combat. D'un point de vue anatomique, cela se fait par la contraction du trapèze et du rhomboïde. Le rhomboïde permet l'adduction des omoplates (ramène les omoplates vers la colonne vertébrale).

En yoga, la zone située derrière le cœur doit rester aussi ouverte que le ciel. Fermer l'arrière du cœur, nous fait nous concentrer sur ce que nous avons besoin de conquérir, en face de nous. C'est une fonction du mental solaire (liée à Surya Nadi, le canal d'énergie solaire). Au contraire, ouvrir l'arrière du cœur nous permet de voir que nous sommes au milieu de tout : que tout est simplement, et que rien n'a besoin d'être conquis. Cette position est liée à la suspension du mental, qui se produit lorsque le souffle pénètre dans le canal central, qui est également appelé le cœur, le dévoreur du mental.

Pour rester ouvert derrière le cœur dans cette posture particulière, nous devons relâcher les rhomboïdes en contractant le muscle antagoniste, le dentelé antérieur. Le dentelé antérieur est largement tombé en disgrâce et est mal utilisé. C'est ce muscle qui écarte les omoplates lorsque le poids est porté par les mains ; c'est donc aussi un muscle clé dans le chien tête en bas et les équilibres sur les mains. Dans toutes ces postures, la position des omoplates doivent être abaissées (grand dorsal) et écartées, en abduction (dentelé antérieur).

L'action vigoureuse du grand dorsal a pour effet secondaire la rotation vers l'intérieur de l'humérus (l'os du bras). Le grand dorsal partage cet effet avec le subscapulaire et le grand rond. Cette rotation médiale de l'humérus permet aux aisselles de s'ouvrir sur le côté, ce qui permet aux épaules de remonter vers les oreilles et, en fin de compte, de réduire l'extension arrière. Cette action doit être contrée par l'infra-épineux.

Attention : L'alignement correct des aisselles doit être évalué par un enseignant qualifié. L'action de rotation externe, si elle est exagérée, peut entraîner une inflammation chronique de l'articulation de l'épaule, en particulier chez une personne ayant déjà les humérus en rotation externe de façon naturelle.

Vinyasa dix

En expirant lentement, descendez. Regardez vers le plafond et placez l'arrière de la tête au sol. Répétez les *vinyasas* huit à dix deux fois de plus, en approfondissant à chaque fois l'extension arrière.

Une fois terminé, nous contrebalançons les effets chauffants et stimulants de l'extension arrière par les effets refroidissants et apaisants de la flexion avant.

Pashimottanasana
L'ÉTIREMENT INTENSE DE L'OUEST
Drishti Orteils

Vinyasa sept
En inspirant, basculez en *Dandasana*.

Vinyasa huit
En expirant, tendez les bras vers l'avant et tenez vos pieds.
En inspirant, soulevez votre poitrine et regardez vers le haut.

Pashimottanasana

Vinyasa neuf

Expirez en *Pashimottanasana*. La posture peut être maintenue beaucoup plus longtemps qu'au début de la séquence. En particulier après une pratique longue ou épuisante, elle peut être maintenue pendant vingt ou trente respirations en tant qu'asana restaurative.

Vinyasa dix

En inspirant, levez la tête et tendez les bras. En expirant, allongez-vous en *Tadaga Mudra*. *Tadaga* signifie réservoir ou étang, et c'est le calme d'un étang après l'activité des extensions arrière qui est ici imité. Le *mudra* ressemble à *Samasthiti* en position allongée sur le dos. Gardez tous les principaux groupes musculaires engagés et les yeux ouverts. Maintenez *Tadaga Mudra* pendant dix respirations ou jusqu'à ce que votre respiration soit revenue à son niveau normal, son rythme de repos. La respiration pendant les *asanas* de fin doit être calme.

Tadaga Mudra

Sarvangasana
POSTURE DE TOUS LES MEMBRES
Drishti Nez

Le *vinyasa* 7 n'est pas compté, puisque nous sommes déjà allongés sur le dos.

Vinyasa huit
À partir de *Tadaga Mudra*, soulevez vos jambes du sol (flexion des hanches). Les abdominaux doivent être bien développés pour que cela soit possible avec les jambes tendues. Le poids des jambes aura tendance à tirer le pubis vers le bas, à incliner le bassin vers l'avant et donc à creuser le bas du dos. Cela doit être compensé par la contraction du droit de l'abdomen. Si vos muscles abdominaux ne sont pas assez forts pour maintenir le pubis vers le bas, soulevez les jambes en pliant les genoux.

Continuez de les soulever jusqu'à ce que les hanches quittent le sol, tendez les jambes vers le plafond et pointez les pieds. Gardez les jambes actives et tous les muscles posturaux engagés pour éviter que le sang ne s'accumule vers la tête. Les inversions ne sont pas des postures de relaxation.

Placez les mains sur le bas du dos, les avant-bras parallèles. Au fur et à mesure que vous progressez, déplacez lentement vos mains vers les omoplates pour ouvrir la poitrine. Procédez avec précaution, car cela augmente la flexion du cou.

Sarvangasana

Aucune vertèbre cervicale ne doit être en contact avec le sol. Une pression excessive sur le cou peut entraîner des maux de tête, des douleurs aux poignets, une perte de la lordose naturelle du cou (voir figure 1) et/ou une posture avec la tête en avant (voir *Samasthiti*). Si vous avez déjà la tête en avant, abstenez-vous de faire *Sarvangasana* jusqu'à ce que vous ayez corrigé le problème par la flexion arrière. Pour soulager le cou, appuyez doucement les coudes, les épaules, les avant-bras et l'arrière de la tête sur le sol. Si vous ne pouvez pas maintenir la nuque hors du sol, utilisez une ou deux couvertures pliées sous les épaules et sous les coudes.

Créez une sensation de légèreté et étendez l'ensemble du buste et des jambes vers le plafond. Si vos pieds sont au-dessus de votre tête, déplacez-les pour les aligner avec votre buste. Le poids sera ainsi transféré de la tête vers les coudes.

Sarvangasana offre un excellent point de vue pour observer la zone de l'estomac qui bouge librement par rapport à la zone du bas-ventre qui n'oscille pas, grâce à l'application d'*Uddiyana Bandha* et d'*Ujjayi Pranayama*.

Sarvangasana améliore la circulation sanguine et préserve la jeunesse des vaisseaux sanguins, du cœur et des poumons. Elle a un effet tonifiant général et rajeunissant. Après une pratique intense, cette posture peut être maintenue plus longtemps. Les inversions ne sont pas pratiquées pendant les règles car elles peuvent interrompre le flux menstruel normal. L'hypertension artérielle et les douleurs au poignet sont des contre-indications à *Sarvangasana*.

Halasana
POSTURE DE LA CHARRUE
Drishti Nez

Vinyasa huit
En expirant, à partir de *Sarvangasana*, descendez lentement vos jambes vers le sol en les gardant tendues. Ce mouvement doit être fait uniquement en fléchissant les hanches, sans courber le dos. Si vos pieds ne touchent pas le sol en raison d'une

raideur des ischio-jambiers, maintenez-les en suspension au-dessus du sol. Chez les élèves raides, en particulier ceux dont les muscles abdominaux sont sous-développés, le fait de courber le dos, additionné du poids des jambes, exercent une pression excessive sur les disques intervertébraux. Ce qui peut causer un bombement discal s'ils forcent pour poser les pieds au sol.

Laissez les ischions s'élever vers le plafond. Posez légèrement les jambes, en portant la majeure partie de leur poids avec le dos. Continuez à remonter les rotules. Au début, vous pouvez fléchir les pieds pour atteindre le sol ; une fois établie dans la posture, pointez les pieds. Entrelacez les doigts, tendez les bras et ramenez les mains vers le sol. Soulevez toutes les vertèbres cervicales du sol. Utilisez *Uddiyana Bandha* pour diffuser la respiration dans la poitrine.

Halasana

Karnapidasana

POSTURE DES GENOUX AUX OREILLES
Drishti Nez

Vinyasa huit

En expirant, à partir de *Halasana*, pliez les jambes et placez les genoux près des oreilles. Relâchez les genoux vers le sol. En gardant les mains entrelacées comme dans *Halasana*, pointez et joignez vos pieds. C'est la flexion du buste la plus forte de la séquence. Respirez librement bien que votre poitrine soit comprimée.

Karnapidasana

Urdhva Padmasana

POSTURE DU LOTUS VERS LE HAUT
Drishti Nez

Comme pour d'autres postures, il existe une certaine confusion concernant le nombre de *vinyasa* dans *Urdhva Padmasana*. *Yoga Mala* affirme que nous arrivons au compte huit dans cet asana, alors qu'Ashtanga Yoga répertorie la posture comme *vinyasa* neuf. J'ai suivi *Yoga Mala*, car il représente la source la plus ancienne.

Vinyasa huit

En inspirant, à partir de *Karnapidasana*, tendez vos jambes en *Sarvangasana*, en allongeant d'abord la colonne vertébrale, puis les articulations des hanches.

Vinyasa neuf

En expirant, placez d'abord la jambe droite puis la jambe gauche en *Padmasana*. Cette posture ne doit être tentée qu'après avoir acquis la maîtrise de *Padmasana*. Au début, aidez-vous d'une main pendant que l'autre stabilise la posture.

Urdhva Padmasana

Une fois en *Padmasana*, amenez vos cuisses parallèlement au sol et placez vos mains sous vos genoux. Tenez-vous en équilibre sur le trépied solide que constituent vos épaules et l'arrière de votre tête. Maintenez les vertèbres cervicales hors du sol en ancrant les trois points de la base de votre trépied, tout en montant les ischions vers le plafond.

Pindasana
POSTURE DE L'EMBRYON
Drishti Nez

Vinyasa neuf

En expirant, repliez le lotus sur la poitrine. Rapprochez les genoux de manière à avoir les cuisses parallèles. Cette action remonte les pieds plus profondément dans les aines. Entourez vos cuisses de vos bras et entrelacez vos mains ou, si possible, attrapez un poignet. Il est plus difficile ici de soulever la dernière vertèbre cervicale du sol. Roulez un peu sur le haut du dos pour éviter ce problème.

Pindasana

Matsyasana

Matsyasana
POSTURE DU POISSON
Drishti Nez

Vinyasa neuf

En inspirant, relâchez les bras et posez le dos au sol. Faite une extension au niveau de l'articulations des hanches et placez les genoux sur le sol. En tenant les pieds, levez la poitrine vers le plafond, arquez le dos et placez le sommet de votre tête sur le sol. Continuez de tenir les pieds, tendez les bras et continuez de lever le cœur vers le plafond. *Matsyasana* ouvre la gorge et accentue la lordose du cou, qui a été inversée pendant la séquence des équilibres sur les épaules. Vue d'en haut, la posture a la forme d'un poisson, la tête et les épaules formant la tête du poisson, les jambes pliées représentant la queue et les bras les nageoires dorsale et caudale.

Uttana Padasana
POSTURE ETIREMENT INTENSE DES JAMBES
Drishti Nez

Vinyasa huit

En inspirant, le buste et la tête maintenus dans la même position que dans *Matsyasana*, dépliez les jambes du lotus et soulevez les de 30° par rapport au sol. Tendez les bras avec le même angle, les paumes jointes. Les abdominaux sont fortement activés ici car ils supportent le poids des jambes, ce qui fait basculer le bassin vers l'avant. Respirez dans la poitrine, car respirer dans l'abdomen déstabiliserait le bas du dos. Ce n'est pas une posture pour les débutants. Les muscles abdominaux doivent être préparés en ajoutant lentement les postures précédentes de la Première Série.

Uttana Padasana

Vinyasa neuf

En inspirant, soulevez la tête et redressez le cou. En expirant, abaissez les jambes au-dessus de la tête en *Halasana*. Placez les mains de part et d'autre de la tête et, sortez de la posture par *Chakrasana*, jusqu'à *Chaturanga Dandasana*.

Vinyasa dix
Inspirez en Chien tête en haut.

Vinyasa onze
Expirez en chien tête en bas.

Shirshasana
POSTURE SUR LA TÊTE
Drishti Nez

Vinyasa sept

En inspirant, pliez les genoux et, en expirant, placez les coudes sur le tapis. Vérifiez que la largeur de vos coudes est correcte en enroulant vos mains autour d'eux : à la bonne distance, vos articulations se trouvent à l'extérieur des coudes. Sans changer la position de vos coudes, relâchez la prise de vos mains et entrelacez vos doigts. Placez vos deux petits doigts sur le sol - pas l'un sur l'autre - et séparez vos poignets. Veillez à garder vos mains et vos poignets verticaux (perpendiculaires au sol) en évitant de rouler sur le dos de vos mains. Cela forme un trépied solide pour le soutien et l'équilibre. Gardez les épaules larges ainsi que le cou long et appuyez sur le sol avec vos avant-bras. Cette action donne l'ancrage nécessaire pour *Shirshasana*. Le côté des poignets est le point d'équilibre.

Shirshasana, vinyasa sept

La stabilité dans la posture sur la tête dépend de la distance entre vos doigts et le point central entre vos coudes. Plus les coudes s'écartent sur les côtés, plus cette distance se réduit et moins la posture sur la tête est stable.

Position alternative des bras pour les humérus courts

Si vos humérus (os du bras) ne sont pas plus longs que la distance entre la base de votre cou et le sommet de votre tête, la position décrite pour les bras comprimera le cou. Dans ce cas, pressez les talons de vos mains l'un contre l'autre et laissez les coudes s'écarter. Votre tête sera ainsi positionnée plus au centre du triangle et les humérus seront perpendiculaires au sol. Cette position s'adapte mieux à la longueur des bras, mais le raccourcissement du trépied rend cette position des bras moins stable et donc plus difficile.

Placez le point le plus haut de votre tête sur le tapis, l'arrière de votre tête reposant sur vos paumes. Si vous vous tenez en équilibre sur votre front, vous induisez une courbure cervicale excessive et comprimez les vertèbres du cou. Le point de la tête, qui est le point le plus élevé dans *Samasthiti*, doit toucher le sol. En fait, la plupart des instructions pour *Samasthiti* et *Shirshasana* sont identiques.

Pour arriver à la position inversée, tendez les jambes et avancez les pieds vers la tête. Gardez l'ancrage de votre trépied pendant que vous avancez vos pieds aussi près que possible tout en amenant vos ischions vers le plafond. Les ischions se déplacent vers l'arrière au-delà de la tête, de sorte que le dos est légèrement en extension. Maintenant amenez tout le poids de votre corps dans vos bras : la tête ne doit toucher que légèrement le sol. K. Pattabhi Jois demandait à ses élèves de ne pas placer de poids sur la tête et, dans *Yoga Mala*, il a déclaré que si nous tenons *Shirshasana* en portant le poids du corps sur la tête, cela nuira à notre développement intellectuel. En outre, les *nadis* subtils du cerveau risquent d'être endommagés.

Shirshasana

Vinyasa huit

En inspirant, lentement levez les jambes tendues vers le plafond, grâce à l'extension de l'articulations des hanches en engageant le grand glutéal. Respirez lentement et gardez le bas-ventre ferme. Une respiration rapide, surtout dans l'abdomen, déstabilise toutes les inversions. Gardez les mains détendues afin que vous puissiez bouger les doigts. Si les doigts sont serrés pour tenter de tenir la pose, il s'ensuit souvent un poids trop important sur les coudes et une position trop écartée des coudes. Pour trouver l'équilibre, enfoncez les poignets dans le sol et répartissez uniformément le poids de votre corps entre les coudes et les mains.

Écartez les omoplates (abduction des omoplates par le dentelé antérieur - voir *Urdhva Dhanurasana*). Tirez ensuite les omoplates vers les hanches en contractant le grand dorsal. Au début, ce mouvement peut s'avérer difficile sans placer plus de poids sur la tête, car il nécessite un muscle grand dorsal développé.

Pour ouvrir la poitrine, tournez les aisselles vers le mur en face de vous. Vous éliminerez ainsi la bosse qui pourrait exister dans le haut du dos autour de T6. L'ensemble du tronc et des jambes sont maintenus actifs et tendus vers le plafond. Les pieds sont pointés (flexion plantaire). Exécuté de cette manière, *Shirshasana* est une posture idéale pour la méditation. Ouvrez-vous au fait qu'il est plus facile de la maintenir que de se tenir debout ! Nous avons oublié l'effort que nous avons fournis pour apprendre à marcher. Le centre de gravité est beaucoup plus bas en *Shirshasana* qu'en position debout, ce qui facilite l'équilibre. Les bras, les coudes, la tête et les mains couvrent une surface beaucoup plus grande que les pieds, ce qui rend potentiellement la posture plus stable qu'en position debout.

Les écritures médiévales du *Hatha* ont beaucoup parlé de la capacité de la posture sur la tête et de l'équilibre sur les épaules à «vaincre» la mort et à accéder à l'immortalité. On pense que cela se produit de la manière suivante : La lune subtile est située dans le corps, à l'intérieur de la tête, précisément en haut à l'arrière du palais mou. C'est aussi l'extrémité de la *sushumna*, appelée *Brahmarandra*, la porte de Brahman. D'un point de vue anatomique, cet endroit est proche de la jonction entre le crâne et la colonne vertébrale. C'est de cette «lune» que s'écoule le nectar rafraîchissant de l'immortalité, appelé *amrita* (mrta = mort, a-mrta = absence de mort). Ce nectar est également utilisé dans d'autres techniques telles que *Nabho* et *Kechari Mudra*.

Le «soleil» subtil du corps est situé dans l'estomac, où siège le feu gastrique (*agni*). Le nectar d'immortalité exsudé par la lune tombe sur le soleil, où il est consommé par son feu gastrique. Lorsque le nectar est finalement épuisé, la mort est imminente. Le corps étant inversé dans l'espace, le soleil est placé au-dessus de la lune. La gravité inhibe alors le flux d'*amrita*, de sorte qu'il peut être réabsorbé. L'immortalité ou l'allongement de la durée de vie étaient censés en résulter. La préoccupation de l'immortalité physique est cependant assez récente dans l'histoire du yoga. Comme l'a montré Mircea Eliade,[45] elle n'a pris de l'ampleur qu'après l'an 1000 de notre ère. Dans la tradition originelle du yoga, l'immortalité s'acquiert en réalisant ce qui est en soi immortel : le *purusha* (la conscience).

L'identification avec le corps est une fonction de l'égo. Le corps est une manifestation de nos expériences passées, y compris nos blessures, nos ambitions et nos limitations. Pourquoi

---

[45] Mircea Eliade, Yoga - Immortality and Freedom, 2nd edn, Princeton University Press, Princeton, New Jersey, 1969.

nous efforcerions-nous de nous accrocher éternellement aux barreaux de notre prison, alors que nous pourrions être libres ? Pourquoi devrions-nous porter une énorme enclume sur notre épaule alors que nous pourrions déployer nos ailes et voler ? Le corps est l'affirmation que «je suis séparé de la réalité profonde (Brahman)», comme l'a suffisamment démontré *Shankara*. Selon le *Samkhya Karika*, «comme le tour d'un potier continue son mouvement même après que le potier a cessé son effort, de même le corps achèvera son cours naturel». Une fois la véritable connaissance acquise, il n'y aura plus de manifestation physique. Le corps est abandonné lorsque l'on pénètre dans l'océan de la conscience infinie. C'est l'immortalité yogique. L'ancien yoga a été enseigné de cette manière dans les *Upanishads*, ainsi que par les grands maîtres tels que Kapila, Patanjali, Vyasa et Shankara. Les tentatives médiévales de recherche de la liberté par la chose même qui nous lie sont des manifestations du *Kali Yuga*.

Urdhva Dandasana

Shirshasana est une posture très utile pour purifier le sang, le cœur et les poumons. Elle permet également de prendre conscience du centre du corps, ce qui est utile dans toutes les autres postures. Prolongez lentement le temps passé en *Shirshasana*, vingt-cinq respirations étant suffisantes au début. Après une pratique plus longue et plus intense, il est recommandé de passer plus de temps en *Shirshasana*.

Vinyasa neuf

En expirant, abaissez vos jambes, en les gardant tendues, jusqu'à ce qu'elles soient parallèles au sol. Cette posture - *Urdhva Dandasana* (bâton inversé) - développe les extenseurs de la hanche (principalement le grand glutéal) et les extenseurs du dos (les muscles érecteurs du rachis et le carré des lombes). Les ischions doivent se déplacer vers l'arrière, au-delà de l'arrière de la tête, pour maintenir l'équilibre. La colonne vertébrale est maintenue légèrement en extension et la poitrine est ouverte. Dans cette posture, pointez les pieds (flexion plantaire). Regardez le nez et maintenez la posture pendant dix respirations.

Shirshasana avec la tête décollée du sol

Balasana

Vinyasa dix

En inspirant, remontez les jambes tendues jusqu'à *Shirshasana*. À partir de là, décollez complètement la tête du sol. Pour ce faire, appuyez les coudes sur le sol (flexion de l'articulation de l'épaule). Vous êtes maintenant en équilibre sur les avant-bras, le sommet de la tête pointant vers le bas et les doigts entrelacés. Regardez d'abord vers le nez, puis levez le menton vers le sternum et regardez vers le nombril. Ouvrez la poitrine et écartez les omoplates vers les côtés puis remontez les vers le plafond. Tenez fermement *Uddiyana Bandha* et maintenez la posture pendant dix respirations.

Cette posture est la préparation idéale pour *Pincha Mayurasana* dans la Série Intermédiaire. Pour ceux qui souhaitent réaliser l'équilibre sur les mains plus tard, la capacité à maintenir la tête hors du sol dans *Shirsasana* est une préparation nécessaire.

Vinyasa onze

En expirant, replacez doucement votre tête sur le sol et abaissez vos jambes tendues pour atterrir silencieusement sur le tapis. Pliez les genoux, ramenez vos hanches en arrière pour vous appuyer sur vos talons et posez votre front sur le sol. Les bras tendus au-dessus de la tête, tractez doucement les omoplates vers le bas pour relâcher les muscles du cou. Dans cette posture, nous nous prosternons et nous nous abandonnons (*Balasana*, la pose de l'enfant). *Balasana* facilite l'échange de pression dans la tête après *Shirshasana*. En fonction de la durée de la position debout sur la tête, nous pouvons maintenir *Balasana* entre dix respirations et deux minutes. K. Pattabhi Jois soulignait que si l'on ne garde pas la tête au sol pendant un certain temps pour permettre l'échange de pression, le cerveau et le système nerveux peuvent être endommagés.

Vinyasa douze

En inspirant, tendez les bras et les jambes. En expirant, descendez dans *Chaturanga Dandasana*.

Vinyasa treize

Inspirez en Chien tête en haut.

Vinyasa quatorze

Expirez en chien tête en bas.

Padmasana

POSTURE DE LOTUS
Drishti Nez

Padmasana est la posture majeure du yoga. Certains bienfaits lui sont attribués avec enthousiasme, tels que la destruction de toutes les maladies, la conquête de la mort et la traversée de l'océan de l'existence conditionnée.

Vinyasa sept

En inspirant, sautez en *Dandasana*.

Vinyasa huit

En expirant à partir de la position jambes tendue, repliez d'abord la jambe droite en *Padmasana*. Pour le faire en toute sécurité, fléchissez complètement l'articulation du genou droit en ramenant le talon droit vers la fesse droite. Si ce n'est pas possible, n'essayez pas *Padmasana*, mais asseyez-vous plutôt en tailleur. Si vous pouvez toucher le fessier avec le talon, laissez le genou droit descendre sur le côté, en pointant et inversant le pied droit. Ramenez ensuite le talon droit dans l'aine droite pour vous assurer que l'articulation du genou reste complètement fléchie dans cette position d'abduction. À partir de là, soulevez le talon droit vers le nombril, en rapprochant le genou de la ligne centrale. En gardant le talon dans l'alignement du nombril, placez la cambrure du pied dans l'aine opposée.

LE POINT DE VUE DU YOG

Padmasana : la jambe droite en premier
Pourquoi *Padmasana* se fait-il traditionnellement en plaçant d'abord la jambe droite et en amenant ensuite la jambe gauche par-dessus ? Lorsqu'on lui a posé cette question, K. Pattabhi Jois a cité le *Yoga Shastra* qui dit : «Le côté droit en premier et la jambe gauche au-dessus purifient le foie et la rate. La jambe gauche en premier et la jambe droite sur le dessus ne sont d'aucune utilité. « Il a également expliqué que le lotus ainsi pratiqué stimule la production d'insuline.

Des enseignants contemporains suggèrent d'exécuter *Padmasana* des deux côtés pour équilibrer le corps. Ce sont les postures debout qui permettent d'améliorer la symétrie du corps. Cependant, les postures qui influencent fortement les cavités abdominale et thoracique, telles que *Padmasana, Kurmasana, Dvi Pada Shirshasana* et *Pashasana*, n'ont pas pour fonction de rendre le corps symétrique, mais d'accommoder l'asymétrie des organes abdominaux et thoraciques. Pour tenir compte du fait que le foie se trouve dans la partie droite de la cavité abdominale et la rate dans la partie gauche, la jambe droite est d'abord placée en position et la jambe gauche au-dessus. Comme les postures avec les pieds derrière la tête développent la poitrine, placer la jambe gauche en premier dans *Kurmasana* permet de tenir compte du fait que le cœur se trouve principalement dans le côté gauche de la cavité thoracique.

Répétez ces étapes à gauche, comme si la jambe droite était encore tendue. Fléchissez d'abord complètement l'articulation du genou jusqu'à ce que le dessous de la cuisse touche l'arrière du mollet sur toute sa longueur. En amenant le genou loin vers la gauche, soulevez le pied gauche par-dessus la cheville droite en direction du nombril. Ne soulevez pas le pied gauche par-dessus le genou droit, car cela signifierait que l'articulation du genou gauche est ouverte, ce qui induirait un mouvement latéral dans le genou pendant la transition.

Assis en *Padmasana*, faites pivoter vos fémurs vers l'intérieur jusqu'à ce que les crêtes antérieures des tibias pointent vers le bas et que les talons ainsi que les plantes des pieds soient tournés vers le haut. De cette manière, les articulations des genoux sont complètement fermées et donc protégées. Ne restez pas assis en *Padmasana* en conservant la rotation latérale des fémurs qui vous a servi initialement à entrer dans la posture.

LE POINT DE VUE DU YOGA

L'importance de Baddha Padmasana

Baddha Padmasana est une posture de méditation très puissante. Dans les écritures, il est suggéré que le yogi prépare un support avec de l'herbe kusha, qu'il le recouvre d'une peau de cerf ou, mieux, d'une peau de tigre, et qu'il pose au-dessus un tissu de coton blanc propre. Cette installation m'a été suggérée à plusieurs reprises au cours de mes études en Inde. Un support de méditation aussi élaboré est utilisé à des fins d'isolation. L'énergie circule toujours du plus haut potentiel vers le plus bas. Comme la terre est réceptive, l'énergie s'écoulera du corps du yogi vers le sol. Pour cette raison, l'isolation est suggérée afin de préserver l'énergie pour la montée de la *Kundalini*. *Mula Bandha* est pratiqué pour des raisons similaires. Il empêche l'énergie de s'échapper de la base de la colonne vertébrale.

L'habitude qu'ont les yogis de méditer dans l'Himalaya doit être considérée de la même manière. Plus nous nous élevons dans les montagnes, plus l'attraction réceptive de la terre diminue et plus il est facile pour la *kundalini* de s'élever. Nous avons tendance à perdre plus facilement l'énergie depuis la paume des mains et la plante des pieds. C'est pourquoi, en *Padmasana*, la plante des pieds est tournée vers le haut, loin du sol. Dans *Baddha Padmasana*, les mains sont reliées aux pieds, ce qui crée un circuit énergétique. Toute l'énergie est alors recyclée à l'intérieur du corps, à l'exception de l'énergie qui sort par les neuf portes sensorielles (les deux yeux, les deux oreilles, les deux narines, la bouche, l'organe reproducteur et l'anus).

En passant le bras gauche dans le dos, saisissez le gros orteil du pied gauche, la paume tournée vers le bas. Le pied qui est sur le dessus est lié en premier. Liez ensuite le gros orteil droit avec votre main droite, en plaçant le bras droit sur le bras gauche dans votre dos. C'est *Baddha Padmasana*. Si vous éprouvez des difficultés à relier, croisez les bras au-dessus des coudes plutôt qu'au niveau des avant-bras. Cela permet d'ouvrir les épaules et la poitrine. Avoir le muscle petit pectoral tendu est le ici le plus grand obstacle.

Baddha Padmasana

Si vous rencontrez toujours des difficultés pour relier, examinez les points suivants :
- Rotation des hanches - plus nous pouvons tourner les fémurs vers l'intérieur et rapprocher les genoux, plus les pieds glisseront dans les aines. Cela rapproche les pieds des mains et facilite ainsi la fixation.

- Souplesse des épaules - si les épaules sont libérées, il est plus facile de les rouler vers l'arrière pour atteindre les orteils.
- Il faut enrouler les bras autour de la taille. Plus la taille est fine et plus la tâche est facile. L'élimination des kilos superflus peut faire ici des miracles, comme c'est le cas pour *Kurmasana*.

En inspirant, soulevez la poitrine, placez les épaules vers l'arrière et regardez vers le haut.

Vinyasa neuf

En expirant, fléchissez vers l'avant, en plaçant le front au sol, et regardez vers le nez. Avec plus d'expérience, vous pourrez placer le menton sur le sol. Ne le faite pas en avançant le menton tout en écrasant l'arrière de la nuque, car cela bloque l'énergie et empêche la *kundalini* de monter. Gardez la nuque longue et regardez entre les sourcils.

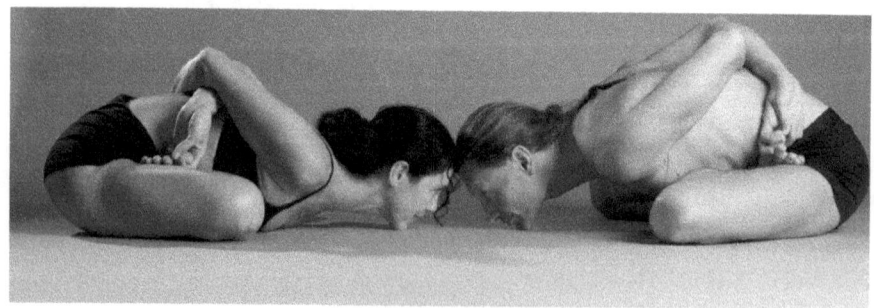

Yogamudra

Continuez à tourner les cuisses vers l'intérieur et à étirer le sommet de la tête et les ischions dans des directions opposées. Les omoplates suivent la direction des ischions, et descendent vers le bassin. Cette posture est *Yoga Mudra* (le sceau du yoga), c'est l'une des méthodes les plus efficaces pour sceller dans le corps l'énergie cultivée pendant la pratique. Maintenez la posture pendant dix à vingt-cinq respirations, selon la durée de votre pratique, tout en vous concentrant sur les *bandhas*.

Vinyasa dix

En inspirant, redressez-vous, lâchez les pieds et placez les mains sur les genoux, paumes tournées vers le haut, dans une attitude réceptive. Gardez les bras tendus pour aligner les épaules et stabiliser la colonne vertébrale. Placez les mains en *Jnana Mudra* (le sceau de la connaissance) en joignant le pouce et l'index tout en étendant les autres doigts. La signification des doigts est la suivante :
- Le pouce représente *Brahman* (la conscience infinie).
- L'index représente l'*atman* (notre véritable nature).
- Le majeur représente la *buddhi* (l'intellect).
- L'annulaire représente *manas* (le mental).
- L'auriculaire représente *kaya* (le corps).

Le fait de joindre le pouce et l'index scelle l'intention de réaliser que votre véritable nature (*atman*) n'est autre que la conscience infinie (*Brahman*).

Vous êtes maintenant dans la posture classique de méditation, qui est préférée à la simple position du tailleur. En *Padmasana*, nous nous asseyons sur une base solide constituée des ischions, des cuisses et des genoux. Cela nous permet de conserver la courbe naturelle en double S de la colonne vertébrale, comme si nous étions debout en *Samasthiti*.

Cette position correcte de la colonne vertébrale est non seulement nécessaire à la montée de la *kundalini*, mais elle favorise également la vigilance. Si nous nous asseyons simplement les jambes croisées, le bassin a tendance à basculer vers l'arrière, le cœur à s'affaisser et la tête à s'effondrer vers la poitrine. Un effort est nécessaire pour éviter cet affaissement, ce qui génère rapidement de la fatigue, quand elle est présente, la méditation devient difficile. La méditation, c'est la clarté et la luminosité du mental. Si le mental est torpide pendant la méditation, il en résultera des effets néfastes. (Une discussion plus détaillée sur la méditation est donnée dans la partie 4).

Pour garder l'esprit alerte, nous avons besoin d'une posture dans laquelle la tête peut être maintenue alignée avec le cou et la colonne vertébrale sans effort pendant une période prolongée. *Padmasana* est la posture idéale à cet effet.

Abaissez légèrement le menton. Dirigez doucement le regard vers le bas et le bout du nez. Restez ainsi pendant au moins vingt-cinq respirations lentes.

Padmasana avec Jnana Mudra

ASANA

Uttpluthi

Vinyasa onze

Placez les mains de part et d'autre des cuisses, les doigts écartés. En inspirant, soulevez tout le corps du sol en *Utpluthi* (déracinement).

La colonne doit s'enrouler pour se soulever, ce qui demande une flexion du tronc. Cette action est réalisée par les muscles abdominaux, principalement le droit de l'abdomen. Les épaules sont soutenues en abaissant la ceinture scapulaire (grand dorsal). Gardez un rythme respiratoire normal. Cette posture augmente le contrôle des *bandhas* et aide à comprendre le mouvement du *vinyasa*. C'est l'une des meilleures postures pour retrouver l'énergie. Elle élimine la fatigue à la fin de la pratique. Maintenez *Utpluthi* pendant vingt-cinq respirations, en regardant vers le nez.

Vinyasa douze

A l'expiration, basculez vers l'arrière, défaite le lotus et atterrissez en *Chaturanga Dandasana*. Le mouvement et ses variations ont été décrits pour sortir de la posture *Garbha Pindasana*.

Vinyasa treize
Inspirez en Chien tête en haut.

Vinyasa quatorze
Expirez en chien tête en bas.

Vinyasa quinze
En inspirant, sautez vers l'avant. En expirant, allongez-vous.

Shavasana
PRENDRE DU REPOS

K. Pattabhi Jois désignait cette posture comme «Prendre du Repos». La littérature yogique, cependant, l'appelle *Shavasana* (posture du cadavre) ou *Mritasana* (posture de la mort). Selon le *Hatha Yoga Pradipika*, «s'allonger sur le sol, comme un cadavre, est appelé *Shavasana*. Il élimine la fatigue et donne du repos au mental».[46] La *Gheranda Samhita* abonde dans le même sens : «S'allonger à plat sur le sol comme un cadavre est appelé *Mritasana*. Cette posture détruit la fatigue et calme les agitations de

---

[46] *La Hatha Yoga Pradipika* I.34, trand. P. Sinh, Sri Satguru Publications, Delhi, 1915, p. 37.

du mental».⁴⁷ Les deux traités attribuent à cette posture, non seulement la récupération, mais aussi la fonction importante de calmer le mental.

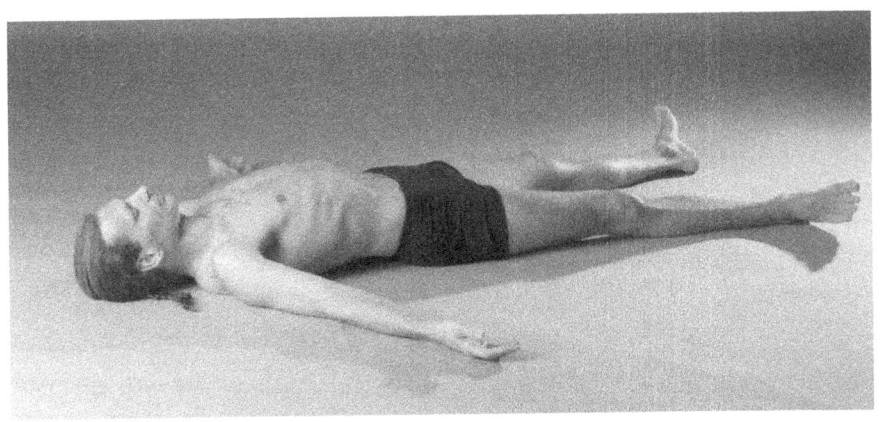

Shavasana

Shavasana fait partie intégrante de la pratique du yoga. À travers la pratique nous chauffons et purifions le corps grossier (physique) ainsi que le corps subtil (énergétique). Après la pratique, le corps a besoin de temps pour se refroidir et se calmer. Se lever immédiatement et commencer ses activités quotidiennes peut rendre agités et nerveux. L'effet calmant, centrant et apaisant de la pratique du yoga ne peut se manifester que si l'on se repose correctement après la pratique.

Pendant la pratique, nous sommes absorbés par l'action ; dans *Shavasana*, il est temps de s'établir dans le non-faire, le temps simplement d'être. L'état mystique, qui est le but du yoga, ne peut être atteint par l'activité ; il naît au contraire de la

---

47 *La Gheranda Samhita* II.11, trand. R.B.S. Chandra Vasu, Sri Satguru Publications, Delhi, 1986, p. 15.

cessation de toute activité. Cette cessation est permise pendant *Shavasana*.

L'importance physique de la relaxation
Shavasana correspond à la relaxation complète du corps et du mental. La relaxation du corps est importante pour l'assimilation du prana. Le prana est présent dans l'atmosphère. Des tentatives ont été faites pour comparer le prana au vent solaire et aux rayons alpha.[48] C'est au lever et au coucher du soleil que la pratique est la plus bénéfique car les niveaux praniques sont alors les plus élevés.[49] Ce n'est que grâce au prana accumulé qu'il est possible de maintenir le corps en vie pendant une longue période. Il existe des témoignages de yogis qui ont été enterrés sous terre pendant près d'un an et qui étaient encore en vie lorsqu'ils ont été déterrés. Bien que de tels exploits ne soient pas l'objectif du yoga, ils sont intéressants dans ce contexte. La vie est maintenue principalement grâce au prana, et la pratique de l'Ashtanga Vinyasa est conçue pour le stocker dans le corps. La technique de respiration *Ujjayi* transforme la glotte en valve, ce qui augmente la pression pranique à l'intérieur du corps. Les *bandhas* fonctionnent comme des filtres qui extraient le prana de l'air que nous respirons. Si nous poursuivons nos activités immédiatement après la pratique, le prana accumulé s'échappe lentement du corps et se perd.

---

[48] Andre van Lysbeth, *Die Grosse Kraft des Atems*, O.W. Barth Verlag, Munich, 1991

[49] On peut en déduire que le niveau pranique est lié à la position du soleil. Il est donc probable que le prana provienne du soleil. De nombreuses religions et cultures vénèrent le soleil en tant que divinité et donneur de vie.

Shavasana nous donne la possibilité d'assimiler ce prana. Grâce à la relaxation, le corps, après avoir été préparé par la pratique, devient une éponge réceptive qui l'absorbe. *Shavasana* est littéralement un bain dans le prana atmosphérique. Pour que cela se produise, nous devons nous laisser aller complètement.

L'importance mentale de la relaxation
Cette posture est appelée *Shavasana* parce qu'elle nous prépare à la mort. Elle nous apprend à nous abandonner complètement et à lâcher prise. Au moment de mourir, cette capacité à cesser complètement d'agir - à s'abandonner totalement - nous permettra d'abandonner toute identification à ce corps, à cette personnalité et à cet égo. Nous pourrons alors nous séparer de cette vie aussi facilement qu'un concombre se sépare de sa tige. Cette métaphore est utilisée dans une prière traditionnelle indienne. La séparation entre le concombre et la tige est paisible et sans force extérieure, alors que les fruits qui poussent sur un arbre ou un buisson sont violemment arrachés par la gravité). Seuls les concepts que nous avons de nous-mêmes, qui nous poussent à désirer certaines choses et à en rejeter d'autres, le sens de «je-suis», nous font croire qu'il s'agit de notre corps. Il n'est pas du tout le nôtre. L'avons-nous créé ? Même après des siècles de recherche scientifique, nous ne pouvons toujours pas comprendre tous les aspects du corps, ni créer un corps. Nous n'avons pas de certificat de propriété. Lorsque le moment est venu de laisser ce monde derrière nous, nous rendons ce corps à la nature (*prakrti*). Notre corps est créé par la nature et non par nous, comme l'affirment les *Yoga Sutras* IV.2 et IV.3.

Un *koan* zen dit :
Le papillon prend son envol
Pour traverser le lac
Je reviens à moi

La signification de ce *koan* a fait l'objet de nombreuses discussions. Une interprétation consiste à assimiler le papillon à la pensée. Si nous la lâchons, si elle nous quitte pour traverser le lac, alors nous pouvons retourner dans le soi. Si nous nous y accrochons, nous ne faisons qu'un avec les fluctuations du mental (*sutra* I.4). Si nous laissons le papillon s'envoler, alors nous pouvons demeurer dans notre vraie nature (*sutra* I.3)].

Mais le papillon peut aussi être assimilé au corps et le lac à la séparation entre la vie et la mort. Le corps traverse cette séparation, mais pas ma nature profonde. Si je parviens à me défaire du corps, je demeurerai à nouveau dans ma vraie nature - la conscience éternelle et immuable. Si je m'accroche, ce retour n'est pas possible et je chercherai une nouvelle incarnation.

Dans *Shavasana*, tout effort, toute détermination, toute volonté nous échappe. Cet évanouissement, cet abandon complet, simule le processus qui doit se produire au moment de la mort. Nous pouvons dire que chaque *Shavasana* est une préparation au moment où notre cadavre, et non nous, effectuera la posture. La mort peut être effrayante si nous pensons que nous sommes le corps. Si nous nous rendons, si nous nous abandonnons, c'est alors une invitation à revenir à notre état véritable et naturel, qui est la conscience. Conformément à la suggestion du Seigneur Krishna dans la *Bhagavad Gita*, nous «abandonnons le sens de l'action, car seul un fou se croit l'auteur de l'action».

Les anciens maîtres enseignaient que nous ne sommes pas le corps, qui est sujet à la mort, mais que nous sommes le nonné, incréé et immuable. La mort du corps nous invite à revenir à notre véritable nature, qui est la conscience. Ce lâcher prise de l'identification artificielle avec ce qui est impermanent est *Shavasana*. *Shavasana*, lorsqu'il est pratiqué correctement - comme le lâcher-prise de tout - nous montre ce que nous sommes vraiment. Le *Yoga Sutra* et la *Bhagavad Gita* affirment tous deux que la pure existence, la pure présence, le pur être qui reste à la mort du corps, est sans commencement ni fin.

Il ne peut pas être coupé par des couteaux,
Il ne peut être transpercé par des épines,
Il ne peut pas être brûlé par le feu,
Il ne peut pas être noyé dans l'eau.
Il est éternel, le vrai Soi.

Glossaire

ABDUCTEUR Muscle qui éloigne un os de la ligne médiale du corps.

ACHARYA Enseignant, celui qui a étudié les textes, pratiqué les méthodes, obtenu les résultats, et est capable de les transmettre.

ADDUCTEUR Muscle qui amène un os vers la ligne médiale du corps.

ADVAITA VEDANTA Philosophie upanishadique prônant un monisme absolu, fondée par l'Acharya Gaudapada et développée par l'Acharya Shankara, selon laquelle le Soi individuel (*atman*) et la réalité profonde (*Brahman*) sont identiques.

AFFLICTIONS Les cinq formes de souffrance (*kleshas*).

AHAMKARA Ego, le sens de «je-suis», celui qui possède la perception, à ne pas confondre avec l'égo freudien.

AKASHA L'espace, l'éther.

ALLOPATHIE Médecine occidentale.

ANAHATA CHAKRA *Chakra* du cœur, centre d'énergie subtile.

ANAHATA NADA Le son du silence, le son du lotus du cœur, un objet de méditation.

ANANDA Extase, félicité.

ANANTA Infini, un nom du serpent de l'infini.

ANTÉRIEUR En avant, devant.

ASAMPRAJNATA *Samadhi* sans objet, *samadhi* super-cognitif.

ASANA Posture.

ASHTADYAYI Ancien traité de grammaire sanskrite, écrit par Panini.

ASMITA Littéralement «je suis». 1. L'égoïté, le fait de considérer le voyant et la fonction de voir comme identique, l'une des cinq formes de souffrance.
2. Une forme de *samadhi* avec objet qui survient lorsque l'on est témoin du pur «je suis».
ATMAN Le Moi véritable, la conscience. Terme utilisé par le Vedanta à la place de *purusha*.
AVATARA Manifestation divine.
AVIDYA Ignorance.
AYURVEDA Ancienne médecine indienne, l'un des quatre *Vedas* subsidiaires (*Upvedas*).
BANDHA Lien, verrou énergétique.
BHAGAVAD GITA Le chant du Seigneur, le plus influent de tous les *shastras*. L'Être suprême, sous la forme du Seigneur Krishna, fusionne les enseignements du *Samkhya*, du *Yoga* et du *Vedanta*.
BHAGAVATA PURANA Également appelé *Shrimad Bhagavatam*, ce *purana* traite de la dévotion à l'Être suprême sous la forme du Seigneur Vishnu. Tous les *avataras* de Vishnu sont décrits, y compris Krishna.
BHAKTI Yoga de l'amour, pratique de la dévotion à l'Être suprême.
BHOGA Consommation, expérience, servitude.
BONDAGE Identification erronée avec l'éphémère, être lié aux phénomènes.
BRAHMA SUTRA Principal traité du *Vedanta*, rédigé par le Rishi Vyasa.
BRAHMACHARYA Reconnaissance du Brahman en toute chose, signifiant par la suite le célibat.
BRAHMAN Conscience infinie, réalité profonde, réalité qui ne peut être réduite à une couche plus profonde.

BRAHMARANDHRA Porte du Brahman, extrémité supérieure de la *sushumna*.

BUDDHI Intellect, siège de l'intelligence.

CHAKRA Centre d'énergie subtile.

CHARAKA SAMHITA Traité d'*Ayurveda*. L'auteur, Charaka est considéré comme une incarnation de Patanjali.

CŒUR *Hrdaya* en Sanskrit, se référant au cœur de tous les phénomènes, qui, selon le *Vedanta*, est la conscience. Si le terme est utilisé dans une instruction anatomique, il fait référence au cœur de la cage thoracique.

COGNITION Effort de l'esprit pour identifier et interpréter les données fournies par les sens.

COLONNE CERVICALE Les vertèbres du cou.

COLONNE LOMBAIRE Les vertèbres du bas du dos.

COLONNE THORACIQUE Les vertèbres de la cage thoracique.

CONSCIENCE Ce qui est conscient, l'observateur, la conscience.

CYPHOSE Courbure de la colonne vertébrale vers l'avant. Voutée.

DARSHANA Point de vue, système de philosophie. Les *darshanas* sont divisés en orthodoxes et hétérodoxes, selon qu'ils acceptent ou rejettent l'autorité des Védas. Les darshanas orthodoxes sont le *Samkhya* (recherche rationnelle), le *Yoga* (science de l'esprit), le *Mimamsa* (science de l'action), le *Nyaya* (logique), le *Vaiseshika* (catégorisation), le *Vedanta* (analyse des Upanishads). Idéalement, ces darshanas ne sont pas en concurrence les uns avec les autres, mais résolvent des problèmes différents. Le maître de yoga T. Krishnamacharya était diplômé dans les six systèmes. Les *darshanas* hétérodoxes sont *Jaina* (jaïnisme), *Baudha* (bouddhisme) et *Charvaka* (matérialisme). Un cas particulier est celui du *Tantra*, qui n'est ni accepté comme orthodoxe ni considéré comme hétérodoxe. Shankara est probablement le dernier être humain à avoir maîtrisé les dix systèmes de philosophie.

DHARANA Concentration.

DHARMA 1. Caractéristique, attribut. 2. Justice, vertu.

DHARMIN Objet en tant que tel, nature d'un objet, essence d'un objet.

DHYANA Méditation.

DRISHTI Point focal.

EKAGRA CHITTA L'esprit concentré sur un seul point, l'esprit apte à pratiquer le yoga supérieur.

ENTROPY Quantité de désordre dans un système.

EXERCICE ISOMÉTRIQUE Exercice au cours duquel le muscle ne se raccourcit pas.

EXERCICE ISOTONIQUE Exercice qui implique le raccourcissement d'un muscle.

EXTENSION Retour de la flexion.

FEMUR Os de la cuisse.

FLEXION Relier, rapprocher les os.

GUNAS *Rajas, tamas* et *sattva*, les qualités ou trame de la *prakrti* qui forment, par leurs diverses imbrications, tous les phénomènes.

HATHA YOGA École tantrique de yoga fondée vers 1120 de notre ère par le maître Ghoraknath. Littéralement yoga du soleil et de la lune, l'accent est mis sur l'équilibre des canaux énergétiques solaires et lunaires dans le corps. Le Hatha Yoga s'est éloigné du mysticisme et de la philosophie des anciens types de yoga upanishadiques pour se concentrer sur l'utilisation du corps en tant qu'outil.

HATHA YOGA PRADIPIKA Traité tantrique rédigé par Svatmarama.

HRDAYA Cœur, se référant au cœur de tous les phénomènes, qui, selon le Vedanta, est la conscience.
HUMERUS Os du bras.
HYPEREXTENSION Extension au-delà de 182º.
IDA Canal d'énergie lunaire.
INSERTION D'UN MUSCLE Extrémité du muscle qui est éloignée du centre du corps.
INTELLECT Siège de l'intelligence.
ISHTADEVATA Déité de méditation, projection personnelle qui permet d'établir une relation de dévotion avec l'Être suprême
ISHVARA L'Être suprême, Brahman avec forme.
ITIHASA Écritures qui traitent de ce qui a été, de l'histoire : le *Mahabharata*, le *Ramayana* et le *Yoga Vashishta*.
JIVA Moi phénoménal, image de soi qui se forme au contact des phénomènes, et non le vrai moi.
JNANA La connaissance, ici la connaissance du Soi.
JNANIN Connaisseur, ici un connaisseur du Soi.
KAIVALYA Liberté, indépendance ; le but du yoga. 294
KALI YUGA Âge actuel, âge des ténèbres ; a commencé en 3104 avant notre ère avec la mort du Seigneur Krishna ; devrait durer encore 400 000 ans.
KAPHA L'une des trois humeurs ayurvédiques, parfois traduite par flegme.
KARMA Action.
KARMA, LOI DE La loi de cause à effet.
KARMASHAYA Réserve où sont stockés les effets de nos actions.
KLESHA Mode de souffrance. Les modes sont l'ignorance, l'égoïsme, le désir, la haine et la peur de la mort.
KRAMA Séquence de moments, succession de moments.

KRISHNA, LORD Forme de l'Être suprême, *avatara* du Seigneur Vishnu, enseignant dans la *Bhagavad Gita*.

KSHANA Instant, moment, plus petite unité de temps.

KSHIPTA CHITTA Esprit agité, inapte à faire du yoga.

KUMBHAKA Rétention du souffle.

KUNDALINI 1. L'obstacle qui ferme la bouche de *sushumna*. 2. Parfois utilisé pour désigner la montée de *shakti* dans la *sushumna*.

LATÉRAL Vers le côté, en s'éloignant de la ligne médiale du corps.

ROTATION LATÉRALE Rotation externe.

LIBÉRATION Reconnaître sa véritable nature en tant que conscience éternelle et immuable.

LORDOSE Courbure de la colonne vertébrale vers l'arrière. Cambré.

MAHABHARATA Plus grande œuvre littéraire créée par l'homme, *dharma shastra* (écriture traitant de l'action juste), rédigée par le Rishi Vyasa ; contient la *Bhagavad Gita*.

MAHABHUTA Élément grossier, c'est-à-dire terre, eau, etc.

MANDALA Dessin circulaire, géométrie sacrée, objet de méditation.

MANDUKYA KARIKA Commentaire de la *Mandukya Upanishad*, écrite par Acharya Gaudapada, qui constitue le début de l'école philosophique de l'*Advaita Vedanta*. Gaudapada soutient que les trois états de veille, de rêve et de sommeil profond n'ont pas de réalité propre et dépendent du quatrième état (*turiya*), la conscience.

MEDIAL Vers la ligne médiale du corps.

ROTATION MEDIALE Rotation interne.

MOKSHA Libération de la servitude.

MOKSHA SHASTRA Écriture traitant de la libération.

MUDHA CHITTA Mental orgueilleux, fasciné par le matérialiste, inapte à faire du yoga.
MUDRA Sceau, généralement une combinaison d'*asanas*, de *pranayama* et de *bandha*.
MULA BANDHA Verrou racine.
NADI Littéralement rivière ; canal d'énergie.
NIRGUNA BRAHMAN Brahman sans forme, réalité profonde, conscience infinie.
NIRODHA CHITTA L'esprit suspendu, l'état naturel, le but du yoga.
OBJET Tout ce qui n'est pas le sujet (la conscience) ; comprend l'égo, l'intelligence et l'univers.
OBJET DE MÉDITATION Tout objet de qualité *sattvique*, tel qu'un *mantra*, le symbole OM, un *yantra* ou un *mandala* (géométrie sacrée), une fleur de lotus, le souffle, sa divinité de méditation, le vide, la lumière ou le son du cœur, l'intelligence, les éléments subtils.
ORIGINE D'UN MUSCLE Extrémité du muscle la plus proche du centre du corps.
SAMADHI AVEC OBJET *Samadhi* dont l'apparition dépend d'un objet.
SAMADHI SANS OBJET *Samadhi* dont l'apparition ne dépend pas d'un objet et qui peut donc révéler le sujet, la conscience.
PARAVAIRAGYA L'abandon suprême, le lâcher-prise total, le détachement suprême.
PARINAMA Transformation, changement.
PINGALA Canal d'énergie solaire.
PITTA L'une des trois humeurs ayurvédiques, parfois traduite par bile.
POSTÉRIEUR En arrière, à l'opposé de l'antérieur.

PRAJNA Connaissance complète des phénomènes produits par la *prakrti*.

PRAKRTI Procréatrice, procréation, nature, la matrice ou l'utérus qui produit l'ensemble de l'univers subtil et grossier, à l'exception de la conscience.

PRANA Force vitale ou souffle intérieur ; se réfère parfois au souffle anatomique ou extérieur.

PRANAYAMA Extension du souffle, exercices respiratoires visant à harmoniser le flux de la force vitale.

PRATYAHARA Indépendance vis-à-vis des stimuli sensoriels.

PURANAS Littéralement anciens. Textes sacrés qui relatent la mystique et la philosophie, sous forme d'allégories et d'histoires, à l'intention des gens ordinaires.

PURUSHA Conscience pure, qui est éternelle et immuable ; terme utilisé par le *Samkhya* et le Yoga à la place d'*atman*.

RAJAS Frénésie, énergie, dynamique ; l'un des *gunas* de la *prakrti*.

RAMAYANA Littéralement la voie de Rama. Ancienne épopée (*itihasa*) qui décrit la vie de Rama, un *avatara* du Seigneur Vishnu.

RISHI Voyant védique, sage libéré, celui qui, par la suspension de l'esprit, peut voir jusqu'au fond de son cœur.

SAGUNA BRAHMAN L'Être suprême, Brahman, avec une forme.

SAMADHI Absorption.

SAMADHI COGNITIF *Samadhi* dont l'apparition dépend de la connaissance d'un objet ; *samadhi* avec objet.

SAMADHI SUPERCOGNITIF *Samadhi* au-delà de la connaissance de l'objet, *samadhi* sans objet, *samadhi* qui révèle le sujet, la conscience.

SAMAPATTI Identité du mental avec un objet ; état du mental pendant le *samadhi* avec objet.

SAMKHYA Le plus ancien système de philosophie, fondé par le Rishi Kapila.

SAMKHYA KARIKA Traité rédigé par Ishvarakrishna décrivant le système philosophique Samkhya. Le Karika est d'une grande importance, car il s'agit du plus ancien texte conservé décrivant le Samkhya sur lequel est basé le Yoga. Il faut toutefois garder à l'esprit que ce texte est plus récent que le *Yoga Sutra* et qu'il n'est pas représentatif des formes plus anciennes et plus originales du *Samkhya*.

SAMPRAJNATA *Samadhi* avec objet, *samadhi* cognitif.

SAMSARA L'existence conditionnée, la ronde sans fin des renaissances.

SAMSKARA Empreinte subconsciente.

SAMYAMA Application combinée de *dharana, dhyana* et *samadhi* avec objet.

SATTVA Lumière, sagesse, intelligence ; l'un des *gunas* de la *prakrti*.

SHAKTI 1. Déesse mère, épouse de Shiva, personnification de la *prakrti*. 2. Énergie, force vitale, *prana*.

SHASTRA Écriture, chemin de la vérité.

SHATKRIYA Littéralement six actions, un ensemble d'actions purificatrices utilisées dans le Hatha Yoga pour rétablir l'équilibre entre les trois humeurs (*doshas*) du corps.

SHIVA, LORD Nom de l'Être suprême, de la conscience pure, du Brahman avec forme.

SHIVAÏTE Adorateur de Shiva.

SHRUTI *Védas* et *Upanishads*, écritures révélées d'origine divine, vues ou entendues par un *rishi*.

SHUNYATA Le vide, la vacuité.

SHUNYAVADIN Adepte de l'école de pensée bouddhiste *Shunyavada*, qui soutient que la nature inhérente à tous les phénomènes est la vacuité (*shunyata*).

SIDDHA Être parfait.

SIDDHIS Perfections, pouvoirs surnaturels.

SMRTI 1. Tradition sacrée, écritures conçues par l'esprit humain qui expliquent les textes révélés *Shruti*. 2. Mémoire, l'une des cinq fluctuations de l'esprit.

SOUS-COMMENTAIRE Commentaire qui explique davantage un commentaire déjà existant sur un traité original. Comme les maîtres indiens respectaient beaucoup ceux qui avaient pensé avant eux, ils compilaient souvent des textes qui ajoutaient une couche supplémentaire d'explications et d'interprétations, plutôt que de créer leur propre école de pensée.

SUBTIL Quelque chose de réel mais qui n'est pas perceptible par les sens. Il peut être perçu directement en état de *samadhi* avec objet. Le mot apparaît dans de nombreuses expressions telles que corps subtil, élément subtil, anatomie subtile.

SUSHUMNA Canal énergétique central, métaphore du cœur dans le Hatha Yoga.

SVADHYAYA Étude des textes sacrés.

SYSTÈME DEMI-VINYASA Pratique dans laquelle on transite entre les postures assises à travers *Chaturanga Dandasana*, Chien tête en haut et Chien tête en bas.

SYSTÈME DE VINYASA COMPLET Pratique dans laquelle on effectue un *vinyasa* avec un retour en position debout entre deux postures assises.

TAMAS Calme, inertie, masse ; l'un des *gunas* de la *prakrti*.

TANMATRA Élément subtil, potentiel infra atomique, plus petite particule de matière.

TANTRA 1. Système qui se concentre sur l'exécution précise d'actions plutôt que sur des spéculations mystiques. 2. Traité dans lequel ce système est décrit.

UDDIYANA L'un des *Shatkriyas* du Hatha Yoga ; aspiration du contenu abdominal dans la cavité thoracique pendant *Kumbhaka*.

UDDIYANA BANDHA Verrou créant l'élévation, verrouillage du bas-ventre, attraction du contenu du bas-ventre contre la colonne vertébrale.

UJJAYI PRANAYAMA Extension victorieuse de la force vitale.

UPANISHADS Écritures anciennes à partir desquelles se sont développés tous les systèmes de la philosophie indienne. Les *Upanishads* sont conçues par le cœur (*shruti*).

UPVEDA Véda annexes, au nombre de quatre : *Ayurveda* (médecine), *Arthaveda* (économie), *Dhanurveda* (science militaire) et *Gandharvaveda* (musique).

VASANA Conditionnement, accumulation d'empreintes subconscientes.

VATA L'une des trois humeurs ayurvédiques, parfois traduite par vent.

VAYU Littéralement vent, courant vital d'air.

VEDANTA Littéralement fin des *Vedas*. Analyse du contenu des *Upanishads*, le traité principal étant le *Brahma Sutra*. Plusieurs écoles se sont développées (*Advaita Vedanta, Visishtadvaita Vedanta, Dvaita Vedanta*).

VEDAS Les plus anciens textes sacrés de l'humanité. Vyasa a divisé l'unique *Veda* en quatre, les *Rig, Yajur, Sama* et *Atharva Vedas*, tous subdivisés en *Samhita* (hymnes), *Brahmana* (rituel), *Aranyaka* (culte) et *Upanishad* (mysticisme). Il existe quatre *Vedas* auxiliaires (*Upvedas*), qui sont l'*Ayurveda* (médecine), l'*Arthaveda* (économie), le *Dhanurveda* (science militaire) et le *Gandharvaveda* (musique). Le *Veda* comporte six branches (*Vedangas*) : *Vyakarana* (grammaire sanskrite), *Jyotisha* (astrologie), *Nirukta* (étymologie), *Shiksha* (phonétique), *Chandas* (mètre) et *Kalpa* (rituel, devoir). Les premiers hymnes du *Rig Veda* datent de plus de 8 000 ans. Selon la tradition, les *Vedas* sont éternels et sont vus au début de chaque ère du monde par les *rishis*.

VIDYA Connaissance correcte, opposée à l'ignorance (*avidya*).

VIKALPA Conceptualisation, un mot sans objet auquel il se réfère.

VIKSHIPTA CHITTA Mental confus, le mental apte à commencer la pratique du yoga.

VINYASA Mouvement séquentiel qui relie les postures pour former un flux continu. Il crée une méditation du mouvement qui révèle que toutes les formes sont impermanentes et que, pour cette raison, il ne faut pas s'y accrocher.

VIPARYAYA Mauvaise connaissance, erreur, mauvaise identification de l'objet perçu.

VISHNOU, LORD Nom de l'Être suprême, Brahman avec forme.

VISHNOUITE Adorateur de Vishnu.

VISISHTADVAITA VEDANTA Philosophie upanishadique prônant le monisme qualifié, développée par l'Acharya Ramanuja. Elle soutient que le moi individuel (*atman*) et la réalité profonde (Brahman) sont à la fois identiques et différents.

VIVEKA KHYATEH Connaissance discriminante, connaissance de la différence entre le voyant et ce qui est vu.

VIVEKINAH Connaisseur de la différence, celui qui a acquis une connaissance discriminante.

VRTTI Littéralement tourbillons, fluctuations, modifications (du mental).

YANTRA Dessin sacré qui est ensuite visualisé ; objet de méditation utilisé dans l'école du *Tantra*.

YOGA KORUNTA Traité de yoga séquentiel rédigé par Rishi Vamana.

YOGA VASHISHTA Ancien traité dans lequel les enseignements non dualistes du Rishi Vasishta sont présentés en 30 000 aphorismes.

Bibliographie

Adams, G.C., Jr, translator and commentator, *Badarayana's Brahma Sutras*, Motilal Banarsidass, Delhi, 2013.

Agehananda Bharati, Sw., *The Light at the Center*, Ross-Erickson, Santa Barbara, 1996.

Agehananda Bharati, Sw., *The Ochre Robe*, 2nd rev. edn, Ross-Erickson, Santa Barbara, 2000.

Agehananda Bharati, Sw., *The Tantric Tradition*, Anchor Books, New York, 1992.

Aranya, Sw. H., *Yoga Philosophy of Patanjali with Bhasvati*, 4th enlarged edn, University of Calcutta, Kolkata, 2020.

Ashokananda, Sw., translator and commentator, *Avadhuta Gita of Dattatreya*, Sri Ramakrishna Math, Madras.

Ashtavakra Gita, 8th edn, Sri Ramanasramam, Tiruvannamalai, 2021.

Baba, B., translator and commentator, *Yogasutra of Patanjali*, Motilal Banarsidass, Delhi, 1996.

Bachhofer, J., *Milarepa Meister der Verrueckten Weisheit*, Windpferd.

Bader, J., *Meditation in Sankara's Vedanta*, Aditya Prakashan, New Delhi, 2010.

Balantyne, J.R., translator and commentator, *Yoga Sutra of Patanjali*, Book Faith India, Delhi, 2020.

Banerjea, A.K., *Philosophy of Gorakhnath*, 1st Indian edn, Motilal Banarsidass, Delhi, 2003.

Bernard, T., *Heaven Lies Within Us*, Charles Scribner's Sons, New York, 1959.

Bernard, T., *Hindu Philosophy*, Jaico Publishing House, Mumbai, 2009.

Bhatt, G.P. (ed.), *The Skanda Purana*, part 1, trans. G.V. Tagare, Motilal Banarsidass, Delhi, 2012.

Bhattacharya, V., editor and translator, *The Agamasastra of Gaudapada*, Motilal Banarsidass, Delhi, 1963.

Bose, A.C., *The Call of the Vedas*, Bharatiya Vidya Bhavan, Mumbai, 2019.

Bouanchaud, B., *The Essence of Yoga*, Rudra Press, Portland, Oregon, 2017.

Briggs, G.W., *Goraknath and the Kanphata Yogis*, 1st Indian edn, Motilal Banarsidass, Delhi, 1958.

Calais-Germaine, B., *Anatomy of Movement*, rev. edn, Eastland Press, Seattle, 2011.

Calasso, R., *Ka – Stories of the Minds and Gods of India*, Vintage Books, New York, 2019.

Chaitow, L., *Positional Release Techniques*, 2nd edn, Churchill Livingstone, London, 2022.

Chandra Vasu, R.B.S., translator, *The Gheranda Samhita*, Sri Satguru Publications, Delhi, 2006.

Chandra Vasu, R.B.S., translator, *The Siva Samhita*, Sri Satguru Publications, Delhi, 2004.

Chang, G.C.C., translator, *Teachings and Practice of Tibetan Tantra*, Dover Publications, Mineola, New York, 2024.

Chapple, C., translator, *The Yoga Sutras of Patanjali*, Sri Satguru Publications, Delhi, 2010.

Clemente, C.D., *Anatomy – A Regional Atlas of the Human Body*, 4th edn, Williams & Wilkins, Baltimore,
Maryland, 2017.

Cole, C.A., *Asparsa Yoga – A Study of Gaudapada's Mandukya Karika*, Motilal Banarsidass, Delhi, 2002.

Coulter, D., *Anatomy of Hatha Yoga*, Body and Breath Inc., Honesdale, Pennsylvania, 2021.

Dahlke, P., translator, *Buddha – Die Lehre des Erhabenen*, Wilhelm Goldmann Verlag, Munich, 1940.

Dasgupta, S., *A History of Indian Philosophy*, 1st Indian edn, 5 vols, Motilal Banarsidass, Delhi, 1995.

Dasgupta, S., *Yoga as Philosophy and Religion*, Motilal Banarsidass, Delhi, 1993.

Desikachar, T.K.V., *Health, Healing and Beyond*, Aperture, Denville, New Jersey, 2018.

Desikachar, T.K.V., *The Heart of Yoga*, Inner Traditions, Rochester, Vermont, 2015.

Desikachar, T.K.V., translator, *Yoga Taravali*, Krishnamacharya Yoga Mandiram, Chennai, 2023.

Deussen, P., editor, *Sixty Upanisads of the Veda*, translated by V.M. Bedekar & G.B. Palsule, 2 vols, Motilal Banarsidass, Delhi, 2017.

Deussen, P., *The Philosophy of the Upanishads*, translated by A.S. Geden, Motilal Banarsidass, Delhi, 2017.

Deutsch, E., *Advaita Vedanta – A Philosophical Reconstruction*, University of Hawaii Press, Honululu, 1993.

Digambarji, Sw., editor and commentator, *Vasishta Samhita*, Kaivalyadhama, Lonavla, 2004.

Doniger O'Flaherty, W., *Siva – The Erotic Ascetic*, Oxford University Press, London & New York, 1993.

Douglas, N., *Tantra Yoga*, Munshiram Manoharlal, New Delhi, 1991.

Dvivedi, M.N., translator and commentator, *The Yoga Sutras of Patanjali*, Sri Satguru Publications, Delhi, 1910.

Egenes, T., *Introduction to Sanskrit*, part 1, 3rd rev. edn, Motilal Banarsidass, Delhi, 2023.

Egenes, T., *Introduction to Sanskrit,* part 2, Motilal Banarsidass, Delhi, 2020.

Eliade, M., *Yoga – Immortality and Freedom,* 2nd edn, Princeton University Press, Princeton, New Jersey, 1989.

Evans-Wentz, W.Y., editor, *Tibet's Great Yogi Milarepa,* 2nd edn, Munshiram Manoharlal, Delhi, 2020.

Evans-Wentz, W.Y., editor, *The Tibetan Book of the Dead,* Oxford University Press, London, 1980.

Evans-Wentz, W.Y., editor, *Tibetan Yoga and Secret Doctrines,* Oxford University Press, Oxford, 1978.

Feldenkrais, M., *Awareness through Movement,* HarperCollins, San Francisco, 2010.

Feuerstein, G., *The Shambhala Encyclopedia of Yoga,* Shambhala, Boston, 2017.

Feuerstein, G., *The Yoga Tradition,* Hohm Press, Prescott, Arizona, 2021.

Feuerstein, G., translator and commentator, *The Yoga-Sutra of Patanjali,* Inner Traditions, Rochester, Vermont, 2009.

Frawley, D., *Ayurvedic Healing – A Comprehensive Guide,* 1st Indian edn, Motilal Banarsidass, Delhi, 2012.

Frawley, D., *From the River of Heaven,* 1st Indian edn, Motilal Banarsidass, Delhi, 2012.

Frawley, D., *Gods, Sages and Kings,* 1st Indian edn, Motilal Banarsidass, Delhi, 2013.

Frawley, D., *Tantric Yoga and the Wisdom Goddesses,* 1st Indian edn, Motilal Banarsidass, Delhi, 2016.

Frawley, D., *The Yoga of Herbs,* 1st Indian edn, Motilal Banarsidass, Delhi, 2014.

Frawley, D., *Wisdom of the Ancient Seers,* Motilal Banarsidass, Delhi, 2014.

Freeman, R., *The Yoga Matrix* (audio casettes), Sounds True, Boulder, Colorado, 2021.

Freeman, R., *Yoga with Richard Freeman* (video and handbook), Delphi Productions, Boulder, Colorado, 2013.

Friend, J., *Anusara Yoga – Teacher Training Manual*, Anusara Press, Spring, 2019.

Gambhirananda, Sw., *Bhagavad Gita with Commentary of Sankaracarya*, Advaita Ashrama, Kolkata, 2017.

Gambhirananda, Sw., translator, *Brahma Sutra Bhasya of Sri Sankaracarya*, Advaita Ashrama, Kolkata, 1985.

Gambhirananda, Sw., translator, *Eight Upanisads*, Advaita Ashrama, Kolkata, 2016.

Ganganatha, J., translator, *Yoga-Sara-Sangraha of Vijnana –Bhiksu*, rev. edn, Parimal Publications, Delhi, 2015.

Ganguli, K.M., translator, *The Mahabharata*, 12 vols, Munshiram Manoharlal, New Delhi, 2018.

Gharote, M.L., translator, *Brhadyajnavalkyasmrti*, Kaivalyadhama, Lonavla, 2002.

Godman, D. (ed.), *Be As You Are – The Teachings of Ramana Maharshi*, Penguin Books India, New Delhi, 2005.

Gopal, L., *Retrieving Samkhya History*, D.K. Printworld (P) Ltd, New Delhi, 2020.

Gosh, S., translator, editor and commentator, *The Original Yoga*, 2nd rev. edn, Munshiram Manoharlal, New Delhi, 2019.

Govinda, L.A., *Der Weg der weissen Wolken*, Scherz Verlag, Bern, 1995.

Grabowski, T., *Principles of Anatomy and Physiology*, 10th edn, John Wiley & Sons, Hoboken, New Jersey,

Guenther, H.v., translator, *Juwelenschmuck der geistigen Befreiung*, Eugen Diederichs Verlag, Munich, 2009.

Guenther, H.v., translator and commentator, *The Life and Teaching of Naropa*, Shambala, Boston, 2015.

Gupta, A.S., *The Evolution of the Samkhya School of Thought*, 2nd rev. edn, Munshiram Manoharlal, New Delhi, 2006.

Gupta, S.R., translator and commentator, *The Word Speaks to the Faustian Man*, vol. 2, A Translation and Interpretation of the Prasthanatrayi, Motilal Banarsidass, Delhi, 2015.

Gurdjieff, G.I., *Beelzebub's Erzaehlungen fuer seinen Enkel*, Sphinx Verlag, Basel, 2001.

Gurdjieff, G.I., *Begnungen mit bemerkenswerten Menschen*, Aurum Verlag, Freiburg, 1998.

Gurdjieff, G.I., *Das Leben ist nur dann wirklich wenn ich bin*, Sphinx Verlag, Basel, 2007.

Hamill, S. & Seaton, J.P., translators and editors, *The Essential Chuang Tzu*, Shambala, Boston, 2018.

Isayeva, N., *From Early Vedanta to Kashmir Shaivism*, 1st Indian edn, Sri Satguru Publications, Delhi, 2017.

Iyengar, B.K.S., *Light on the Yoga Sutras of Patanjali*, HarperCollins Publishers India, New Delhi, 2013.

Iyengar, B.K.S., *Light on Yoga*, 2nd edn, Allen & Unwin, London, 1996.

Iyengar, B.K.S., *Pranayama*, HarperCollins Publishers India, New Delhi, 2013.

Iyengar, B.K.S., *The Tree of Yoga*, HarperCollins Publishers India, New Delhi, 2015.

Jacobsen, A.J., *Prakrti in Samhkya-Yoga*, 1st Indian edn, Motilal Banarsidass, Delhi, 2022.

Jagadananda, Sw., translator, *Upadesa Sahasri of Sri Sankaracarya*, Sri Ramakrishna Math, Madras.

Jagadananda, Sw., translator, *Vakyavrtti of Sri Sankaracarya*, Sri Ramakrishna Math, Madras.

Jois, K.P., *Ashtanga Yoga with K. Pattabhi Jois*, 1st series (video), Yoga Works Productions, Santa Monica, California, 2016.

Jois, Sri K.P., *Yoga Mala*, 1st English edn, Eddie Stern / Patanjala Yoga Shala, New York, 2019.

Kale, M.R., *A Higher Sanskrit Grammar*, Motilal Banarsidass, Delhi, 1992.

Kalu Rinpoche, *The Gem Ornament*, Snow Lion, Ithaca, New York, 2006.

Kanshi, R., *Integral Non-Dualism*, Motilal Banarsidass, Delhi, 2015.

Kendall, F.P., *Muscles Testing and Function*, 4th edn, Lippincott Williams & Wilkins, Philadelphia, 2013. 299

Krishnamacharya the Purnacharya, Krishnamacharya Yoga Mandiram, Chennai.

Krishnamurti, J., *Krishnamurti to Himself*, HarperCollins, San Francisco, 2013.

Krishnamurti, J., *Krishnamurti's Journal*, 2nd rev. edn, Krishnamurti Foundation Trust India, Chennai, 2023.

Krishnamurti, J., *The Awakening of Intelligence*, HarperCollins, San Francisco, 2007.

Krishnamurti, J., *The First and Last Freedom*, HarperCollins, San Francisco, 1995.

Kumar, S., translator and annotator, *Samkhyasara of Vijnanbhiksu*, Eastern Book Linkers, Delhi, 2008.

Kunjunni Raja, K., editor, *Hathayogapradipika of Swatmarama*, The Adyar Library and Research Centre, Madras, 1992.

Kuvalayananda, Sw., *Asanas*, Kaivlayadhama, Lonavla, 1953.

Kuvalayananda, Sw., *Pranayama*, 7th edn, Kaivlayadhama, Lonavla, 2003.

Lad, V., Ayurveda, *The Science of Self-Healing*, 1st Indian edn, Motilal Banarsidass, Delhi, 2014.

Larson, G.J., *Classical Samkhya*, 2nd rev. edn, Motilal Banarsidass, Delhi, 1999

Larson, G.J. & Bhattacharya, R.S., *Encyclopedia of Indian Philosophies*, vol. 4, Samkhya, 1st Indian edn, Motilal Banarsidass, Delhi.

Leggett, T., *Realization of the Supreme Self*, New Age Books, New Delhi, 2022.

Leggett, T., translator, *Sankara on the Yoga Sutras*, 1st Indian edn, Motilal Banarsidass, Delhi, 2012.

Lester, R.C., *Ramanuja on the Yoga*, Adyar Library and Research Centre, Madras, 1996.

Long, R.A., *The Key Muscles of Hatha Yoga*, Bandha Yoga Publications, 2025.

Lorenzen, D.N., *Kabir Legends and Ananta Das's Kabir Parachai*, 1st Indian edn, Sri Satguru Publications, Delhi, 2012.

Lorenzen, D.N., *The Kapalikas and Kalamukhas*, 2nd rev. edn, Motilal Banarsidass, Delhi, 2011.

Madgula, I.S., *The Acarya*, 2nd rev. edn, Motilal Banarsidass, Delhi, 2021.

Madhavananda, Sw., translator and commentator, *Minor Upanisads*, Advaita Ashrama, Kolkata, 2016.

Madhavananda, Sw., translator, *The Brhadaranyaka Upanisad*, Advaita Ashrama, Kolkata, 2017.

Madhavananda, Sw., translator and annotator, *Vedanta Paribhasa*, Advaita Ashrama, Kolkata, 2017.

Mahadevan, T.M.P., *The Hymns of Sankara*, Motilal Banarsidass, Delhi, 2000.

Mani, V., *Puranic Encyclopedia*, 1st English edn, Motilal Banarsidass, Delhi, 1995.

Mascaro, J., translator, *The Upanishads*, Penguin Books, New Delhi, 2014.

Miele, L., *Ashtanga Yoga*, International Federation of Ashtanga Yoga Centres, Rome.

Mitchiner, J.E., *Tradition of the Seven Rsis*, Motilal Banarsidass, Delhi, 2020.

Mohan, A.G., trans., translator, *Yoga-Yajnavalkya*, Ganesh & Co, Madras.

Mohan, A.G., *Yoga for Body, Breath and Mind*, Shambala, Boston & London, 2022.

Mohan, A.G., *Yoga Therapy*, Shambala, Boston & London, 2024.

Monier-Williams, M., *A Sanskrit English Dictionary*, Motilal Banarsidass, Delhi, 2022.

Mueller, M., editor, *The Sacred Books of the East*, vol. 38, Vedanta Sutras, trans. G. Thibault, Motilal Banarsidass, Delhi, 1982.

Muktananda, Sw., *Der Weg und sein Ziel*, Deutsche Erstausgabe, Droemersche Verlagsanstalt, Munich, 2007.

Muktibodhananda, Sw., translator and commentator, *Hatha Yoga Pradipika*, 2nd edn, Yoga Publications Trust, Munger, 2013.

Nalanda Translation Committee, *The Life of Marpa the Translator*, Shambala, Boston, 2002.

Natarajan, A.R., *Ramana Maharshi – The Living Guru*, Ramana Maharshi Centre for Learning, Bangalore, 2016.

Natarajan, A.R., *Timeless in Time – A Biography of Sri Ramana Maharshi*, 2nd edn, Ramana Maharshi Centre for Learning, Bangalore, 2020.

Natarajan, N., translator and annotator, *Tirumantiram*, Sri Ramakrishna Math, Madras.

Neumann, D.A., *Kinesiology of the Muskuloskeletal System*, Mosby, St Louis, 2022.

Nikhilananda, Sw., translator, *The Mandukya Upanishad with Gaudapada's Karika and Sankara's Commentary*, Advaita Ashrama, Kolkata, 2007.

Nikhilananda, Sw., translator, *Vedanta-sara of Sadananda*, Advaita Ashrama, Kolkata, 2017.

Niranjanananda, P., *Yoga Darshan*, Sri Panchdashnam Paramahamsa Alakh Bara, Deoghar, 2013.

Norbu, N., *Dream Yoga*, Snow Lion, Ithaca, New York, 2012.

Pandey, K.C., editor, *Isvara Pratyabhijna Vimarsini – Doctrine of Divine Recognition*, 3 vols, Motilal Banarsidass, Delhi, 2006.

Panoli, V., translator and commentator, *Gita in Shankara's Own Words*, Shri Paramasivan, Madras, 2000.

Percheron, M., *Buddha*, Rowohlt Verlag, Hamburg, 1978.

Perry, E.D., *A Sanskrit Primer*, 4th edn, Motilal Banarsidass, Delhi, 1956.

Powell R., editor, *The Experience of Nothingness – Sri Nisargadatta Maharaj's Talks on Realizing the Infinite*, 1st Indian edn, Motilal Banarsidass, Delhi, 2024.

Powell R., editor, *The Nectar of Immortality – Sri Nisargadatta Maharaj's Discourses on the Eternal*, 1st Indian edn, Motilal Banarsidass, Delhi, 2024.

Prabhavananda, Sw., translator, *Bhagavad Gita*, Vedanta Press, Hollywood, 2007.

Prabhavananda, Sw., translator and commentator, *Patanjali Yoga Sutra*, Sri Ramakrishna Math, Madras.

Prabhavananda, Sw., translator, *The Upanishads*, Vedanta Press, Hollywood, 2003.

Prabhavananda, Sw., *Yoga and Mysticism*, Vedanta Press, Hollywood, 1989.

Prakashanand Saraswati, Sw., *The True History and the Religion of India*, 1st Indian edn, Motilal Banarsidass, Delhi, 2021.

Prasada, R., translator, *Patanjali's Yoga Sutras*, Munshiram Manoharlal, New Delhi, 2023.

Pungaliya, G.K., *Yoga Sastra*, Yoga and Allied Research Institute, Pune, 2018.
Radhakrishnan, S., *Indian Philosophy*, Indian edn, 2 vols, Oxford University Press, New Delhi, 1960.
Radhakrishnan, S., translator and commentator, *The Bhagavad Gita*, HarperCollins Publishers India, New Delhi, 2022.
Radhakrishnan, S., editor, *The Principal Upanisads*, HarperCollins Publishers India, New Delhi, 2014.
Rajneesh, O., *Tantra: The Supreme Understanding*, The Rebel Publishing House, Portland, Oregon, 2017.
Rajneesh, O., *The Book of the Secrets*, 2nd edn, Rajneesh Foundation International, Antelope, Oregon, 2002.
Ram Das, *Miracle of Love*, Munshiram Manoharlal, New Delhi, 2019.
Rama, Sw., *Path of Fire and Light*, vol. 1, The Himalayan Institute Press, Honesdale, Pennsylvania, 2008.
Rama, Sw., translator and commentator, *The Mystical Poetry of Kabir*, The Himalayan International Institute of Yoga, Honesdale, Pennsylvania, 2010.
Ramachandra Rao, S.K., *Yoga and Tantra in India and Tibet*, Kalpatharu Research Academy, Bangalore, 2019.
Ramakrishnananda, Sw., *Life of Sri Ramanuja*, Sri Ramakrishna Math, Madras.
Ramanasramam, S., *Sri Ramana Gita*, 8th edn, Sri Ramanasram, Tiruvannamalai, 2018.
Ramaswami, S., *Yoga for the Three Stages of Life*, Inner Traditions, Rochester, Vermont, 2020.
Reich, W., *Die Massenpsychologie des Faschismus*, Kiepenheuer & Witsch, Cologne, 1991.
Rieker, H.U., commentator, *Hatha Yoga Pradipika*, Aquarian/Thorsons, London, 2012.

Rolf, I.P., *Rolfing – The Integration of Human Structures*, Dennis-Landman, Santa Monica, 1997.

Rukmani, T.S., translator, *Yogavarttika of Vijnanabhiksu*, 4 vols, Munshiram Manoharlal, New Delhi, 2018–2021.

Sangharakshita, *The Thousand-Petalled Lotus: The Indian Journey of an English Buddhist*, Sutton Pub Ltd, 2008.

Satyananda Saraswati, Sw., *Moola Bandha*, 2nd edn, Bihar School of Yoga, Munger, 2016.

Scott, J., *Ashtanga Yoga*, Simon & Schuster, Roseville, NSW, 2020.

Sharma, A., *Advaita Vedanta*, Motilal Banarsidass, Delhi, 2013.

Sharma, C., *The Advaita Tradition in Indian Philosophy*, Motilal Banarsidass, Delhi, 2016.

Sharma, V.S., *Essentials of Ayurveda*, 2nd edn, Motilal Banarsidass, Delhi, 2018.

Shastri, J.L. (ed.), *The Kurma Purana*, trans. G.V. Tagare, 2 vols, Motilal Banarsidass, Delhi, 2001.

Shastri, J.L. (ed.), *The Linga Purana*, 2 vols, Motilal Banarsidass, Delhi, 1993.

Shastri, J.L. (ed.), *The Narada Purana*, trans. G.V. Tagare, 5 vols, Motilal Banarsidass, Delhi, 2000.

Shastri, J.L. (ed.), *The Siva Purana*, 4 vols, Motilal Banarsidass, Delhi, 1992.

Shrikrishna, *Essence of Pranayama*, 2nd edn, Kaivalyadhama, Lonavla, 2016.

Silburn, L., *Kundalini Energy of the Depths*, State University of New York Press, Albany, 2008.

Singh, J., translator and annotator, *Para Trisika Vivarana of Abhinavagupta*, Motilal Banarsidass, Delhi, 2008.

Singh, J., translator and annotator, *Siva Sutras – The Yoga of Supreme Identity*, Motilal Banarsidass, Delhi, 1999.

Singh, J., translator and annotator, *Spanda Karikas – The Divine Creative Pulsation*, Motilal Banarsidass, Delhi, 2000.

Singh, J., translator and annotator, *Vijnanabhairava*, Motilal Banarsidass, Delhi, 1999.

Sinh, P., translator, *The Hatha Yoga Pradipika*, Sri Satguru Publications, Delhi, 1935.

Sinha, N., *The Samkhya Philosophy*, Munshiram Manoharlal, New Delhi, 2023.

Sivananda Radha, Sw., *Kundalini Yoga*, 1st Indian edn, Motilal Banarsidass, Delhi, 2012.

Sjoman, N.E., *The Yoga Tradition of the Mysore Palace*, Abhinav Publications, New Delhi, 2016.

Sparham, G., *Dzog Chen Meditation*, Sri Satguru Publications, Delhi, 2014.

Sri Yukteswar, Sw., *Die Heilige Wissenschaft*, Otto Wilhelm Barth Verlag, Munich, 2011.

Stiles, M., *Structural Yoga Therapy*, Samuel Weiser, York Beach, Maine, 2020.

Stoler Miller, B., translator, *Yoga Discipline of Freedom*, Bantam Books, New York, 2018.

Subramaniam, K., translator, *Mahabharata*, Bharatiya Vidya Bhavan, Mumbai, 2019.

Subramaniam, K., translator, *Srimad Bhagavatam*, 7th edn, Bharatiya Vidya Bhavan, Mumbai, 2017.

Subramaniam, V.K., translator, *Saundaryalahari of Sankaracarya*, Motilal Banarsidass, Delhi, 1997.

Sullivan, B.M., *Seer of the Fifth Veda*, 1st Indian edn, Motilal Banarsidass, Delhi, 2019.

Swahananda, Sw., translator, *Chandogya Upanisad*, Sri Ramakrishna Math, Madras, 1976.

Swenson, D., Ashtanga Yoga *'The Practice Manual'*, Ashtanga Yoga Productions, Houston, 2019.

Taimni, I.K., translator and commentator, *The Science of Yoga*, The Theosophical Publishing House, Adyar, 1981.

Tapasyananda, Sw., translator, *Prasnottara-ratna-malika of Sri Sankaracarya*, Sri Ramakrishna Math, Madras.

Tapasyananda, Sw., translator, *Sankara-Dig-Vijaya*, Sri Ramakrishna Math, Chennai.

Tapasyananda, Sw., translator, *Sivanandalahari of Sri Sankaracarya*, Sri Ramakrishna Math, Madras.

Tapasyananda, Sw., translator and annotator, *Srimad Bhagavad Gita*, Sri Ramakrishna Math, Madras.

Thie, J.F., *Touch for Health*, rev. edn, DeVorss & Co., Marina del Rey, California, 1999.

Thurman, R., translator, *The Tibetan Book of the Dead*, HarperCollins Publishers India, New Delhi, 2018.

Tola, F. & Dragonetti, C., translators, *The Yogasutras of Patanjali*, Motilal Banarsidass, Delhi, 2007.

Torwesten, H., *Ramakrishna – Schauspieler Gottes*, Fischer Taschenbuch Verlag, Frankfurt, 2001.

Tsogyal, Y., *The Lotus Born – The Life Story of Padmasambhava*, trans. E. Pema Kunsang, Shambala, Boston, 2013.

Turiyananda, Sw., translator, *Vivekacudamani of Sri Sankaracarya*, Sri Ramakrishna Math, Madras.

Tyagisananda, Sw., translator and annotator, *Narada Bhakti Sutras*, Sri Ramakrishna Math, Madras.

Van Lysbeth, A., *Die grosse Kraft des Atems*, O.W. Barth Verlag, Munich, 2011. 302

Veda Bharati, Sw., *Meditation and the Art of Dying*, The Himalayan Institute Press, Honesdale, Pa, 1999.

Veda Bharati, Sw., translator and commentator, *Yoga Sutras of Patanjali*, vol. 2, Motilal Banarsidass, Delhi, 2021.

Venkatesananda, Sw., translator, *The Supreme Yoga [Yoga Vashishta]*, 2 vols, The Divine Life Society, Shivanandanagar, 2015.

Venkatesananda, Sw., translator and commentator, *The Yoga Sutras of Patanjali*, The Divine Life Society, Shivanandanagar, 2018.

Verma, V., *Ayurveda – der Weg des gesunden Lebens*, Taschenbuchausgabe, Heyne Verlag, Munich, 2015.

Vimalananda, Sw., translator and annotator, *Mahanarayanopanisad*, Sri Ramakrishna Math, Madras.

Vimuktananda, Sw., translator, *Aparokshanubhuti of Sri Sankaracharya*, Advaita Ashrama, Kolkata, 1958.

Vireswarananda, Sw., translator, *Brahma Sutras According to Sri Sankara*, Advaita Ashrama, Kolkata, 1956.

Vireswarananda, Sw., translator, *Srimad Bhagavad Gita*, Sri Ramakrishna Math, Madras.

Virupakshananda, Sw., translator, *Samkhya Karika of Isvara Krsna*, Sri Ramakrishna Math, Madras.

Wasson, R.G., *Soma: Divine Mushroom of Immortality*, Harcourt Brace Jovanovich, 1992.

Whicher, I., *The Integrity of the Yoga Darsana*, 1st Indian edn, D.K. Printworld, New Delhi, 2020.

White, D.G., *The Alchemical Body*, The University of Chicago Press, Chicago, 2016.

Woodroffe, J., *Sakti and Sakta*, 10th edn, Ganesh & Co., Madras, 2014.

Woods, J.H., translator, *The Yoga System of Patanjali*, Motilal Banarsidass, Delhi, 1934.

Wu, J.C.H., translator, *Tao Teh Ching*, Shambala, Boston, 2010.

Yoga Journal, San Francisco, November/December 2015.

Informations Sur L'auteur

Gregor a commencé le Raja Yoga à la fin des années 1970 et y a ajouté le Hatha Yoga au début des années 1980. Peu après, il a commencé à voyager en Inde chaque année, où il a appris auprès de divers maîtres yogiques et tantriques, de *sadhus* indiens traditionnels et d'ascètes. Il a vécu de nombreuses années en reclus, étudiant le sanskrit ainsi que les écritures yogiques et pratiquant des techniques yogiques.

Les livres de Gregor sont : *Ashtanga Yoga : pratique et philosophie, Ashtanga Yoga : série intermédiaire* ; *Pranayama : le souffle du yoga* ; *Yoga Méditation : A travers les mantras, les chakras et la Kundalini vers la liberté spirituelle* ; *Samadhi, la grande liberté* ; *Comment trouver le but divin de votre vie* ; *Chakras, drogues et évolution* ; *Mudras : Les sceaux du yoga* ; *Bhakti : Yoga de l'amour*. Ils ont été vendus à plus de 100 000 exemplaires dans le monde entier et ont été traduits jusqu'à présent en huit langues. Vous trouverez les articles de son blog à l'adresse suivante : www.chintamaniyoga.com.

Aujourd'hui, Gregor intègre tous les aspects du yoga dans son enseignement, dans l'esprit de Patanjali et de T. Krishnamacharya. Son sens de l'humour loufoque, ses multiples expériences personnelles, sa connaissance vaste et approfondie des écritures, des philosophies indiennes et des techniques yogiques se combinent pour rendre les enseignements de Gregor facilement applicables, pertinents et accessibles à ses étudiants. Il propose des ateliers, des retraites et des formations d'enseignants dans le monde entier.

CONTACTEZ GREGOR VIA :

www.chintamaniyoga.com
www.8limbs.com et
https://www.facebook.com/gregor.maehle.

www.ingramcontent.com/pod-product-compliance
Lightning Source LLC
Chambersburg PA
CBHW021141160426
43194CB00007B/648